REZEPTE AUS SÜDOST-ASIEN

Vatcharin Bhumichitr

REZEPTE AUS SÜDOST-ASIEN

Die traditionelle Esskultur im modernen Birma, Kambodscha, Laos, Malaysia, Singapur, Thailand, Vietnam

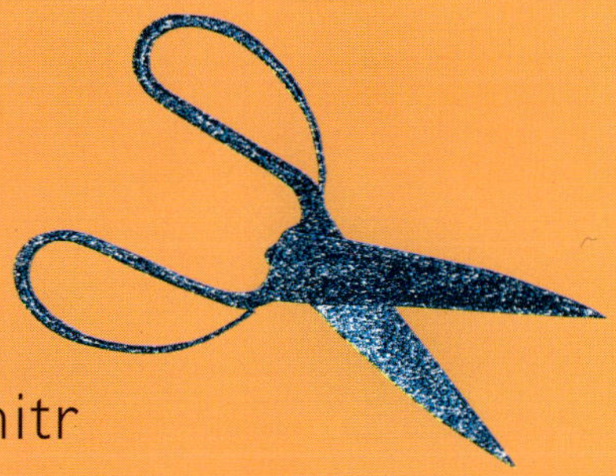

Fotos von Christine Hanscomb, Michael Freeman und Vatcharin Bhumichitr

CHRISTIAN VERLAG

Für all meine Freunde in Südostasien, die mir bei diesem Buch geholfen haben – und für meine Reisebegleiter, die die beschriebenen Gerichte mit mir probiert haben.

Aus dem Englischen übersetzt von Alexander von Schönaich
Redaktion: Claudia Schmidt
Korrektur: Herbert Scheubner
Umschlaggestaltung: Caroline Georgiadis
Herstellung: Dieter Lidl
Satz: DTP Josef Fink, Gräfelfing

Die Originalausgabe mit dem Titel *Vatch's Southeast Asian Cookbook* wurde erstmals 1997 im Verlag Kyle Cathie Limited, London, veröffentlicht.

Styling: Antonia Gaunt
Buchdesign: The Bridgewater Book Company

Druck und Bindung: Tien Wah Press
Printed in Singapore

ISBN 3-88472-361-8

INHALT

NEPAL
BUTHAN
CHINA
INDIEN
BANGLADESH
Mekong
Mandalay
Pagan
BIRMA
Irrawaddy
GOLF VON BENGALEN
Dien Bien Phu
HANOI
Goldenes Dreieck
LAOS
GOLF VON TONKIN
HAINAN
Chiang Rai
Chiang Mai
Luang Prabang
VIENTIANE
YANGON (RANGUN)
Nong Khai
Sukhothai
ISSAN
Chao Phraya
Hué
VIETNAM
THAILAND
Da Nang
Hoi An
Ayutthaya
BANGKOK
ANDAMANEN
Angkor
Siam Reap
Tonlé Sap
Hua Hin
ANDAMANEN-SEE
KAMBODSCHA
SÜD-CHINESISCHES MEER
PHNOM PENH
Tonlé Sap
GOLF VON THAILAND
Ho-Chi-Minh-Stadt
NIKOBAREN
Phuket
Krabi
Butterworth
George Town
Penang
MALAYSIA
Cameron-Hochland
STRASSE VON MALAKKA
HALBINSEL MALAYSIA
BRUNEI
SABAH
KUALA LUMPUR
Melaka (Malakka)
SUMATRA
SARAWAK
SINGAPUR
Kilometer
0 100 200 300 400 500
INDONESIEN
BORNEO
N

Einführung

Ein würziger Salat von Kalmaren, Garnelen und Muscheln nach einem erfrischenden Bad in der Bucht von Phangnga, ein in Bananenblättern gedämpftes Curry in einem Restaurant mit Blick über den Mekong bei Luang Prabang, auf Zitronengras geschmortes kambodschanisches Hähnchen in Siam Reap, unweit der Tempelanlagen von Angkor Wat – so vieles auf dem Speisezettel Südostasiens gilt es zu entdecken. Hier gibt es noch unbekannte Genüsse wie etwa den atemberaubend scharfen Dip *tik marij* aus Kambodscha, eine Mischung aus Salz, Pfeffer und Limettensaft. Selbst Speisen, die man schon zu kennen glaubt, bergen Überraschungen – etwa Frühlingsrollen, die auf vietnamesische Art zubereitet, frischer und aromatischer wirken. Von cremig-milden birmanischen Nudelgerichten bis zu pikant-scharfen malaysischen Nonya-Fischgerichten – in Südostasien entfaltet sich eine ganz eigene, viel zu lange unentdeckt gebliebene Welt der Aromen.

Verkaufsstand für Küchenmesser in Hanoi, Vietnam

Zum ersten Mal dachte ich über dieses Buch Ende der 80er-Jahre nach, als sich bereits abzeichnete, dass die Flut von Thailandtouristen bald auch in die Nachbarländer drängen würde. Durch den weltweiten Zusammenbruch des Kommunismus öffneten sich einige dieser Länder nach fast zwei Jahrzehnten erstmals wieder für Besucher. In meiner Jugend war es noch abenteuerlich gewesen, nur durch Thailand zu reisen. Kannten wir Einheimischen selbst doch nur den geringsten Teil unseres eigenen Landes. Nun aber wartete eine riesige Region darauf, entdeckt zu werden. Für manche umfasst der Begriff Südostasien alle Länder südlich von China und Japan, andere wiederum ziehen die Grenze bei Indonesien oder Singapur. Manche rechnen Birma dazu, andere nicht. Es gibt Abgrenzungen aufgrund sprachlicher oder religiöser Gemeinsamkeiten. Ich jedoch habe mich an gemeinsamen Küchentraditionen orientiert. Damit zählen zu Südostasien, neben meiner Heimat Thailand, Laos, Kambodscha, Vietnam, Birma, Malaysia und Singapur – alles Länder, die eine gewisse kulinarische Verwandtschaft verbindet.

Natürlich gibt es auch viele andere Gemeinsamkeiten: All diese Länder, außer Vietnam, haben eine gemeinsame Grenze mit Thailand, durch fünf fließt der Mekong auf seinem Weg von Tibet zum Meer, über drei erstreckt sich das berühmt-berüchtigte, aus Bergketten gebildete ‚Goldene Dreieck' und in vier Ländern gleichen sich die Form des praktizierten Buddhismus, bildende Kunst, Architektur, Tanz und Theater nahezu vollkommen. Allen südostasiatischen Ländern gemeinsam ist jedoch eine kulinarische Geschichte, die einerseits in vielerorts vergleichbaren klimatischen Bedingungen, andererseits in ähnlichen landwirtschaftlichen Methoden und Produkten wurzelt.

Historisch gesehen spielten für die vielschichtigen Übereinstimmungen innerhalb von Südostasien auch Kriege, Invasionen, Völkerwanderungen, die Missionierung sowie Herrscherreiche, die aufstiegen und wieder untergingen, eine Rolle. Immer trugen solche Veränderungen dazu bei, dass sich Ideen ausbreiten konnten – von den erhabenen Lehren des Buddha bis hin zum schlichten Wissen darüber, wie man Mangos anbaut oder mit Kokosnussmilch kocht. Die französische Bezeichnung für Südostasien, Indochina, ist sehr treffend: Hier verschmelzen zwei große Kulturen miteinander. So ist die südostasiatische Küche im Grunde eine einzigartige Mischung aus chinesischen und indischen Elementen, wobei die weiter westlich gelegenen Länder wie etwa Birma stärker von Indien, östliche Länder wie Vietnam mehr von den Chinesen beeinflusst sind. Nicht zu vergessen sind natürlich auch die europäischen Reminiszenzen in der südostasiatischen Küchenkunst – Hinterlassenschaften der vielerorts über lange Zeit präsent gewesenen westlichen Händler und Kolonialherren.

Wohl ebenso bedeutsam sind die kulinarischen Unterschiede zwischen den Küchen der flachen Flusstäler des Südens und denen der nördlichen Bergländer. Im Norden Südostasiens wird deftig gekocht. Die Gerichte basieren großenteils auf Erjagtem und Gesammeltem – Wild und Wildkräutern, die mit Klebreis gegessen werden. Die Zubereitungsarten haben sich hier über Jahrhunderte kaum verändert, da das Meer, woher die fremden Einflüsse für gewöhnlich kommen, in unerreichbarer Ferne liegt. Einflüsse, von denen der dichter besiedelte Süden immer mit geprägt wurde: Händler brachten ein um das andere Mal neue

Eingang zum Bayontempel in Angkor Wat, Kambodscha

Gewürze, Einwanderer neue kulinarische Traditionen mit – was die südliche Küche stetig bereicherte und ihre Weiterentwicklung förderte.

Nicht gemeinsam ist meinen sieben Ländern die jüngere Geschichte. Eine Zeit, in der einzig das damalige Siam als Puffer zwischen den beiden Kolonialmächten Großbritannien und Frankreich unabhängig blieb. Kaum besser war die Situation später, im kalten Krieg, als ein Teil Südostasiens zum westlichen Lager zählte und andere Länder in den Einflussbereich der Sowjetunion oder Chinas gerieten. Diese Zeit wurde überschattet vom Vietnamkrieg, der Bombardierung von Laos und dem Terrorregime von Pol Pot in Kambodscha. Malaysia führte lange Zeit einen Dschungelkrieg gegen kommunistische Guerillas, während Spannungen zwischen der malaysischen und chinesischen Bevölkerung schließlich zur Abspaltung des Stadtstaates Singapur führten. Birma hat 30 Jahre Militärherrschaft hinter sich und Thailand erlebte einen Militärputsch nach dem anderen, bevor es zu einer gewissen demokratischen Stabilität fand.

Während sich all dies abspielte, begann etwas, das Thailand binnen kurzem grundlegend verändern sollte – der Tourismus. Auch wenn Sie selbst Thailand noch nicht besucht haben, kennen Sie bestimmt jemanden, der schon einmal oder gar öfters dort war. Viele lieben Thailands tropische Strände, seine freundlichen Menschen – und seine Küche, die inzwischen weltweite Beliebtheit genießt. Kein Wunder, dass die Begeisterung für dieses südostasiatische Land auch auf seine Nachbarländer neugierig macht. Wer hat nicht schon einmal vom nebelverhangenen Tempel von Angkor Wat geträumt oder von den fliegenden Fischen aus dem Film *The Road to Mandalay*? Wer hat sich nicht schon einmal gefragt, wie man heute in Hanoi oder in Kambodscha lebt?

Seit ein paar Jahren ist es endlich möglich, solche Reiseträume zu verwirklichen. Die ersten waren unerschrockene Reisejournalisten, die sich ins Abenteuer Südostasien stürzten, sich durchschlugen in Städten ohne Diskotheken, in quälend langsamen Bummelzügen reisten, in den Restaurants fremdartige Speisen ohne Hilfe einer verständlichen Speisekarte bestellen mussten … Trotz all dieser Schwierigkeiten sagten sie Südostasien einen baldigen Tourismusboom voraus.

Was auch eintraf – allerdings in etwas anderer Form, als die Fachleute angenommen hatten: Zwar bieten heute zahlreiche Reiseveranstalter in ihrem Südostasienprogramm Rundreisen zu den wichtigsten kulturellen Stätten von Kambodscha und Vietnam an, Individualreisende sehen sich jedoch immer noch vielfältigen Problemen gegenüber – um nur eines zu nennen: auf eigene Faust Hotels ausfindig zu machen und ein Zimmer zu buchen. Eine geschickte Alternative ist es für Einzelreisende, ihre Südostasientour vor Ort, von Bangkok aus, zu organisieren. Thai Airways fliegt heute alle wichtigen Städte der Region an. In Bangkok gibt es Reisebüros, die nicht nur jedes gewünschte Arrangement zusammenstellen, sondern auch rasch und unkompliziert alle nötigen Visumformalitäten erledigen.

Genauso habe ich es damals gemacht, als ich 1994 beschloss, endlich all jene Orte zu besuchen, die zu meinem Kulturkreis gehörten und mir so lange verschlossen gewesen waren. Einzig in Malaysia, das man immer hatte bereisen können, war ich bereits gewesen. Meine Reise durch Südostasien begann in Laos und führte mich im Jahr darauf nach Nordvietnam und Birma. Anschließend ging ich nach Kambodscha, was sich dann – wenngleich aus völlig anderen Gründen – als ebenso außergewöhnliche Erfahrung erwies wie meine letzte Station Singapur. Manches, was ich in diesen Ländern sah, erinnerte mich an meine 20 Jahre zurückliegenden Entdeckungsreisen durch Thailand, in vielerlei Hinsicht war es jedoch auch eine Reise von der Vergangenheit in die Gegenwart und darüber hinaus.

Das Ergebnis all jener Reisen ist dieses Buch – der kulinarische Reisebericht eines Koches auf seinem Weg durch Südostasien, die Beschreibung einer genussreichen Forschungsreise durch sieben Länder, gewürzt mit meinem ganz subjektiven Erleben der jeweiligen Kultur und Küche. Ich hoffe, Sie lassen sich durch dieses Buch zum Nachkochen der von mir zusammengetragenen Rezepte inspirieren, vielleicht sogar zu einer eigenen Reise.

Wann immer ich an einem mir unbekannten Ort eintreffe, steuere ich zuerst die wichtigste kulturelle Sehenswürdigkeit an – sei es ein Tempel, ein Museum, eine Statue – und dann den größten Markt der Stadt. Anschließend gehe ich essen, wobei ich vorzugsweise etwas Einfaches, Ortsübliches bestelle. Hohe Kunst und bescheidenes Essen – nichts sagt so viel über die Menschen eines Landes aus wie diese Kombination. Noch besser lernt man die Einheimischen nur dann kennen, wenn man sich lehren lässt, ihre Spezialitäten zu kochen.

Die Rezepte für dieses Buch habe ich so ausgewählt, dass sie auch im Westen authentisch nachzukochen sind. Sie werden feststellen, dass der Großteil der Gerichte sehr einfach zuzubereiten ist – vor allem wenn Sie die folgenden Anmerkungen und praktischen Ratschläge zu den Küchengeräten, Zubereitungsarten und Zutaten gelesen haben. Dann aber wird es Zeit, auf unsere Reise zu gehen – ein vietnamesischer Pfannkuchen bei Hanoi, am Ufer des Roten Flusses, Chilikrabben an der Ostküste von Singapur, knusprige Ente mit einer scharfen birmanischen Sauce unter dem Tamarindenbaum in einem Garten in Mandalay...: Ich hoffe, Sie haben Appetit bekommen!

BEVOR ES LOSGEHT...

KÜCHENGERÄTE

Jede gut ausgestattete Küche verfügt über alles Nötige, um den überwiegenden Teil der in diesem Buch beschriebenen Gerichte zubereiten zu können. Spezielle asiatische Küchengeräte lassen sich grundsätzlich durch im Westen übliche ersetzen. Wenn Sie jedoch vorhaben, häufiger Südostasiatisches auf den Tisch zu bringen, sollten Sie die Anschaffung der folgenden nützlichen Dinge in Erwägung ziehen:

- Wok mit schaufelförmigem Pfannenheber
- elektrischer Reiskocher – ein selbstverständliches Gerät für jeden Haushalt in Asien, der an die Stromversorgung angeschlossen ist
- chinesisches Küchenbeil oder Hackmesser
- Mörser und Stössel
- Dampfkorb aus Bambus
- langstieliger Sieblöffel

ZUBEREITUNGSARTEN

VORBEREITUNG Im Prinzip werden in der südostasiatischen Küche zunächst alle Zutaten mundgerecht zerkleinert. Auf welche Art und wie groß man die Stücke hackt oder schneidet, hängt dabei davon ab, wie fest das Produkt ist und auf welche Weise es sein Aroma am besten freisetzt. So kann man eine Karotte fein hacken, während man Ingwer eher in feine Streifen schneidet. Das Fleisch einer Tomate lässt sich in keilförmige Stückchen schneiden, eine Frühlingszwiebel dagegen würde man eher in größere Stücke teilen, damit diese nach dem Garen noch Biss haben.

Hinduistischer Tempel in Singapur

PFANNENRÜHREN Die in diesem Buch am häufigsten angewandte Zubereitungsart. Die Zutaten werden der Reihe nach in das heiße Öl im Wok gegeben – zuerst die festeste Zutat mit der längsten Gardauer, am Schluss die weichsten, schnell garenden Bestandteile des Gerichts. Jede Zutat wird nur kurz, unter einmaligem Umrühren angebraten, bevor die nächste hinzugegeben wird. Nie zu lange braten, sondern schnell und entschlossen – die Fleischstücke sollten gerade eben durch, alle Gemüse noch knackig sein.

DÄMPFEN Eine einfache Technik, die jedoch Fingerspitzengefühl bei der Feststellung des Garpunktes erfordert. Normalerweise ist die Speise gar, wenn nach dem Einstechen mit einer Nadel keine Flüssigkeit austritt.

TROCKENBRATEN Bei manchen Gerichten, besonders mit Reis oder Sesam, werden die Zutaten ohne Fett, das heißt trocken gebraten. Um ein Anbrennen zu vermeiden, wird das Bratgut lediglich von Zeit zu Zeit gewendet, bis es knusprig und goldfarben ist und angenehm aromatisch duftet. Auch hier gilt: Nie zu lange garen lassen.

MENGENANGABEN

Jedes Kapitel in diesem Buch enthält eine Reihe von Tellergerichten auf der Basis von Reis oder Nudeln. Die Mengenangaben für diese Rezepte sind für eine Person berechnet. Alle anderen Rezepte sind jeweils Teil eines typisch südostasiatischen Mahles, das aus vier oder fünf Gerichten – neben dem obligatorischen Reis – besteht und das sich vier Personen teilen. Wenn Sie für eine kleinere oder größere Zahl von Essern kochen, sollten Sie lieber weniger beziehungsweise mehr verschiedene Gerichte vorsehen, als umständlich die in den Rezepten angegebenen Zutatenmengen umzurechnen.

Vorschläge zur Kombination einzelner Gerichte zu genussreichen, vielseitigen und ausgewogenen Mahlzeiten finden Sie auf den Seiten 188 bis 190.

ZUTATEN

Für dieses Buch habe ich ausschließlich Gerichte mit solchen Zutaten ausgewählt, die auch außerhalb Asiens relativ problemlos erhältlich sind. Die folgende Grundausstattung sollten Sie jedoch immer vorrätig haben. Einen Teil dieser Produkte finden Sie in jedem Supermarkt. Die nicht so gebräuchlichen Zutaten erhalten Sie im Spezialgeschäft: Vielerorts existieren kleine chinesische, indische oder auch thailändische Lebensmittelläden. In den Großstädten gibt es auch Asiensupermärkte mit einem riesigen Sortiment aus den verschiedenen asiatischen Ländern.

Übrigens – viele in der asiatischen Küche benötigte Zutaten und Gewürze variieren stark in ihrer Geschmacksintensität: Fisch- oder Bohnensaucen können mehr oder weniger salzig sein und

keine zwei Chilischoten sind gleich scharf. Ich habe in den Rezepten daher jeweils Durchschnittsmengen angegeben. Im Zweifel sollten Sie Ihrem eigenen Geschmack entsprechend abschmecken, je nachdem ob Sie das Gericht dezenter oder kräftiger gewürzt bevorzugen.

GRUNDAUSSTATTUNG **ÖLE** Früher wurden in Südostasien die unterschiedlichsten Speiseöle und Fette verwendet: flüssiges Schweinefett in Thailand und den benachbarten Regionen, indisches Ghee in Teilen von Birma und Malaysia, wo man darüber hinaus auch viel mit Kokosnussöl kochte. Diese Öle werden in der ländlichen Küche zwar immer noch verwendet, jedoch spielen heute Pflanzenöle die Hauptrolle. Man sollte ausschließlich leichte, wenig geschmacksintensive Sorten wie etwa Sonnenblumenöl verwenden, nie Olivenöl, damit die in Rezepturen enthaltenen Geschmacksgeber ausreichend zur Geltung kommen. Für viele Gerichte wird dieses neutrale Öl bereits vorab aromatisiert, indem darin Knoblauch oder Schalotten angebraten werden.

Eine Ausnahme ist das geschmacksintensive Sesamöl, das in manchen vietnamesischen Rezepten wie eine Art Dressing verwendet wird. Wegen seines niedrigen Siedepunkts ist es ungeeignet für das Pfannenrühren, so dass es lediglich über das bereits gegarte Essen geträufelt wird und diesem einen intensiven nussigen Geschmack verleiht. Das beste Sesamöl wird aus gerösteten Sesamsamen hergestellt, es ist dunkelfarbig und zähflüssig mit einem kräftigen Aroma von gerösteten Nüssen.

Einige birmanische Gerichte, vor allem aus der Region um Pagan, haben den charakteristischen Geschmack des dort produzierten Erdnussöls. Man kann es durch andere, kaltgepresste Nussöle ersetzen, etwa durch Walnussöl, wie man es in der europäischen Küche für Salate verwendet – niemals jedoch durch neutrales, raffiniertes Erdnussöl.

REIS In der südostasiatischen Küche finden Langkorn- und Rundkornreis Verwendung. Der schmackhafteste Vertreter unter den Langkornreissorten ist der leicht mit Jasmin aromatisierte thailändische Duftreis, auch Thaireis genannt. Er sollte mindestens dreimal sorgfältig mit Wasser gespült werden, bevor man ihn in einen schweren Topf gibt – 500 g Reis auf 1/2 Liter Wasser. Den Topf abdecken und das Wasser schnell zum Kochen bringen. Dann umrühren, erneut abdecken und 20 Minuten köcheln lassen. Noch einfacher geht es, wenn Sie den Reis in einem elektrischen Reiskocher garen.

Statt Duftreis kann man auch normalen weißen Langkornreis verwenden, der allerdings weniger Eigengeschmack hat. Nicht empfehlen würde ich dagegen Schnellkoch- oder Kochbeutelreis. Diese Sorten sind zumal dann überflüssig, wenn man über einen elektrischen Reiskocher verfügt.

Die am zweithäufigsten verwendete Reissorte ist der Klebreis, der zum Rundkornreistyp gehört: 500 g mindestens 3 Stunden einweichen, abtropfen lassen und nochmals gut spülen. Dann im Dampftopf auf Musselin 30 Minuten garen.

Reis – Vorbereitungen für eine Dorfhochzeit in Malaysia

Traditionelle Küche in einem thailändischen Haushalt

Das Rezept *pulot hitam* (siehe Seite 186) erfordert so genannten schwarzen Klebreis – eine ungeschliffene, dunkelrot erscheinende Variante, die man nur in Spezialgeschäften bekommt, jedoch unbedingt einmal versuchen sollte.

Bei Reispapier *(banh trang)* handelt es sich um hauchdünne runde, milchig-weiße Crêpes aus Reismehlteig, die in der vietnamesischen Küche verwendet werden. Ihre Kreuzschraffur verdanken sie den geflochtenen Matten, auf denen sie getrocknet werden. Auch diese Spezialität gibt es nur im Fachhandel.

NUDELN In Südostasien gibt es im wesentlichen fünf Nudelsorten, die alle chinesischen Ursprungs sind:

- Breite, flache Bandnudeln aus Reismehl – Sie sind frisch oder getrocknet erhältlich. Damit sie beim Kochen nicht zusammenkleben, sollten sie, bevor man sie ins Wasser gibt, in ihre einzelnen Stränge zerteilt werden.
- Reis-Vermicelli – Diese dünnen, fadenartigen Nudeln werden normalerweise getrocknet verkauft.
- Mitteldicke Reismehlnudeln – Sie sehen aus wie dünne Tagliatelle.
- Eiernudeln – Ihr intensives Gelb rührt von der Verwendung natürlicher Farbstoffe her. Man bekommt diese spaghettiartigen Nudeln meist zu Nestern gedreht, die man vor dem Kochen voneinander lösen sollte.
- Glasnudeln – Die glasig aussehenden Fadenbündel werden aus Sojabohnenstärke hergestellt.

Daneben gibt es in einzelnen Ländern noch spezielle Nudelsorten, die hierzulande kaum erhältlich sind, die ich jedoch zum Glück immer durch eine leicht verfügbare Alternative ersetzen konnte. So ähneln beispielsweise *mien*, eine Art vietnamesischer Glasnudeln aus Reis- und Maniokmehl, den Reis-Vermicelli und die in Malaysia und Singapur verwendeten Laksanudeln entsprechen in etwa mitteldicken Reismehlnudeln.

Getrocknete Nudeln müssen vor dem Kochen 20 Minuten in Wasser eingeweicht werden. Die Gewichtsangaben in diesem

Kleine grüne Auberginen

Baby-Auberginen

Große dunkelviolette Auberginen

Runde grüne und gelbe Auberginen

Eiernudeln

Reisnudeln mittlerer Dicke

Glasnudeln

Reisbandnudeln

Reis-Vermicelli

Reisdreschen bei Ban Mawsuk, Nordthailand

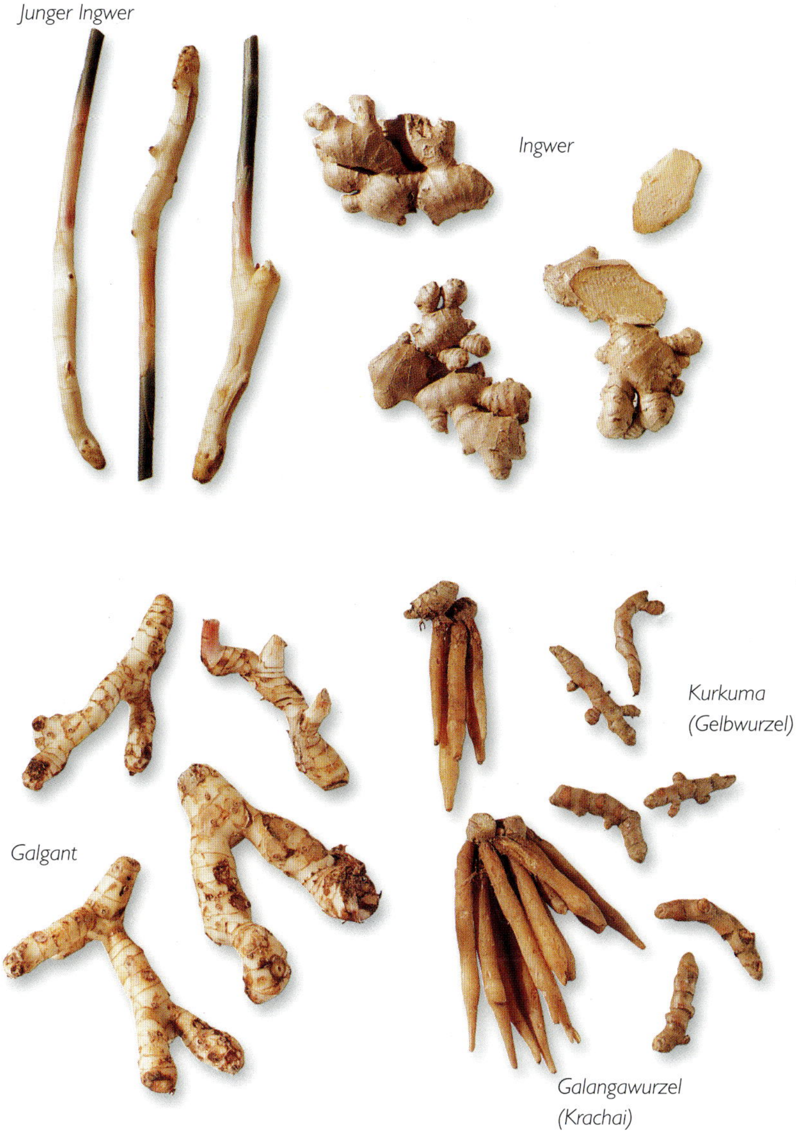

Auf einem Markt in Pagan, Birma

Buch gelten immer für frische beziehungsweise eingeweichte Nudeln, nie für das Trockenprodukt.

BRÜHEN – Wenn Sie vorhaben, regelmäßig südostasiatisch zu kochen, sollten Sie unbedingt selbst hergestellte Brühe vorrätig haben. Denn eine gute Brühe wird für die meisten Suppenrezepte benötigt. Geflügel- und Fleischbrühen sollten jeweils nur aus Fleisch und Knochen gekocht werden, ohne weitere Zutaten wie Gemüse oder Kräuter.

Für Hühnerbrühe die Karkassen in einen Topf geben und mit Wasser bedecken. Dieses zum Kochen bringen und mindestens 2 Stunden sanft köcheln lassen. Währenddessen immer wieder den Schaum von der Oberfläche abschöpfen. Rinder- oder Schweinebrühe werden auf die selbe Weise hergestellt. Soll es eine recht kräftige Rinderbrühe werden, koche ich Herz, Leber und Nieren mit.

Für meine Gemüsebrühe verwende ich eine mittelgroße Zwiebel, zwei mittelgroße Karotten, zwei Selleriestangen, einige Stengel Korianderkraut und ein paar schwarze Pfefferkörner. Sie können auch andere Zutaten kombinieren, meiden Sie jedoch übermäßig aromatische oder farbgebende Gemüse wie etwa Rote Bete. Salzen Sie die Brühe auch nicht, sie könnte beim Reduzieren zu salzig geraten oder ohnehin zusammen mit bereits gesalzenen Zutaten benötigt werden.

Jede Brühe sollte auf etwa ein Fünftel der ursprünglichen Flüssigkeit eingekocht werden.

PRIMÄRE GESCHMACKSGEBER **FISCHSAUCE** – Dieses wichtigste Aroma gebende Element der südostasiatischen Küchen wird dort etwa so verwendet wie im Westen das Salz. Diese Sauce ist nichts anderes als die Flüssigkeit, die während des Fermentationsprozesses von in Salz eingelegtem Fisch entsteht. Früher stellte fast jeder Haushalt seine eigene Fischsauce in großen Tonkrügen her, heute wird sie überwiegend industriell produziert. Die im Westen erhältlichen Fischsaucen stammen entweder aus Thailand *(nam pla)* oder aus Vietnam *(nuoc mam)*.

Die beste Fischsauce ist jung und hat eine zart karamellfarbene, mit Whisky vergleichbare Farbe, die einen erfrischend salzigen Geschmack signalisiert. Eine alte Fischsauce dagegen ist dunkel und schmeckt unangenehm bitter. Wenn man die Flasche gegen das Licht hält, kann die Farbe der Sauce bereits einen gewissen Hinweis auf ihre Qualität geben – ihre wahre Natur enthüllt eine Fischsauce aber erst bei der Verkostung, denn auch ihr Geruch ist wenig aussagekräftig.

Passen Sie die in den Rezepten angegebenen Durchschnittsmengen je nach der Salzigkeit Ihrer Fischsauce an. Vegetarier, die keine Fischprodukte essen, können Fischsauce durch eine leichte Sojasauce ersetzen. Sie sollten dabei jedoch berücksichtigen, dass Letztere meist weniger salzig ist.

SOJASAUCE – Leichte Sojasauce ist dünnflüssig, hat einen reinen, dezent salzigen Geschmack und kann als Würze verwendet werden. Dunkle Sojasauce ist dickflüssiger, kräftiger und süßer im Geschmack und wird beim Kochen hauptsächlich als farbgebende Zutat eingesetzt.

BOHNENSAUCE ODER BOHNENPASTE – Sie wird aus vergorenen und pürierten schwarzen oder gelben Sojabohnen hergestellt. Die gelbe Variante ist salziger, die schwarze verleiht Speisen neben dem Geschmack zusätzlich eine tiefere Farbe. Sie wird nicht so häufig benötigt wie Fisch- oder Sojasauce, kaufen Sie sie daher nur in kleinen Mengen.

AUSTERNSAUCE – Diese dickflüssige braune Flüssigkeit aus in Sojasauce gekochten Austern, versetzt mit Gewürzen, schmeckt überraschenderweise nicht nach Fisch, sondern kräftig fleischig.

EINGELEGTER ODER FERMENTIERTER FISCH – Fischstücke, in Salzlake eingelegt, die sich in eine geruchs- und geschmacksintensive Flüssigkeit verwandeln. Jedes südostasiatische Land hat einen eigenen Namen für diese Würze, die jedoch im Grunde überall gleich ist. Sie benötigen sie für viele Rezepte in diesem Buch. Ich empfehle ein kurzes Aufkochen vor der Verwendung.

GARNELENPASTE – Diese unserer Sardellenpaste ähnliche dunkelrote Paste verströmt ungegart ein unangenehm stechendes Aroma, das jedoch beim Kochen verschwindet.

EINGELEGTE GEMÜSE – Es gibt zwei Sorten vorher getrockneter und dann eingelegter Gemüse: weißen Rettich und die Stengel verschiedener Stielgemüse. Letztere sind hierzulande eher selten erhältlich. Eingelegte Gemüse werden im Glas verkauft, man benötigt jeweils nur kleine Mengen als Geschmacksgeber.

REISESSIG – Von diesem klaren Essig aus Langkornreis gibt es eine große Bandbreite verschiedener Sorten, von jungen, ganz hellen bis zu älteren, aromatischeren dunkelroten Sorten. Vorzugsweise wird ein junger, leichter Reisessig verwendet, und sogar dieser gelegentlich noch mit etwas Wasser verdünnt. Meiden Sie in jedem Fall Reisessig, der Glutamat oder andere Zusätze enthält.

EINGELEGTER KNOBLAUCH – Ganze Knoblauchzehen, konserviert in Salzlake, verleihen den Gerichten eine besonders markante Geschmacksnote.

EINGELEGTER KOHL – Eine Geschmackszutat und Beilage, die man selbst herstellen muss: 500 g festen Weißkohl in quadratische Stücke von etwa 5 × 5 cm schneiden, 24 Stunden offen ausgebreitet liegen lassen, dann in ein Einmachglas geben. ¼ l Reisessig mit 125 g Zucker und 1 Esslöffel Salz aufkochen, abkühlen lassen und über das Gemüse geben. Das Gefäß fest verschließen und vor der Verwendung 3 Tage stehen lassen.

SCHARFE GESCHMACKSGEBER CHILIS – Chilis sind die Früchte einer zur Gattung der Paprikagewächse gehörenden Pflanze, von der es rund 300 Unterarten gibt. Zehn Chilisorten finden allein in der Thaiküche Anwendung. Davon sind die im Folgenden aufgelisteten Sorten auch in den anderen südostasiatischen Küchen weit verbreitet. Chilischoten unterscheidet man vor allem nach ihrer Länge. Nur wenige Sorten haben allgemeingültige Bezeichnungen, daher habe ich auch ihre thailändischen Namen, unter denen man sie in asiatischen Läden meist findet, angegeben.

1. Vogelaugenchilis *(prik khee noo suan)*: Diese in Südostasien gebräuchlichste Chilisorte wird sowohl mitgekocht als auch roh für Saucen verwendet. Die winzigen, etwa 1 cm langen roten oder grünen Schoten sind von intensiver Schärfe. Da sie nicht lange haltbar sind, bevorzugen Importeure meist die nächste Größe.
2. Kleine rote oder grüne Chilis *(prik khee noo)*: Die etwa 2,5 cm langen Schoten sind kaum weniger scharf als Vogelaugenchilis. Sie sind die am häufigsten empfohlene Sorte in diesem Buch. Nicht zuletzt auch, weil man die schärfste Chilivariante, die in Südostasien sehr gebräuchlich ist, im Westen kaum bekommt.
3. Mittelgroße Chilis *(prik chee faa*, Cayennepfeffer): Diese etwa fingerlangen roten oder grünen Schoten sind etwas weniger scharf als die kleineren Sorten und dienen auch zur Herstellung von Chilipulver.
4. Große Chilis *(prik yuak)*: Die mild-scharfen hellgrünen bis roten Schoten sind dünner als unser süßer Paprika und am ehesten dem weißen ungarischen Paprika ähnlich, mit dem man sie ersetzen kann. Sie werden als Gemüse, gebraten oder gefüllt, verwendet.
5. Große, getrocknete Chilis *(prik haeng)*: Diese an der Sonne getrockneten Schoten sind rötlich braun und etwa 7,5 – 10 cm lang. Sie rangieren in der Schärfe zwischen den mittelgroßen und den kleineren Sorten.

ANMERKUNG: Chilisauce ist vielmehr eine Dipsauce und keine Kochzutat. Sie wird aus einer Mischung aus scharfen und milden Schoten hergestellt.

GETROCKNETE GEWÜRZE – Ursprünglich stammen diese Gewürze ebenso wenig aus Südostasien wie der Chili. Indische Händler führten sie in den Küstenregionen ein, wo sie als Bereicherung der traditionellen Küche verstanden wurden. Meist werden die getrockneten Gewürze zu Pasten verarbeitet, die bei der Zubereitung von eintopfartigen Currys zum Einsatz kommen. Die wichtigsten sind Nelken, Koriandersamen, Kreuzkümmel, Zimt, Sternanis, Muskatnuss und Kardamom. Es werden auch pulverförmige Gewürzmischungen angeboten, etwa aus Pfeffer, Schwarzkümmel, Nelken, Zimt und Sternanis.

Manche Rezepte erfordern Currypulver. Die in Südostasien am meisten verwendete Sorte entspricht dem milden, gelben Madras-Curry, der Koriander, Kurkuma, Senfsamen, Bengalische Kichererbsen, Kreuz- und Schwarzkümmel, Chili, Knoblauch, Pfeffer und Salz enthält.

KRÄUTER Überall im südostasiatischen Landesinneren nutzen die Köche weniger getrocknete Gewürze als vielmehr frische Kräuter und Kräutersamen, wie man sie in der süd-

Fisch auf dem Markt von Khon Kaen, Thailand

ostasiatischen Küche ursprünglich ausschließlich verwendet hat. Die wichtigsten Kräuter sind:

BASILIENKRÄUTER (Ocimum) – Es werden zwei Arten verwendet: Ocimum basilicum, das im Westen Basilikum genannt wird, und Ocimum sanctum, das vorwiegend in der asiatischen Küche eingesetzt wird und daher am ehesten in Asienläden erhältlich ist. Ocimum basilicum hat glänzend grüne, leicht rötlich getönte Blätter, im Duft einen Hauch von Zimt und Nelke. Es wird gekochten Speisen erst im letzten Moment zugegeben oder als Garnitur verwendet. Ocimum sanctum hat schmälere, leicht behaarte Blätter mit einem stärkeren rötlich violetten Ton. Es schmeckt sehr viel würziger und setzt sein volles Aroma erst beim Kochen frei. Beide Arten können auch in getrockneter Form verwendet werden, weisen dann jedoch einen etwas dumpfen Geschmack auf.

KORIANDER (Coriandrum sativum) – Dieses Gewürz- und Heilkraut zählt zur selben Familie wie die Petersilie und wird daher auch chinesische Petersilie genannt. Koriander ähnelt der glattblättrigen Petersilienvariante. Vor allem die Wurzeln und Stiele, die sich übrigens auch gut einfrieren lassen, werden in der Thaiküche geradezu verschwenderisch verwendet. Mit Knoblauch und Pfeffer zerstoßen ergeben sie eine hervorragende Marinade für Fleisch und Fisch.

Markt in Zentralthailand

KAFFIRLIMETTE (Citrus hystrix) – Die runzelige, wenig saftige Frucht liefert ein kräftiges Zitrusaroma. Es werden vor allem die Schale sowie die harten, dunkelgrünen Blätter frischer Früchte verwendet. Einen – nicht ganz adäquaten – Ersatz stellen die getrockneten Blätter dar. Diese vor der Verwendung etwa 5 Minuten in Wasser einweichen, damit sie dann ihr Aroma entfalten können. Eine weitere Alternative wäre allenfalls, am Ende des Kochvorgangs etwas Limettensaft zuzugeben.

ZITRONENGRAS (Cymbopogon citratus) – Diese zu den Süßgräsern gehörende Pflanze wird wegen ihres Zitrus-Minz-Geschmacks wie ein Gewürzkraut verwendet. Der blassgrüne bis weißliche knollige Stengel erinnert an eine dicke Frühlingszwiebel. Vor der Verwendung entfernt man die äußere Haut. Nur in feine Ringe geschnitten lässt sich das Zitronengras so weich garen, dass man es mitessen kann. Größere Stücke sollten vor dem Servieren entfernt werden. Zitronengrasstücke verleihen den Speisen eine frische zitronige und ingwerartige Note. Fein gehackte Zitronengrasringe lassen sich gut einfrieren und können ohne vorheriges Auftauen verwendet werden.

MINZE – In Vietnam wird den Speisen vor allem mit Polygonum odoratum, einer Knöterichart, ein Minzaroma verliehen. Dieses

Kraut ist inzwischen auch in den benachbarten Regionen weit verbreitet. Es ähnelt im Geschmack dem Koriander und wird entweder kurz vor Ende des Kochvorgangs zugegeben oder roh gegessen. Bei längerem Mitkochen würde es alle anderen Aromen übertönen. Außerhalb Sudostasiens ist Polygonum odoratum kaum erhältlich, man kann es jedoch mit Ährenminze (Mentha spicata) ersetzen, deren lange, ovale, graugrüne Blätter sehr aromatisch schmecken.

WURZELN Hier handelt es sich nicht um Wurzeln im eigentlichen Sinne, sondern um Sprossen, die unterirdisch wachsen. Die südostasiatische Küche kennt vier Arten, die alle mehr oder weniger nach Ingwer schmecken. Auch im Aussehen ähneln sie sich und sie werden auf die gleiche Art verwendet: Jeweils ein kleines Stück der Wurzel wird in feine Streifen geschnitten.

INGWER (Zingiber officinale) – Die im Westen erhältlichen knolligen, goldbeigen Wurzeln sind oft alt, trocken und faserig. In Asien wird ausschließlich junger, zarter und saftiger Ingwer verwendet, der den Speisen einen leicht süßlichen, würzig-scharfen Geschmack verleiht.

GALGANT (Alpinia galanga) – Diese cremefarbene Wurzel mit rosa Spitzen ist dünner und etwas fester als Ingwer. Der ingwerartige Geschmack mit einer eigentümlich pfeffrigen Schärfe macht Galgant besonders geeignet für Currys.

GALANGAWURZEL (Kaempferia pandurata) – Die dünnen, hellbraunen, spitz zulaufenden Wurzeln hängen wie ein Schlüsselbund zusammen. Ihr Geschmack nach Ingwer und Zitrone passt gut zu Fisch oder in Suppen, denen man nur einen Hauch von Zitrone mitgeben möchte. Im Asienladen findet man Galangal meist unter seinem thailändischen Namen Krachai.

KURKUMA (Curcuma domestica, Gelbwurzel) – Eine braune Wurzel, die unter der blättrigen Oberfläche tief gelborange gefärbt ist. Kurkuma wird meist weniger wegen ihrer warmwürzigen Geschmacksnote verwendet als vielmehr wegen der intensiven Farbe, die sie dem Gericht verleiht. Früher war Kurkuma nur in gemahlener Form erhältlich, wodurch sie leicht etwas staubig schmeckte und zudem nicht lange haltbar war. Heute ist auch im Westen frische Kurkuma zu bekommen.

EXOTISCHE GEMÜSE AUBERGINE Im Westen wird für südostasiatische Rezepte meist die große, dunkelviolett gefärbte Sorte verwendet. In Asien selbst sind auch kleinere und andersfarbige Varianten (siehe Seite 12) gebräuchlich, die sich dank ihrer Form und Festigkeit besonders gut in gekochten Gerichten wie etwa Thai-Curry machen.

SPARGELBOHNEN – Eine Art grüner Bohnen, die bis zu einen Meter lang werden können. Dunklere Bohnen sind solchen mit hellerer Farbe vorzuziehen.

WASSERSPINAT (Purpurwinde) – Die langen Stiele dieser im Wasser wachsenden Pflanze bleiben beim Kochen fest, nur die Blätter werden weich. Der Geschmack ähnelt dem von Spinat. Wasserspinat sollte nicht aufbewahrt werden, da die Blätter schnell gelb werden und verderben.

TAMARINDE – Das Fruchtmark aus den Schoten des Tamarindenbaums verleiht Gerichten einen leicht säuerlich-scharfen, zitronenartigen Geschmack. Tamarinde ist ein Grundbestandteil von Worcestershire-Sauce. Tamarinde ist in allen gut sortierten Asienläden erhältlich. Nur wenn Sie wirklich keine Tamarinde auftreiben können, sollten Sie sie durch die doppelte Menge an Zitronensaft ersetzen.

Zigarrenstumpen aus birmanischer Produktion

TARO – Das milde Knollengewächs kommt als Gemüse oder gewürzt als Dessert zum Einsatz.

WEISSER RETTICH – Dieses Wurzelgemüse kann roh als Salat serviert oder gekocht werden, wodurch es an Schärfe verliert und einen kohlrabiähnlichen Geschmack annimmt.

ANDERE UNGEWÖHNLICHE ZUTATEN

AGAR-AGAR – Diese aus Meeresalgen gewonnene Pflanzengelatine wird in Pulverform in Reformhäusern und Naturkostläden angeboten. In Asienläden findet man dieses Produkt auch in fadenartiger Form. Man verwendet Agar-Agar für süße wie auch für pikante Gelees, die ihre Festigkeit auch ungekühlt behalten.

BANANENBLÄTTER – In diese Blätter eingewickelt können Speisen bzw. Zutaten gegrillt oder gedämpft werden. Bananenblätter halten die Flüssigkeit im Gargut, dem sie auch ein zartes Aroma mitgeben. Sie sind inzwischen auch im Westen in asiatischen Supermärkten erhältlich. Ersatzweise können Sie auch *en papillote* garen, das Gargut in Backpapier, Alufolie oder Pergamentpapier einschlagen, müssen dann jedoch auf die aromatisierende Wirkung der Bananenhülle verzichten.

PRODUKTE AUS SOJABOHNEN – Tofu (Sojabohnenquark) wird aus dem geronnenen Extrakt der gelben Sojabohne hergestellt. Meist wird er als Block in seiner eigenen Flüssigkeit schwimmend verkauft. Man sollte Tofu am selben Tag verwenden, kann ihn aber auch bis zu 3 Tage aufbewahren, wenn man die Flüssigkeit gleich abgießt und durch etwas frisches Wasser ersetzt, das man täglich wechselt. Aus einem solchen Block geschnittene Würfel kann man frittieren, bis sie eine goldbraune Farbe annehmen. Sie sind dann frischer und cremiger als der in Asienläden angebotene fertig frittierte Tofu.

Getrocknete Blätter aus Sojabohnen sehen aus wie zerknittertes braunes Packpapier und müssen vor der Verwendung etwa 5 Minuten eingeweicht werden. Risse können durch Zusammendrücken leicht wieder geschlossen werden.

Rote fermentierte Sojabohnen werden als Miso verkauft. Dessen kräftiger Geschmack kommt am besten in Saucen zum Tragen.

KOKOSNUSS – Das frische weiße Fleisch der Kokosnuss wird in Küstengegenden, wo die Kokospalme heimisch ist, gerne für Currys und Desserts verwendet. Wichtiger in der südostasiatischen Küche sind jedoch Kokosnussmilch und Kokosnusscreme. Dazu wird das Fruchtfleisch gerieben, eingeweicht und ausgepresst – die erste Pressung ergibt eine dickflüssige Creme, die zweite eine dünnere Milch. Kokosnusscreme aus der Dose liefert auch Kokosmilch: Die geöffnete Dose eine Weile stehen lassen, bis sich der Inhalt abgesetzt hat und nur die dünnere Flüssigkeit von oben verwenden.

Junge Mönche in der Pagode von Mandalay, Birma

Arbeitselefanten in Nordthailand

FISCHBÄLLCHEN – Diese kleinen, runden Klöße aus Fisch und Mehl kann man in Asienläden vorgefertigt und tiefgefroren kaufen. Es gibt sie auch mit einer Mischung aus Fisch und Garnelen. Sie dienen fast ausschließlich als Zutat für Nudelgerichte und werden, gefroren zugegeben, etwa 10 Minuten mit gegart.

SCHWARZE BOHNEN – Man verwendet sie vorwiegend wegen ihrer Farbe. Vom Geschmack her könnte man sie durch nahezu jede andere feste, kleine Bohnensorte ersetzen. Schwarze Bohnen kann man in einem dicht verschlossenen Glas kühl und dunkel sehr lange aufbewahren.

PILZE – Der in der asiatischen Küche am häufigsten verwendete Pilz ist der schwarze Wolkenohrpilz, auch chinesische Morchel genannt. Man kauft diese Pilze meist in getrockneter Form und weicht sie vor der Verwendung 20 – 30 Minuten bei Zimmertemperatur ein. Sand und harte Stiele sind zu entfernen. Je kleiner Wolkenohrpilze sind, desto besser.

Daneben gibt es getrocknete oder frische Shiitakepilze, die ähnlich geformt, jedoch etwas kleiner sind als Parasolpilze. Wenn keine bestimmte Pilzart angegeben ist, können Sie eine Sorte Ihrer Wahl verwenden, etwa Champignons, Butterpilze oder Parasolpilze.

PALMZUCKER – Er wird aus dem Saft der Kokospalme hergestellt und unterscheidet sich durch seinen kräftigen Karamellgeschmack deutlich von Rohrzucker. Der beste Palmzucker ist weich, braun und hat ein toffeeähnliches Aroma. Er wird in Asienläden in gepresster Form verkauft und lässt sich lange aufbewahren. Sie können ihn durch braunen Rohrzucker ersetzen, der jedoch nicht denselben charakteristischen Geschmack hat.

EINGELEGTE PFLAUMEN – Diese chinesische Frucht sieht aus wie eine Kreuzung aus Pflaume, Aprikose und Olive. Sie wird in gesalzenen Reisessig eingelegt und hat einen sehr kräftigen, süßen Geschmack mit einem angenehm säuerlichen Unterton. Das Fruchtfleisch kann man für Pflaumensauce verwenden.

Thailand

Land des Lächelns

Jeden Freitagabend herrscht hektische Betriebsamkeit an Bangkoks Don Muang Airport – Horden von Passagieren, Einheimische, oft ganze Familien, eilen zu den Flugsteigen. Reiseziel sind die Wochenendappartements oder Ferienhäuser im bergigen Norden oder an den Stränden im Süden – Hauptsache, raus aus dem Smog der am schnellsten wachsenden Metropole Südostasiens. Noch vor einer Generation konnte niemand vorhersehen, dass die Thailänder einmal so reisefreudig werden würden. Als ich noch zur Schule ging, im Thailand der späten 50er-Jahre, war man längst nicht so viel unterwegs. Schlechte Straßen und ein sehr begrenztes öffentliches Verkehrsnetz machten das Reisen beschwerlich. Daher erschienen uns alle Gegenden jenseits der Region um die Hauptstadt so entlegen wie fremde Länder.

Auf dem königlichen Erntedankfest in Bangkok

Im damaligen Königreich konnte man vier charakteristische Regionen unterscheiden – das Zentrum, den Norden, den Nordosten und den Süden. Wir selbst kannten allerdings nur zwei Orte außerhalb der Hauptstadt: Das war zum einen die historische Hauptstadt des Nordens, die man in einem alten, eine Nacht lang durch das Landesinnere dampfenden Bummelzug erreichen konnte – Chiang Mai, wie es inmitten von Bergen und Wäldern lag, war für uns ein magischer Ort und wir genossen nach der tropischen Hitze Bangkoks die herrlich frische Luft dort. Unser zweites Reiseabenteuer führte uns nach Süden, nach Hua Hin an der Westseite des Golfs von Thailand – ein ursprünglich kleines Dorf, das später zu einem beliebten Seebad werden sollte, da die königliche Familie dort eine Villa besaß. Weil sie so abgelegen waren, fielen an eben diesen, auf uns sehr fremdartig wirkenden Orten die kulturellen Unterschiede besonders auf. Die Menschen sahen anders aus, sie kleideten sich anders und vor allem – sie aßen anders. Das war das Aufregendste überhaupt: Wenn wir schon einmal reisten, wurden wir mit Speisen verwöhnt, die für uns ebenso exotisch waren, wie es unser gewohntes Essen in Bangkok wohl für einen Engländer oder Amerikaner gewesen sein mochte.

Im Zentrum des Landes wurde zum Reis viel Süßwasserfisch aus den Flüssen und Kanälen, die die smaragdgrünen Ebenen durchzogen, verzehrt, daneben auch Seefisch aus dem nahen Golf von Thailand. Es war die fruchtbarste Gegend des Landes. Jedes Haus hatte seinen eigenen Gemüsegarten. Auf dem Markt türmten sich Berge von Auberginen, grünen Bohnen, Wasserspinat, Kohl und Tomaten. Aromen in Hülle und Fülle: Limonen, Zitronengras, Ingwer und Galgant, Fischsauce, Garnelenpaste und der trotz seines abstoßenden Geruchs so wohlschmeckende fermentierte Fisch ... Fleisch aß man hier selten, dafür gab es umso mehr Gemüse, Fisch, scharf-würzige Dips und cremige Kokosnussgerichte. Abgesehen von Festtagen, zu denen sich alle Frauen des Dorfes zusammentaten und gemeinsam die aufwendigsten Menüs zubereiteten, war das Essen immer bescheiden – und dabei äußerst schmackhaft. Zu Bergen von Reis gab es manchmal lediglich einen sehr scharfen Dip, dazu etwas frittierten Flussfisch und eine gut gewürzte Gemüsebeilage.

Scharfe Dips, auf Thailändisch *nam prik*, was wörtlich Chiliwasser heißt, wurden ursprünglich nur in ländlichen Gebieten zubereitet. Heute jedoch gehören sie längst zu den Klassikern der Thaiküche. Wer zum ersten Mal thailändisch isst, empfindet ein *nam prik* wahrscheinlich als zu scharf und es wird ihm zu stark fermentiert schmecken. Meist lernen jedoch auch Skeptiker bald die feinen Qualitäten von Geschmack und Konsistenz eines *nam prik* schätzen. Selbst in den feinsten Kreisen von Bangkok bereitet die Dame des Hauses ihren Spezialdip höchstpersönlich zu. Auch zu Zeiten, als wir noch Küchenpersonal beschäftigten, war es meiner Mutter ein Anliegen, den Hausdip selbst zu machen. Und sogar meine Tante Chinda, eine leitende Bankangestellte in Bangkok, lässt es sich nicht nehmen, ihr *nam prik gung pow* (siehe Seite 48) eigenhändig herzustellen – und es zu frischen Garnelen zu servieren, wann immer sie Kollegen oder Kunden bewirtet. Mag der Dip an sich unscheinbar sein, begleitet ist er immer von zahllosen, sehr dekorativen Beigaben: von Fischhappen über rohe oder blanchierte Gemüse bis hin zu Omelettstückchen. Ein *nam prik* sollte immer süß-scharf komponiert sein, wobei es jedoch unzählige Abstufungen von außerordentlich süß bis pikant-scharf und intensiv nach Fisch schmeckend gibt. Der Dip meiner Mutter war immer recht salzig, während meine Tante einen süßen Geschmack bevorzugte.

Viele Dipvarianten bekommen Sie heute in ganz Thailand.

Zu meiner Schulzeit gab es dagegen noch ganz bestimmte regionale Unterschiede: Im Norden beispielsweise wurde zu einem *nam prik* immer Klebreis serviert. In einem Bastkörbchen serviert war er Beilage zu jeder Mahlzeit und durfte auch bei einem Khantoke-Essen nicht fehlen. Bei diesem Festessen saßen die Gäste auf dem Boden um einen runden Tisch, den *khan toke*, auf dem alle möglichen Spezialitäten aufgetischt waren, etwa ein würzig-scharfer Dip zu knuspriger Schweineschwarte, ein Curry und sicherlich auch *laab*, ein Hackfleischgericht, dessen scharfe Würze von einem kühlenden knackig-frischen Salat ausgeglichen wird. Man formte mit den Fingern kleine Bällchen aus Klebreis, die man dann reihum in die verschiedenen Gerichte tunkte.

Dicht bewaldete Hänge – deftige Küche

Damals war der Norden noch sehr ursprünglich. Erst 1927 besuchte mit König Rama VII. zum ersten Mal ein thailändischer Monarch die Hauptstadt seiner nördlichen Provinz. Und noch bis vor wenigen Jahren war Chiang Mai kaum mehr als ein kleines verschlafenes Nest gewesen, allerdings mit prachtvollen Tempeln, einem wundervollen Markt sowie einer überwältigenden Vielfalt von eingekochten und eingelegten Spezialitäten. In dieser bergigen und dicht bewaldeten Region stammten viele Nahrungsmittel aus der freien Natur – die Essenszutaten wurden eher erjagt und gesammelt als auf dem Feld angebaut. Die Küche war hier deftig und es gab viel Fleisch, etwa Hirsch, aber auch Büffel, dazu frischeste Wildkräuter oder Waldpilze. Alle Gerichte waren zudem reichlich scharf, da sie ohne den mildernden Effekt von Kokosnussmilch oder Palmzucker, die im Süden Thailands zur Verfügung stehen, auskommen mussten.

An einem Gericht wie *jin ping* (siehe Seite 35) kann man solche Unterschiede gut deutlich machen. Jin bedeutet im Dialekt des Nordens Schweinefleisch. *Jin ping* ist eine Art Satay – mariniertes Schweinefleisch, auf Spießchen gegrillt. Statt der in den anderen Landesteilen üblichen Erdnuss-Kokosnuss-Sauce wird dazu im Norden ein feuriger Dip aus Chili und Limettensaft serviert – was dem Gericht eine völlig andere, erfrischend scharfe Geschmacksrichtung verleiht.

Uns hat die Küche im Norden immer geschmeckt – gerade wegen ihrer kräftigen Aromen, weil sie handfest war und es dort viele Produkte gab, die damals in Bangkok nicht zu bekommen waren. Immer konnten wir in Chiang Mai beobachten, wie sich die Reisenden noch kurz vor der Abfahrt des Zuges zurück in die Hauptstadt bei den fliegenden Händlern auf dem Bahnsteig mit

Die spektakulären Kalksteinfelsen von Phangna Bay, Südthailand

einer bestimmten Wurst eindeckten. Es handelte sich dabei um eine Spezialität der Region, die gerne als Appetithäppchen mit klein gehackten Schalotten, Ingwer, gesalzenen Erdnüssen und Korianderblättern gegessen wurde – ein kulinarisches Mitbringsel für Verwandte und Freunde.

Auch wenn wir gelegentlich Chiang Mai besuchten, kam es nie in Frage, noch weiter nach Norden zu reisen, etwa bis Chiang Rai. Dahinter begann das ‚Goldene Dreieck', das sich bis nach Birma und Laos hinein erstreckt. Das Land der Bergstämme – mit Menschen, die sich ethnisch und kulturell deutlich von uns unterschieden und in abgelegenen Dörfern lebten, wie seit Jahrhunderten, kaum beeinflusst vom modernen Leben. Als ich in Bangkok Kunst studierte, wusste ich wenig über diese fremdartigen Menschen. Einiges erfuhr ich von meinem Freund Yod Chai, der aus Chiang Rai stammte und die bunten Trachten und den schweren Silberschmuck dieser Stämme liebte. Zu einer Zeit, als der Rest von uns den westlichen Moden nachhing – wir waren verrückt nach den Beatles und sehnten uns danach, einmal London und New York zu sehen –, war er uns weit voraus: Er liebte natürliche Materialien, Holz und getrocknete Blätter, Erdfarben und Handgearbeitetes. Wann immer er nach Hause fuhr, brachte er uns von den Bergstämmen gewobene Taschen, schwarz-rote Westen und die typischen runden Strohhüte mit. Und Geschichten über seltsame Tänze und die Welt des Schlafmohns und der wilden Krieger – Geschichten, die unwirklich klangen wie alte Sagen.

So Fremdartiges im eigenen Land

Der Nordosten war ein Buch mit sieben Siegeln für uns. Jeder in Bangkok vermied es, jemals dorthin zu reisen. Nach Issan, wie wir diese große Region nennen, wurden Beamte und Soldaten strafversetzt – ein fremdartiges, bedrohlich wirkendes Land der Dürreperioden, Überschwemmungen, Hungersnöte, der Vernachlässigung. Hier lebten keine Thais, sondern Laoten – ethnisch identisch mit dem Volk auf der anderen Seite des Mekong, im damaligen Königreich Laos. Natürlich kannten wir die Menschen aus Issan, die auf der Suche nach Arbeit zu Tausenden hatten nach Süden wandern müssen – ihre kulinarischen Spezialitäten jedoch fand man in Bangkok nur selten. Vor einigen Jahren eröffnete eine Frau aus Issan in unserer Straße einen Stand, an dem sie Issanhähnchen brutzelte – halbe Hähnchen, flach geklopft, mariniert und gegrillt. Sie wurden oft mit *som tam* serviert, einem würzigen Salat aus geriebener roher Papaya, aromatisiert mit Chili, Fischsauce und Erdnüssen. Da es das einzige Issangericht war, das man weit und breit finden konnte, war mir damals nicht klar, dass dessen kräftiger Geschmack ganz typisch für diese an Nahrungsmitteln nicht gerade reiche Region war. Es gab wenig Fleisch und Gemüse, so dass im Wesentlichen scharfe Würzen die Mengen an Reis – auch hier Klebreis – begleiteten, der die Nahrungsgrundlage jeder Familie war. Diese karge Küche musste man mit allem, was man bekommen konnte und einen gewissen Nährwert hatte, ergänzen – selbst mit Fröschen und Insekten.

Reis wird gesiebt …

… und junge Reispflanzen vereinzelt

Der Süden – der schmale Streifen Land bis nach Malaysia – war in anderer Hinsicht fremdartig. Die Gegend jenseits von Hua Hin, unserem Urlaubsort am Meer, erschien noch abgelegener und verlassener als Issan. Ein gefährliches Banditenland, hieß es – sogar den kleinen alten Zug von Bangkok nach Singapur hielt man damals für unsicher. Der Süden hatte den Ruf, ein verschlafener Landstrich zu sein, mit von Palmen gesäumten Inseln – unberührt, weil unbesucht – und vor allem mit einer faszinierenden Küche. Wir kannten in Bangkok beispielsweise das Mussaman-Curry als exotischen Genuss – ein Eintopf mit aus Malaysia eingeführten Gewürzen und Kartoffeln. Mussaman bedeutet Moslem und der tiefe Süden war tatsächlich das Land der Moscheen, der verschleierten Frauen und der üppigeren, ‚dunkleren' Geschmacksnoten – herrührend aus der Verwendung von indischen Gewürzen und der durch den Islam bedingten Verbindung mit der arabischen Küche.

Bangkok – Kulinarischer Schmelztiegel

Im Hinblick auf die unterschiedlichen Küchentraditionen muss man zuletzt – mit Bangkok – noch eine fünfte Region umgrenzen. Es versteht sich von selbst, dass die einzige Weltstadt des Landes schon früh ein Schmelztiegel zahlreicher kulinarischer Stile war. Seit der Zeit, als die Stadt, die damals noch Ayuthaya hieß und Hauptstadt von Siam war, Ende des 18. Jahrhunderts von Invasoren aus Birma zerstört wurde, hat sich hier eine Kochkunst entwickelt, die weitaus komplexer ist als die einfache Küche auf dem Lande. Ihre Ursprünge liegen in den kulinarischen Gepflogenheiten am Königshof und in den Palästen des thailändischen Adels. Ein Mahl bestand damals aus einer Folge kleiner Delikatessen aus ungewöhnlichen Zutaten und mit erlesenen Aromen, reich dekoriert mit zarten, aus allerlei Früchten und Gemüsen gezauberten Blüten. Diesen Kreationen wurde der gleiche Respekt zuteil wie den klassischen Tanzvorführungen, die als das Bedeutendste in der thailändischen Kultur gelten. Diese hochentwickelte Kochkunst wurde bald von außen beeinflusst – besonders von China, über Handelsreisende oder Einwanderer, die sich in Thailand niederließen und hier bald Schlüsselfiguren im Handelsgeschehen wurden. Zur selben Zeit brachten Händler aus Indien getrocknete Gewürze ins Land. Auch die Portugiesen spielten eine wesentliche Rolle, indem sie den ursprünglich aus Südamerika stammenden Chili einführten, der die Thaiküche mehr als alles andere verändert hat.

Nach dem Abzug der Birmanen, als sich in der neuen Hauptstadt Khrung Thep – Bangkok, wie die Besucher sie nannten – eine neue Dynastie etabliert hatte, fanden einzelne Elemente dieser vormals so exklusiven Küche Eingang in die Häuser der Reichen und Wohlhabenden. In meiner Jugend hatten selbst Familien mit nur bescheidenem Wohlstand Bedienstete und konnten damit ein kulinarisches Niveau pflegen, das im Rückblick erstaunlich erscheint.

Bunteste Speisenvielfalt allenorts

Unser Abendessen, das wir immer recht früh, etwa um halb sieben einnahmen, war immer eine größere Angelegenheit: Zuvor badete jeder und zog sich etwas Leichtes an, etwa ein weites Baumwollhemd und eine pyjamaähnliche Seidenhose, wie man sie in China trägt. In einem kleinen verräucherten Nebengebäude kochte inzwischen unsere Köchin Khun Aat im Schneidersitz vor dem Holzkohleherd sitzend. Die jungen Mädchen, die sich sonst um die Kinder kümmerten oder bügelten, brachten ihr die Zutaten. In unserer modernen Küche im Haus bereitete Mutter ihr spezielles *nam prik* zu, während Vater am Tisch saß, als Aperitif Whisky auf Eis trank und schon die ersten Appetithäppchen probierte. Nach und nach wurde eine Reihe verschiedener Gerichte auf dem Tisch aufgebaut, ein harmonisches Zusammenspiel unterschiedlichster Dinge – Mutters scharfer Dip, ausbalanciert durch eine leichte Suppe, ein Curry wie etwa *gaeng kiow wan nua* (siehe Seite 40), gefolgt von einem süßeren Gericht. Daneben gab es zur idealen Abrundung etwas Gemüse, Fisch oder Meeresfrüchte.

Wenn alles aufgetragen war, wurden meine vier Brüder und ich zum Essen gerufen, während Mutter und meine Schwester dafür sorgten, dass jeder von uns zuerst einen großen Berg Reis bekam. Dazu nahm sich jeder selbst mit dem Löffel nach und nach ein wenig von jedem Gericht. Wir aßen immer mit Messer und Gabel – Stäbchen waren in unseren Augen chinesisch und nur für Nudeln gedacht – und immer in aller Ruhe, während wir uns über die Neuigkeiten des Tages unterhielten und dabei viel lachten. Zum Schluss gab es immer frisches Obst – Mangos, Rosenäpfel, Sternfrüchte oder was immer gerade Saison hatte. Gelegentlich gab es auch süße Nachspeisen – entweder ‚Mehlspeisen' wie *kow niew tat*, süße Klebreisküchlein (siehe Seite 47) oder flüssigere Desserts, etwa *kai wan*, süße Ingwereier (siehe Seite 48).

Wenn wir zu besonderen Anlässen auswärts essen gingen, dann meist in ein chinesisches Restaurant, wo wir um einen runden Tisch mit drehbarer Platte in der Mitte saßen und ein Festmahl mit zahlreichen Gängen speisten. Es gab natürlich auch eine Reihe alteingesessener Thairestaurants, doch aus irgendeinem Grund bevorzugten wir die hohe chinesische Kochkunst. Außerhalb der heimischen Küche bedeutete Thaiessen im Allgemeinen Fastfood – ein kleiner Imbiss an einer der zahllosen Garküchen eingenommen, die viele Seitenstraßen und Märkte in Freiluftrestaurants verwandelten. Oder man kaufte etwas bei einem der fliegenden Händler, die mit ihren Karren durch die Straßen der Hauptstadt zogen und alles Mögliche anboten, von gebratenem Reis bis hin zu Desserts und Eis. Wenn ich früh am Morgen im nahem Lumpinipark joggen ging, konnte ich gleich etwas *tou hou tod*, frittierten Tofu in einer süßen Sauce (siehe Seite 35), zum Frühstück mitnehmen oder mich am

Fisch wird zum Trocknen ausgebreitet – bei Krabi, Südthailand

‚Normaler' Verkehr in den Straßenschluchten von Bangkok

Lebensmittelmarkt bei einer Schüssel *kow tom het*, Reissuppe mit Pilzen, Knoblauch und Ingwer (siehe Seite 41), niederlassen. Ansonsten war die damals im Westen noch völlig unbekannte Thaiküche etwas, das man zu Hause selbst zubereitete.

Das änderte sich mit dem Vietnamkrieg und der Entscheidung der Amerikaner, unser bescheidenes, provinzielles Königreich vor dem Kommunismus zu beschützen. Bangkok wurde zum Haupterholungsort für die GIs. Es folgten massive Investitionen in die Infrastruktur des Landes: Neue Flughäfen und Autobahnen wurden gebaut und gleichzeitig wurden überall Hotels eröffnet, da immer mehr Besucher ins Land strömten. Thailand öffnete sich äußeren Einflüssen in ungeahntem Maße. Ein zweischneidiges Schwert: Einerseits wurden Zehntausende von Arbeitsplätzen geschaffen, andererseits schossen in allen größeren Städten Gettos aus dem Boden.

Nichts blieb von diesem Wirbelwind unberührt, noch nicht einmal unsere Küche. Den ersten GIs mag der Sinn noch nach Hamburgern und Hotdogs gestanden haben, doch einige von ihnen waren mutig genug, an den Garküchen in den Seitenstraßen auch thailändisches Essen kennen und schätzen zu lernen. Wenn ein Gericht die Welt zur Thaiküche bekehrt hat, dann *pad thai* (siehe Seite 47) – ein ganz und gar unchinesisches Nudelgericht mit getrocknetem Chili, zerstoßenen Nüssen, rohen Frühlingszwiebeln, Zitronensaft, Fischsauce und einer beliebigen Einlage – von Schweinefleisch bis zu Garnelen entsprechend dem Angebot auf dem Markt und den persönlichen Vorlieben des Kochs. Das ist thailändisches Fastfood, das viele Besucher schon bald einem Big Mac vorzogen.

Der Wandel – Thailand als Tigerstaat

Von negativen Einflüssen einmal abgesehen hat die amerikanische Präsenz vor allem einen Wirtschaftsboom ausgelöst, der Thailand zu einer der führenden Wirtschaftsnationen Asiens gemacht hat. Der wirtschaftliche Aufschwung begann mit Fabriken, in denen – zu den äußerst niedrigen thailändischen Stundenlöhnen – japanische Produkte gefertigt wurden. Damals gab es sogar einen Schlager, in dem darüber gespottet wurde, dass alles Japanische, wenn man es umdrehte, in Wirklichkeit ‚made in Thailand' war. Dies war natürlich nur eine Phase in der wirtschaftlichen Entwicklung. Längst gibt es eine eigenständige thailändische Produktion – deren Auswirkungen allerdings keinem Besucher von Bangkok verborgen bleiben: Khrung Thep, die Stadt der Engel, wie wir sie immer genannt haben, das ‚Venedig des Ostens' hat seinen fernen Namensvetter Los Angeles im Hinblick auf rasches Wachstum und Umweltverschmutzung inzwischen weit hinter sich gelassen.

Das Haus unserer Familie, das früher einmal friedlich inmitten des Geschäftszentrums stand, ist heute eingezwängt zwischen Wolkenkratzern. Während ich dies schreibe, wird nebenan ein weiterer hochgezogen. Erst kürzlich, nachdem ein vom Baukran gefallener Wergzeugkasten durch unser Dach gekracht war, ließ die Baufirma meine Eltern bis zum Abschluss der Arbeiten in ein nahe gelegenes Appartementhaus evakuieren. Es ist schon verrückt. In Bangkok ist es fast unmöglich geworden, zu Fuß

Traditionelle Töpferei

irgendwohin zu kommen. Manche meiner Freunde brauchen drei Stunden, um durch den mehr stehenden als fließenden Verkehr zur Arbeit zu kommen. Ein mir bekannter Rechtsanwalt lässt sich in einem Wohnmobil zu seinem Büro fahren – während er unterwegs auf dem Bett liegt und sich Videos ansieht.

Nichts ist unverändert geblieben. Als der Vietnamkrieg zu Ende ging und die GIs das Land verließen, kamen die Touristen. In den vergangenen 20 Jahren ist ein boomendes Fremdenverkehrsgewerbe herangewachsen, mit immer größeren Hotels, die eine Mischung aus westlicher und thailändischer Küche anbieten. In den Großstadtzentren eröffneten Thairestaurants in noch nie dagewesener Zahl – das Küchenpersonal in den Häusern der Reichen kündigte, um fortan in Hotel- und Restaurantküchen zu arbeiten und nun dort die gewohnten Gerichte zuzubereiten – mannigfaltige, mit kunstvoll geschnittenen Früchten und Gemüsen dekorierte Spezialitäten einer gehobenen Kochkunst, die bislang den Wohlhabenden vorbehalten gewesen war. Diese Küche hat inzwischen auch westliche Essensgewohnheiten adaptiert, etwa die Unterteilung eines Menüs in Vorspeisen und Hauptgerichte oder auch spezielle Büfettgerichte. Hierbei erwies sich die Thaiküche als höchst flexibel. Schließlich war sie eine an sich schon internationale Küche – von vielen äußeren Einflüssen aus Indien, China und den Nachbarländern geprägt –, so dass man sich über ihre rasante weltweite Verbreitung im Rückblick kaum wundern muss.

Öffnung – äußerlich und innerlich

Natürlich wollten westeuropäische und amerikanische Touristen zu Hause die kulinarischen Spezialitäten wiederfinden, die sie in Thailand genossen hatten. Das Ergebnis war, dass rund um den Globus Thairestaurants wie Pilze aus dem Boden schossen. Als ich 1976 als Student erstmals nach London kam, gab es in ganz Großbritannien höchstens vier thailändische Restaurants – in denen man mangels aller nötigen Originalzutaten die Thaiküche oftmals eher improvisierte. Als ich vor kurzem den Verband der Thairestaurants in London mit begründete, konnten wir die potentiellen Mitglieder kaum noch zählen. Gleichzeitig findet man heute den Großteil der Zutaten für die Thaiküche in fast jedem britischen Supermarkt – von Currypaste bis hin zu frischem Zitronengras.

Die Thairestaurants in Amerika und Europa bieten im Wesentlichen Bangkokküche an, in Verbindung mit bestimmten chinesischen Gerichten, die bei Thailändern beliebt sind. Als ich 1981 *The Chiang Mai*, mein erstes Londoner Restaurant, eröffnete, wollte ich etwas Authentischeres bieten. Auf meiner Speisekarte standen auch Spezialitäten aus dem Norden Thailands. Zehn Jahre später, als ich in Manchester das *Chiang Rai* mit aus der Taufe hob, gingen wir sogar noch weiter – wie schließlich auch im *Thai Bistro* im Westlondoner Stadtteil Chiswick, in dem wir eine häufig wechselnde Auswahl an Spezialitäten aus allen Landesteilen bieten.

All dies spiegelt wider, was sich auch in Thailand entwickelt hat, seit der Wirtschaftsaufschwung das Land für seine eigenen Bürger öffnete. So habe ich in den vergangenen 20 Jahren versucht, jede Region meiner Heimat zu bereisen, ihre Kulturschätze und ihre kulinarischen Eigenheiten kennen zu lernen, etwas über die dort lebenden Menschen und deren Lebensweise zu erfahren. Seit es überall im Land Flughäfen gibt, ist es kein Problem mehr, auch in die entlegensten Winkel vorzudringen. Viele Einwohner von Bangkok besitzen Strandvillen am westlichen Golf von Thailand, andere fliegen über das Wochenende zu ihren Landhäusern im Norden. Meine Tante und deren Freunde haben sogar ein Landgut in den Bergen bei Chiang Rai gebaut. Als ich dort einmal zu Besuch war, ergriff ich die Gelegenheit, meinen alten Freund Yod Chai aufzusuchen, der nach dem Studium in seine Heimatstadt zurückgekehrt war. Es hat mich nicht sonderlich überrascht, ihn in seinem eigenen Laden an der Hauptstraße wieder zu finden, in dem er Kunsthandwerk verkaufte. Und er ist nicht allein mit seiner Leidenschaft: Inzwischen ist in Chiang Rai eine blühende Künstlerkolonie entstanden, weit weg von der Hektik und dem Schmutz der Hauptstadt, an einem Ort, wo die Menschen noch sehr naturverbunden leben. Yod Chai nahm mich in das Künstlerdorf mit, das von seinem Freund gebaut worden war – Tuan Dachanee, heute einer der bekanntesten Künstler Thailands. Seine Siedlung entspricht ganz dem Baustil des Nordens, abgesehen davon, dass die für diese Gegend typischen Holzhäuser hier schwarz gestrichen und mit Tierschädeln und Bullenhörnern dekoriert sind, was dem Ganzen das Flair eines Indianerlagers verleiht. Auch Dachanee geht immer ganz in Schwarz gekleidet. Seine Gemälde – geheimnisvolle Figuren, halb Mensch, halb

Tier – verkauft er nur an wirkliche Liebhaber. Nang Laer, so heißt sein Dorf, ist öffentlich zugänglich. Und wenn sein Schöpfer nicht gerade in Europa, Amerika oder Japan weilt, nimmt er sich gerne Zeit, hier mit Interessierten über seine künstlerischen Ideen zu diskutieren.

Trotz allem ist es auch heute immer noch möglich, den Wolkenkratzern und Autobahnen zu entfliehen und Thailands stille Winkel zu entdecken. Auch wenn dies vor allem im Süden, wohin die Masse des nicht enden wollenden Touristenstroms drängt, immer schwerer wird – heutzutage gibt es selbst auf den abgelegensten Inseln Strandhotels. Wer Ruhe und Entspannung sucht, muss der touristischen Entwicklung immer einen Schritt voraus sein. Meine jüngste Entdeckung war die Provinz Krabi an der Ostseite der südlichen Landzunge. Von dort aus blickt man über die Bucht von Phangna mit ihren aus einem James-Bond-Film berühmten Kreidefelsen.

Die meisten Besucher kommen mit dem Boot für einen Tagesausflug hierher – von der Urlaubsinsel Phuket, dem wohl berühmtesten Touristenort in Thailand. Als ich diese Insel zum ersten Mal sah, mietete man als Tourist noch eine schlichte Strandhütte. Tagsüber kamen die Fischer, um ihren Fang anzubieten, den man über einem offenen Feuer braten konnte. Heute findet man auf Phuket kaum noch einen Quadratmeter Sand, auf dem kein Badetuch liegt. Daher wollte ich mir lieber Krabi anschauen, wo zwar schon bald ein internationaler Flughafen eröffnet werden sollte, das aber damals immer noch im besten Sinne ‚unterentwickelt' war. Jemand empfahl mir einen Strand namens Ao Nang. Als ich aus dem Taxi stieg, schien ich am Ziel meiner Wünsche – ein langer, von Palmen bestandener Sandstrand, kristallklares Wasser und draußen ragte einer der höchsten Kreidefelsen der ganzen Gegend hoch aus dem Wasser. Dieses Traumbild verblasste, als ich das erste Hotel sah – ein dreistöckiger Kasten jenseits der Straße. Ich beschloss, mich dem Schicksal anzuvertrauen, und wanderte die Küstenstraße entlang, vorbei an Strandlokalen, genoss den Ausblick und sehnte mich danach, endlich schwimmen zu gehen. Plötzlich eine Vision aus der Vergangenheit – fast zumindest, denn es waren keine Strandhütten, sondern gepflegte Holzhäuschen, die ich sah, in einer Anlage direkt am Strand, inmitten von Palmen. Das *Krabi Resort* erwies sich als idealer Kompromiss zwischen der Moderne und den längst vergangenen Zeiten, als man noch auf einer Matte am Strand schlief und unter dem Sternenzelt kochte. An jenem Tag mietete ich zusammen mit einem australischen Paar ein Boot. Die beiden wollten an den Kreidefelsen schnorcheln gehen. Es war

Ein Boot des Königshauses überquert den Chao Phraya in Bangkok

paradiesisch – Schwärme winziger bunter Fische schwammen um uns herum und versuchten uns, gar nicht scheu, zu beknabbern.

Khun Chuan, der Eigentümer der Anlage, ist ein einheimischer Geschäftsmann und Lokalpolitiker, der diesen Ort in seiner Ursprünglichkeit erhalten möchte – auch nach der Eröffnung des Flughafens, wenn die Touristen in Massen herbeiströmen werden. In der Gemeinde ist man sich darüber einig, dass am Meer keine Hochhäuser gebaut und alle Gebäude harmonisch in die Landschaft integriert werden sollen. Ich freue mich, wenn diese Pläne eingehalten werden können, bin aber auch froh, dass ich noch vorher dort war – insbesondere wegen der noch unverfälschten und hervorragenden Regionalküche. Im Restaurant der Ferienanlage wird *yam krabi* (siehe Seite 38) als Spezialität des Hauses serviert – ein Salat mit gemischten Meeresfrüchten, Tintenfisch, Garnelen, Mies- und Venusmuscheln in einer sehr scharfen, mit Ananasstücken und Erdnusssplittern gemilderten Chili-Limonen-Sauce. Es gab hier auch die Klassiker des Südens wie etwa Schweineschwarte mit Auberginen und Galangawurzel oder das berühmte gelbe Fischcurry (siehe Seite 43), das mittlerweile ganz Thailand erobert hat.

All dies ist natürlich auch ein Ergebnis der Öffnung unseres Landes. Wir reisen nicht nur selbst in ferne Gegenden, um Neues kennenzulernen, sondern Neues kommt auch zu uns – vormals fremde, nur regionale Küchengebräuche werden zu grundlegenden Bestandteilen der thailändischen Küche. Unsere kulinarische Palette ist heute weitaus breiter und variantenreicher als noch vor 20 Jahren. Inzwischen kann man Wurst aus Chiang Mai in fast jedem Kaufhaus in Bangkok finden und sogar die Gerichte aus dem einst so gering geschätzten Nordosten haben hier inzwischen ihre Liebhaber gefunden. So steht mitten in der hektischen Betriebsamkeit Bangkoks das *Bahn Lao*, das Laoshaus – gestaltet wie ein Issanpfahlhaus mit Bambustischen und -stühlen im Freien, unter handgewebten Markisen. Eine Musikergruppe spielt Volksmusik und es herrscht eine heitere Atmosphäre wie auf einem Dorffest. Wie es sich in Issan gehört, isst man viel Reis zu Spezialitäten wie *tom yam gai*, Hühnersuppe mit Zitronengras (siehe Seite 32), kräftig gewürzt mit gegrilltem Knoblauch, Schalotten und Unmengen an Chili – ein köstlicher, aber gefährlich scharfer Genuss. Mit seinen vielen großen Pflanzen in dekorativen Tontöpfen und den gepflasterten, geschwungenen Wegen sieht dieses Lokal so hübsch aus, als ob sein Eigentümer einer jener Künstler aus dem Norden wäre ...

Höfische Relikte inmitten modernem Alltagsleben

Zwischen Kunst und Kochkunst gibt es in Thailand eine enge Verbindung. Dies gilt besonders für eine Küchenrichtung, die nach wie vor nur wenigen Eingeweihten bekannt ist – die königliche Küche. Ich durfte sie letzthin dank meines alten Freundes Pan kennenlernen. Pan hatte Kunstgeschichte mit Schwerpunkt auf Textilien studiert, arbeitete als Organisator großer Empfänge, zu denen auch Galadiners im königlichen Chitraladapalast gehörten.

Die goldenen Pagoden von Bangkok

Getrocknete Garnelen auf einem Markt im Süden Thailands

Da sich Pan mit traditionellen Kostümen auskennt, kann er die Servicebrigade jedem Anlass entsprechend einkleiden. Und er arbeitet mit einer ganzen Reihe von Spezialisten für alle möglichen atemberaubenden Effekte zusammen – etwa mit Leuten, die an nur einem Tag den riesigen Blumenteppich weben, über den König und Königin und ihre Gäste dann wie über ein süß duftendes Meer schreiten.

Das Wichtigste bei einem königlichen Diner sind freilich die fantastisch dekorierten Speisen. Dabei arbeitet Pan mit dem *ton kruan* zusammen – dem königlichen Küchenmeister. Zur Zeit ist dies die Mutter von Kuhn Montri, dem Eigentümer des *Genisha*, einem kleinen diskreten Lokal in der Soi 11, nahe dem Hotel Ambassador. Auch im *Genisha* wird Palastküche serviert und genau aus diesem Grund hatte mich Pan hierher eingeladen. Es gab ausschließlich saisonale Produkte – etwa einen scharf-sauren Holzapfelblütensalat, wie gemalt präsentiert, oder auch kleine Fleischbällchen mit einem Hauch pikanter Füllung, umhüllt von zartem Nudelteig ... Ein weiteres Beispiel derartiger Delikatessen finden Sie auf Seite 36: *gratong mee krob*, süße knusprige Nudeln in Teigförmchen, deren Zubereitung eine Geduldsprobe für jeden Koch darstellt. Auch mein Rezept für *tod man gung*, frittierte Garnelen-Mais-Küchlein mit Pickles (siehe Seite 44) entspricht dieser Art der Kombination von ungewöhnlichen Aromen, die die Gäste des *Genisha* erwarten.

Solche Spezialitäten zu genießen heißt, den Boden der Realität für kurze Zeit zu verlassen. Es ist ein Schock, wenn man anschließend wieder in den lärmenden Dauerverkehrsstau Bangkoks eintaucht – der schlimmsten Auswirkung unserer rasanten Achterbahnfahrt aus den Niederungen der Dritten Welt in die Höhen der Wirtschaftsriesen. Es gibt in Thailand viele weitere erschreckende Entwicklungen aus diesem Wettlauf um wirtschaftliches Wachstum. Wollen wir hoffen, dass die Nachbarländer hier aus unseren Fehlern lernen. Unsere Küche jedoch scheint, ganz im Gegenteil, mit der Zeit immer besser geworden zu sein – ein Zeichen dafür, dass den Thailändern bei allem Gewinnstreben, die Lebensfreude nach wie vor das Wichtigste ist.

GAM POO OP

KREBSSCHERENFLEISCH MIT WÜRZDIP

- 450 g Scherenfleisch von Taschenkrebsen
- 2 EL Öl
- 2 EL helle Sojasauce
- ½ TL Salz
- 1 EL fein gehackter Knoblauch
- ½ TL frisch gemahlener schwarzer Pfeffer
- 3 Korianderzweige, Blattgrün und Stengel, gehackt

Für den Würzdip:

- 4–5 kleine frische Chilis (rot oder grün)
- 2 Knoblauchzehen
- ¼ TL Salz
- Saft einer Limette (etwa 3 Esslöffel)

Wenn die Krebsscheren nicht völlig entfernt werden, können sie leicht am vorderen Scherenende genommen und in den Dip getunkt werden.

ZUBEREITUNG

Das Krebsscherenfleisch mit den anderen Zutaten in einer schweren, tiefen Pfanne mischen und dabei gut mit den Würzzutaten überziehen. Die Pfanne abdecken und auf großer Flamme erhitzen. 3–4 Minuten sautieren, dabei gelegentlich wenden. Für den Dip die Chilis und die Knoblauchzehen im Mörser leicht stampfen. Das Salz und den Limettensaft hinzufügen, gut durchrühren. Das durchgebratene Scherenfleisch anrichten und mit dem Dip servieren.

TOM YAM GAI

HÜHNER-ZITRONENGRAS-SUPPE

- 1 ausgelöste Hühnerbrust, enthäutet
- 500 ml Wasser
- 5 kleine Schalotten
- 2 Knoblauchzehen
- 1 große rote getrocknete Chili
- 1 TL Salz
- 1 Stengel Zitronengras (in 5 cm lange Stücke geschnitten, leicht gepresst)
- 4 Kaffirblätter (siehe Seite 16)
- 1 EL Fischsauce
- 1 TL Zucker
- 1 EL Zitronensaft

Für die Garnitur:

- Koriandergrün

Ein Gericht aus dem Norden. Das Wort Yam bedeutet pikant, womit man normalerweise die Schärfe von Salaten beschreibt. In Verbindung mit der Bezeichnung Tom, was Flüssigkeit bedeutet, wird daraus eine pikante Suppe. Die ungewöhnliche Kombination von Zitrusnoten mit der Schärfe von Chili und Schalotten, ausbalanciert durch die Milde des Hühnerfleisches, macht das Rezept ausgesprochen probierenswert.

ZUBEREITUNG

Das Wasser zum Kochen bringen. Die Hühnerbrust darin 10 Minuten garen, aus dem Sud nehmen und auskühlen lassen. In kleine Scheiben schneiden und beiseite stellen.

Den Grill vorheizen. Die Schalotten, den Knoblauch und die Chili in Alufolie hüllen und grillen, bis sich ein ausgeprägtes Raucharoma einstellt. Dabei einmal wenden. Die gegrillten Würzzutaten im Mörser mit dem Salz zu einer Paste zerstoßen. Beiseite stellen.

Den Hühnersud in einem großen Topf erhitzen, die Würzpaste einrühren und den Sud einige Minuten köcheln lassen. Das Zitronengras und die Hühnerbrustscheiben hinzufügen und nochmals aufkochen lassen. Die Kaffirblätter, die Fischsauce und den Zucker hinzufügen und gut umrühren. Vom Herd nehmen und den Zitronensaft hineingeben. Nicht mehr kochen lassen, da der Zitronensaft sonst sein Aroma völlig verändert. Die Suppe in eine Terrine füllen und mit Korianderblättern garniert servieren.

TOU HOU TOD

FRITTIERTER TOFU MIT SÜSSER ERDNUSSSAUCE

- Frischer Tofu (siehe rechts)
- Öl zum Frittieren
- 5 EL Reisessig
- 4 EL Zucker
- 1 TL Salz
- 3 kleine frische rote Chilis, fein gehackt
- 2 EL gemahlene geröstete Erdnüsse

Für die Garnitur:

- Koriandergrün

Asienläden, Naturkostläden und Reformhäuser verkaufen Tofu in unterschiedlicher Form und Größe. Für dieses Rezept werden 4 Blöcke Tofu der Größe 6 x 6 x 2,5 cm benötigt. Gegebenenfalls sind solche Blöcke aus einem größeren Stück Tofu herauszuschneiden. Jeden Block zweimal diagonal durchschneiden, so dass 16 Dreiecke entstehen. Tofu wird meist in etwas Sojamilch oder Salzlake eingelegt verkauft, so dass man die zugeschnittenen Dreiecke vor der Verwendung abtropfen lassen oder trockentupfen muss.

ZUBEREITUNG

Das Öl erhitzen und die Dreiecke darin goldbraun frittieren. Auf Küchenpapier abtropfen lassen.

In einer schweren, tiefen Pfanne den Essig, den Zucker und das Salz unter Rühren erhitzen, bis die Mischung andickt. Vom Herd nehmen, die Chilis und die Erdnüsse hinzufügen und gut unterrühren.

Die Sauce in ein Schälchen füllen, mit Korianderblättchen garnieren und zusammen mit dem frittierten Tofu servieren.

JIN PING

GEGRILLTES MARINIERTES SCHWEINEFLEISCH

- 2 EL fein gehackter Knoblauch
- 1 EL fein gehackte Korianderwurzel
- 1 TL Salz
- 1 TL dunkle Sojasauce
- 1 TL helle Sojasauce
- 500 g Schweinefilet (in dünnen Streifen à 5 cm Länge)
- Schaschlikspieße

Für den Chilidip:

- 2 EL Fischsauce
- 1/2 TL fein gehackte getrocknete rote Chilis
- 1 TL Zucker
- 1 EL Limettensaft

Jin ist das nordthailändische Wort für Schweinefleisch, im Süden Moo genannt. Dieses Gericht ist eine Art nördliches Satay – ein Fleischspieß mit einer scharfen Sauce. Ich schlage dazu den in der Thaiküche klassischen Chilidip vor, der jedoch ohne weiteres durch andere in diesem Buch beschriebene scharfe Saucen ersetzt werden kann.

ZUBEREITUNG

In einer großen Schüssel den Knoblauch, den Koriander, das Salz und die Sojasaucen verrühren. Das Schweinefleisch hinzufügen und alles gut vermischen. 1 Stunde marinieren lassen.

Den Grill auf mittlerer Stufe vorheizen. Jeweils zwei Filetstreifen auf einen Schaschlikspieß stecken. Die Spieße auf den Rost legen und unter Wenden grillen, bis das Fleisch gut geröstet ist.

Währenddessen für den Dip alle Zutaten gut verrühren.

Die Spießchen mit Klebreis servieren und den Dip in einem Schälchen dazu reichen.

GRATONG MEE KROB

KNUSPRIGE NUDELKÖRBCHEN

Für die Körbchen:

- 225 g Mehl
- ½ TL Salz
- 1 Ei
- 225 ml Wasser
- Öl zum Frittieren

Für die Nudelfüllung:

- Öl zum Frittieren
- 125 g frische oder eingeweichte getrocknete Vermicelli-Reisnudeln (siehe Seite 11)
- 2 EL Öl
- 1 Ei, mit 1 Esslöffel Wasser verquirlt
- 30 g Sojabohnenkeimlinge, klein geschnitten
- 1 Frühlingszwiebel, in feine Ringe geschnitten
- 1 frische rote Chili, die Samen entfernt und in feine Stücke geschnitten
- 1 eingelegte Knoblauchzehe (siehe Seite 15), fächerförmig aufgeschnitten

Für die Sauce:

- 2 EL Öl
- 125 g frittierter Tofu, in winzige Würfel geschnitten
- 2 Knoblauchzehen, fein gehackt
- 2 kleine Schalotten, fein gehackt
- 1 EL helle Sojasauce
- ½ TL Salz
- 4 EL Zucker
- 4 TL Gemüsebrühe (siehe Seite 14)
- 3 EL Zitronensaft
- ¼ TL Chilipulver

Gratong tong bedeutet Goldkörbchen oder Goldblumen. Es handelt sich dabei um kleine, frittierte Teignester, die als Vorspeise oder Partysnack serviert werden. *Mee krob* sind süße, knusprige Nudeln, die gerne zu einem Curry gereicht werden, um dessen Schärfe auszugleichen. In diesem Rezept habe ich beides kombiniert. Es ist ein eigenständiges Fingerfoodgericht oder die Beilage zu einem Curry. Ein aufwendiges Rezept, jedoch mit einem eindrucksvollen Ergebnis. Zum Ausbacken der Teignester gibt es spezielle Gerätschaften, genauso gut kann man aber eine sehr kleine Schöpfkelle verwenden.

ZUBEREITUNG

Zunächst die Teigkörbchen herstellen. In einer großen Schüssel das Mehl mit dem Salz vermischen. Das Ei unterrühren. Nach und nach das Wasser zugeben und rühren, bis ein dicker Teig entstanden ist. Abgedeckt 1 Stunde quellen lassen.

Das Frittieröl erhitzen. Die Körbchenform oder Schöpfkelle in das Öl tauchen. Abtropfen lassen. Dann die Außenseite in den Teig tauchen. Zurück ins Öl geben. Nach etwa 20 Sekunden löst sich das Körbchen von der Form. Goldbraun ausbacken lassen, herausheben und auf Küchenpapier abtropfen lassen. Den Vorgang wiederholen, bis der Ausbackteig verbraucht ist.

Nun die Nudelfüllung vorbereiten: Das Öl erneut erhitzen und die abgetropften Nudeln darin frittieren, bis sie goldbraun und knusprig sind. Aus dem Öl heben, auf Küchenpapier abtropfen lassen und beiseite stellen.

Für die Sauce das Öl im Wok oder in einer tiefen Bratpfanne erhitzen und die Tofustückchen darin knusprig braten. Herausnehmen, abtropfen lassen und beiseite stellen. Den Knoblauch im Öl goldbraun braten. Herausnehmen, abtropfen lassen und beiseite stellen. Die Schalotten braun braten, die Sojasauce, das Salz, den Zucker, die Gemüsebrühe und den Zitronensaft hinzufügen und kräftig rühren, bis die Sauce karamellisiert. Dann das Chilipulver, den Tofu und den Knoblauch unterrühren, bis diese etwas Flüssigkeit aufgenommen haben. Vom Herd nehmen und beiseite stellen.

Die Füllung fertigstellen: In einer Pfanne die 2 Esslöffel Öl erhitzen und das verquirlte Ei hineinträufeln, so dass kleine Rühreiflocken entstehen. Herausnehmen, abtropfen lassen und beiseite stellen. Die Sauce wieder auf den Herd stellen, die Nudeln hineinkrümeln und unterrühren. In eine große Schüssel füllen. Die Sojasprossen, die Frühlingszwiebeln, die Rühreiflocken, den Chili und den eingelegten Knoblauch hinzufügen. Gut durchmischen. Mit einem Teelöffel in jedes Teigkörbchen ein wenig Füllung geben, die fertigen Körbchen auf einer Platte arrangieren.

YAM KRABI

MEERESFRÜCHTESALAT AUS KRABI

- 2 Knoblauchzehen, fein gehackt
- 4 frische Chilis (rot oder grün), sehr fein gehackt
- 2 EL geröstete Erdnüsse, gemahlen
- 1 EL Zucker
- 3 EL Fischsauce
- 3 EL Limettensaft
- Einige große Salatblätter
- 1 kleine Zwiebel, in dünne Ringe geschnitten
- 125 g Ananasstücke
- 60 g kleine Tintenfische, in schmale Ringe geschnitten
- 60 g rohe Garnelen, geschält, entdarmt und längs halbiert
- 60 g Miesmuschelfleisch
- 60 g Venusmuschelfleisch
- 60 g Fischbällchen (siehe Seite 19), gegart und halbiert

FÜR DIE GARNITUR:

- Koriandergrün

Es existieren Dutzende Varianten von *yam*, den sauer-scharfen thailändischen Salaten, die gerne vor dem eigentlichen Essen zum Aperitif serviert werden. Diese Version ist eine Spezialität aus dem Ferienort Krabi in Südthailand, wo man sie den Wellen lauschend und auf die Fischerboote im Hafen blickend genießt. Frischeste Zutaten sind hierbei das Wichtigste, da das Rezept sehr einfach ist und vollkommen von den natürlichen Aromen seiner Komponenten abhängt, die lediglich durch ein wenig Würze unterstrichen werden.

ZUBEREITUNG

In einer Schüssel den Knoblauch, die Erdnüsse, den Zucker, die Fischsauce und den Limettensaft zu einem Dressing verrühren. Beiseite stellen.

Eine große Salatschüssel mit den Salatblättern, den Zwiebelringen und den Ananasstücken auslegen.

Die Meeresfrüchte und die halbierten Fischbällchen mit dem Dressing in eine Pfanne geben, erhitzen und unter kräftigem Rühren garen. Das sollte nicht länger als 1 Minute dauern. Den Pfanneninhalt auf dem Salat verteilen, gut unterheben und mit Koriandergrün garniert servieren.

MIAN PLA

FISCHSALAT MIT INGWER UND LIMETTE

- Öl zum Frittieren
- 1 ganze Makrele oder ein vergleichbarer Fettfisch (Sardinen, Hering, Bonito etc.)
- 1 EL Ingwer, sehr fein gewürfelt
- 1 EL sehr fein abgeriebene Schale einer unbehandelten Limette
- 10 kleine Schalotten, in dünne Scheiben geschnitten
- 4–5 frische Chilis (rot oder grün), in dünne Ringe geschnitten
- 1 EL Limettensaft
- ½ TL Salz
- 1 TL Zucker
- 2 EL geröstete Erdnüsse
- 2 Frühlingszwiebeln, in feine Ringe geschnitten
- Kleine, feste Salatblätter (Herzblätter von Kopf- oder Eisbergsalat, Romana, Endivie etc.)

Dieses Rezept beinhaltet einige sehr anregende Aromakomponenten und ist damit sehr gut als Mittagessen an einem heißen Sommertag oder, noch besser, für ein Picknick geeignet. Der Salat kann jederzeit spontan zubereitet werden, wenn man große Ölsardinen aus der Dose verwendet.

ZUBEREITUNG

Das Frittieröl in einer schweren, tiefen Pfanne erhitzen und den Fisch darin goldbraun frittieren. Aus dem Öl nehmen und auf Küchenpapier abtropfen und etwas auskühlen lassen. Dann mit den Fingern in kleine Stücke zerteilen, dabei sorgfältig alle Gräten entfernen.

Bis auf die Salatblätter alle anderen Zutaten mit den Fischstücken in einer großen Schüssel mischen. Zum Essen werden die Salatblätter als ‚Löffel' benutzt.

GAENG KIOW WAN NUA

RINDERCURRY MIT GRÜNER KOKOSNUSSSAUCE

- 125 ml Kokosnusscreme
- 2 EL Öl
- 1 Knoblauchzehe, fein gehackt
- 2 EL Fischsauce
- 1 TL Zucker
- 200 g mageres Rindfleisch, gewürfelt
- 125 ml Rinderbrühe (siehe Seite 14) oder Wasser
- 2 Kaffirblätter, gehackt (siehe Seite 16)
- 3 kleine grüne Auberginen, geviertelt
- 15 Blätter frisches Basilikum (Ocimum sanctum, siehe Seite 16)

Für die grüne Currypaste:

- 2 große frische grüne Chilis, grob gehackt
- 10 kleine frische grüne Chilis, grob gehackt
- 1 EL Zitronengras, in Scheiben geschnitten
- 3 kleine Schalotten, grob gehackt
- 4 Knoblauchzehen, grob gehackt
- 2,5 cm Galgant, geschält und gehackt
- 2 Korianderwurzeln, grob gehackt
- 1 TL gemahlene Koriandersamen
- ½ TL gemahlener Kreuzkümmel
- ½ TL gemahlener weißer Pfeffer
- 1 TL fein gehackte Kaffirlimonenschale
- 2 TL Garnelenpaste (siehe Seite 14)
- 1 TL Salz

Die Currys in der thailändischen Küche sind dünnflüssiger als ihre indischen Verwandten, erinnern mehr an Suppen oder Eintöpfe. Sie stammen aus einer Zeit, bevor getrocknete Gewürze allgemein verfügbar waren. Zwar werden diese heutzutage für Currypasten mit verwendet, jedoch basiert der Geschmack des fertigen Gerichts immer auf den Aromen frischer Kräuter und Samen, welche ihm einen sehr erfrischenden und leichten Charakter verleihen.

ZUBEREITUNG

Zunächst die grüne Currypaste vorbereiten: Im Mörser nacheinander alle Zutaten zerstoßen und daraus eine dicke Paste rühren. Mit den angegebenen Mengen ergeben sich etwa 3 Esslöffel Paste, wovon jedoch nur 1 Esslöffel benötigt wird. Der Rest kann in einem Schraubglas bis zu 3 Wochen im Kühlschrank aufbewahrt und für andere Gerichte verwendet werden.

In einer schweren, tiefen Pfanne die Kokosnusscreme bei milder Hitze erwärmen, sie darf dabei nicht zum Kochen kommen. Im Wok das Öl erhitzen und den Knoblauch darin goldbraun braten. 1 Esslöffel Currypaste hinzufügen und im Öl anschwitzen. In die warme Kokosnusscreme geben und unter Rühren etwas eindicken lassen. Unter weiterem Rühren die Fischsauce und den Zucker, dann das Fleisch zugeben. Sobald das Fleisch braun geworden ist, die Brühe oder das Wasser angießen und weitere 3–4 Minuten kochen, dabei gelegentlich rühren. Wenn das Fleisch eben gar ist, die Kaffirblätter hinzufügen. Zuletzt die Auberginen und das Basilikum hineingeben. Nochmals 1 Minute kochen lassen, dann servieren.

PENANG GAI

HÄHNCHENCURRY ‚PENANG'

- 2 EL Öl
- 2 Knoblauchzehen, fein gehackt
- 1 EL rote Currypaste (siehe Seite 43)
- 250 g ausgelöste Hühnerbrust, in dünne Scheiben geschnitten
- 125 ml Kokosnusscreme
- 1 EL geröstete Erdnüsse, gemahlen
- 20 Blätter frisches Basilikum
- 1 lange frische rote Chili, längs in feine Streifen geschnitten
- 2 Kaffirblätter (siehe Seite 16), längs gerollt und in feine Ringe geschnitten

Dieses Gericht führt seinen Namen auf die Insel Penang vor Malaysias Westküste zurück.

ZUBEREITUNG

Das Öl im Wok oder in einer Bratpfanne erhitzen und den Knoblauch darin goldbraun braten. Die Currypaste hinzufügen und gut verrühren.

Die restlichen Zutaten außer dem Chili und den Kaffirblättern einzeln zugeben, dabei nach jeder Beigabe kräftig rühren. Unter Rühren braten, bis das Hühnerfleisch gar ist.

In einer weiten Schüssel anrichten und mit den Chilistreifen und den Kaffirblättern garnieren.

PAT PET MOO

GEBRATENES SCHWEINEFLEISCH MIT CURRYPASTE

- 250 g Schweinefleisch und Schweinehaut (siehe rechts)
- 2 EL Öl
- 2 EL rote Currypaste (siehe Seite 43)
- 6 runde Auberginen, geviertelt
- 30 g Galangawurzel (siehe Seite 17), in dünne Streifen geschnitten
- 30 g frische schwarze Pfefferkörner
- 2 lange frische rote Chilis, schräg in dünne ovale Ringe geschnitten
- 4 Kaffirblätter (siehe Seite 16)
- 2 EL Fischsauce
- 2 EL Wasser
- 1 TL Palmzucker (siehe Seite 19)
- 20 Blätter frisches Basilikum (Ocimum sanctum, siehe Seite 16)

In der Thaiküche wird nichts vergeudet – sollte Ihnen jedoch die Vorstellung, Schweinehaut anders als knusprig gebraten zu essen, wenig appetitanregend erscheinen, nehmen Sie entsprechend mehr Schweinefleisch. Anderenfalls kauft man einen Schweinerücken, löst das Fleisch von den Knochen (die noch für eine Brühe Verwendung finden können), entfernt die Haut mit dem Unterhautfett und schabt das Fett von der Haut. Das Fett wird verworfen, das Schweinefleisch und die Haut in dünne Streifen geschnitten, die zusammen etwa 250 Gramm wiegen sollten.

ZUBEREITUNG

Das Öl erhitzen und die Currypaste darin anschwitzen. Die Streifen von Fleisch und Haut zugeben und unter Rühren eben gar braten.

Alle weiteren Zutaten mit Ausnahme des Basilikums einzeln hinzufügen, dabei nach jeder Beigabe kräftig rühren.

Vom Herd nehmen, das Basilikum zufügen, kurz umrühren und servieren.

KOW TOM HET

REISSUPPE MIT ASIATISCHEN PILZEN

- 1 EL Öl
- 1 Knoblauchzehe, fein gehackt
- 1,2 l Gemüsebrühe (siehe Seite 14)
- 1 TL eingelegte Gemüse (siehe Seite 14)
- 250 g gegarter Reis (entspricht etwa 75 g ungegartem Reis)
- ½ TL Salz
- 60 g getrocknete Shiitakepilze, 20 Minuten eingeweicht, ausgedrückt, ohne Stiele grob gestückelt
- 60 g getrocknete Wolkenohrpilze, eingeweicht, ausgedrückt und gestückelt
- 60 g kleine Champignons
- 30 g Stangensellerie, in feine Ringe geschnitten
- 30 g Möhren, klein gewürfelt
- 2 Frühlingszwiebeln, in feine Ringe geschnitten
- 1 Prise gemahlener schwarzer Pfeffer
- Knoblauchöl

Ein ebenso einfaches wie schmackhaftes und appetitanregendes Gericht, mit einer interessanten Mischung aus getrockneten und frischen Pilzen, herzhaft aromatisiert mit Knoblauch und Frühlingszwiebeln.

ZUBEREITUNG

Das Öl im Wok erhitzen und den Knoblauch darin goldbraun braten. Vom Herd nehmen.

In einer schweren, tiefen Pfanne die Brühe mit dem eingelegten Gemüse, dem Reis und dem Salz zum Kochen bringen. Einige Minuten köcheln lassen, bis der Reis quillt und weich wird. Die Pilze hinzufügen, gut umrühren und die restlichen Zutaten, auch den Knoblauch in Öl beigeben. 2 Minuten kochen lassen.

In Suppenschalen füllen und mit ein wenig Knoblauchöl beträufelt servieren.

GAENG LUANG PLA

GELBES FISCHCURRY

- 1,2 l Wasser
- 175 g Bambussprossen
- 250 g Filet eines festfleischigen Fisches (Thunfisch, Bonito, Schwertfisch, Hai etc.)
- Etwas Tamarinde, in 2 Esslöffeln Wasser aufgelöst (siehe Seite 17)
- 2 EL Fischsauce
- 1 TL Zucker

FÜR DIE CURRYPASTE:

- 2 EL grob gehacktes Zitronengras
- 1 EL gehackte Kaffirlimonenschale
- 10 kleine Schalotten
- 12 Knoblauchzehen
- 1 EL frische Kurkuma, grob gehackt
- 1 TL Garnelenpaste (siehe Seite 14)
- ½ TL Salz
- 10 kleine getrocknete rote Chilis, 15 Minuten eingeweicht und ausgedrückt

Gelbe Currypaste ist eine Spezialität des Südens, die besonders gut zu Fisch oder Meeresfrüchten und der leichten Salzigkeit dieser maritimen Zutaten passt.

ZUBEREITUNG

Zuerst die Currypaste vorbereiten: Im Mörser das Zitronengras kräftig stampfen. Anschließend nacheinander die restlichen Zutaten zugeben und zu einer Paste verarbeiten. Beiseite stellen.

In einer Pfanne die Hälfte des Wassers zum Kochen bringen und 2 Esslöffel der Currypaste zugeben. Der Rest der Paste kann in einem Schraubglas im Kühlschrank bis zu 3 Wochen aufbewahrt werden und für andere Gerichte Verwendung finden. Die Bambussprossen in das Currywasser geben und gut umrühren. Dann den Fisch zugeben, nicht mehr rühren. Das restliche Wasser zugeben, vorsichtig aufkochen und etwas köcheln lassen. Mit dem Tamarindenwasser, der Fischsauce und dem Zucker abschmecken, nochmals aufkochen und servieren.

PAD PRIK KING NUA PAD BUNG

GEBRATENES RINDFLEISCH MIT WASSERSPINAT

- 2 EL Öl
- 250 g Rindersteak, in feine Streifen geschnitten
- 200 g Wasserspinat (siehe Seite 17), in 5 cm lange Stücke geschnitten
- 2 EL Fischsauce
- 1 TL Zucker
- 4 Kaffirblätter (siehe Seite 16), fein gehackt

FÜR DIE ROTE CURRYPASTE:

- 2 EL grob gehacktes Zitronengras
- 1½ EL grob gehackter Galgant
- 1 EL grob gehackte Kaffirlimonenschale
- 5 kleine getrocknete rote Chilis, 15 Minuten eingeweicht, ausgedrückt und grob gehackt
- 2 große getrocknete rote Chilis, 15 Minuten eingeweicht, ausgedrückt und grob gehackt
- 4 Knoblauchzehen
- 6 kleine Schalotten
- ¼ TL Salz

Ein Gericht aus dem Tiefland Zentralthailands, wo der Wasserspinat an den Flüssen und Kanälen üppig gedeiht und auf jedem Markt bergeweise angeboten wird.

ZUBEREITUNG

Zuerst die rote Currypaste vorbereiten: Im Mörser alle Zutaten kräftig stampfen, bis sich eine dicke Paste ergibt.

Das Öl im Wok erhitzen und die Currypaste darin anschwitzen. Das Fleisch zugeben und unter Rühren eben gar braten.

Den Wasserspinat unterrühren. Die Fischsauce, den Zucker und die Kaffirblätter zugeben und unter Rühren dünsten, bis die Spinatstengel weich werden. In einer Schüssel angerichtet servieren.

PLA NUNG MANAO

GEDÄMPFTER FISCH MIT LIMETTEN

- 1 ganzer Fisch (Forelle, Brasse, Karpfen, Meeräsche oder Lachs, ausgenommen etwa 700 g)
- 1 Limette, in feine Scheiben geschnitten

Für die Sauce:

- 2 Knoblauchzehen, fein gehackt
- 2 Stengel Korianderkraut mit Wurzeln, fein gehackt
- 4 – 5 kleine frische Chilis (rot oder grün), fein gehackt
- 2 EL Fischsauce
- 2 EL Limettensaft
- 1 TL fein gehackte Limettenschale
- 1 TL Zucker

ZUBEREITUNG

Den Fisch auf eine feuerfeste Platte legen und mit den Limettenscheiben bedecken. Etwas Wasser in einem Dämpfer zum Kochen bringen. Die Platte mit dem Fisch auf den Dämpfeinsatz stellen und diesen in 15 – 20 Minuten knapp gar dämpfen. Die genaue Zeit hängt von der Konsistenz des Fisches ab, Forellen brauchen nicht so lange wie der festfleischigere Lachs.

In der Zwischenzeit nacheinander alle Zutaten für die Sauce in einer Schüssel gut verrühren.

Den gedämpften Fisch auf einer Servierplatte anrichten, die Sauce darüber geben und servieren.

TOD MAN GUNG

FRITTIERTE GARNELEN-MAIS-KÜCHLEIN MIT PICKLES

- 20 schwarze Pfefferkörner
- 2 Knoblauchzehen
- 1/4 TL Salz
- 4 kleine getrocknete rote Chilis
- Abgelöste Körner von 3 frischen Kolben Zuckermais
- 225 g rohe Garnelen, gehackt
- 1 EL Fischsauce
- 1 TL Zucker
- Öl zum Frittieren

Für die Pickles:

- 4 EL Reisessig
- 2 TL Zucker
- 1/2 TL Salz
- 30 g Salatgurke, fein gewürfelt
- 1 kleine Möhre, fein gewürfelt
- 1 kleine frische Chili (rot oder grün), fein gehackt

ZUBEREITUNG

Im Mörser die Pfefferkörner, den Knoblauch, das Salz und die Chilis zu einer Paste zerstampfen. Die Maiskörner zugeben und ebenfalls zerdrücken. Anschließend die Garnelen, die Fischsauce und den Zucker hinzufügen und kräftig unterstampfen.

Aus dem so entstandenen Teig zehn runde Küchlein mit 5 cm Durchmesser formen. Nacheinander im heißen Frittieröl goldgelb ausbacken und abtropfen lassen.

Während die Küchlein backen, die Pickles zubereiten: Alle Zutaten in einer Schüssel gut durchmischen und in eine Servierschale füllen. Die Pickles zu den Küchlein servieren.

KOW NIEW TAT

SÜSSE KLEBREISKÜCHLEIN

- 80 g schwarze Bohnenkerne (siehe Seite 19)
- 225 g ungekochter Klebreis
- 450 ml Kokosnussmilch (siehe Seite 19)
- 80 g Zucker
- 2 TL Salz
- 225 ml Kokosnusscreme

ZUBEREITUNG

Die Bohnen mindestens 6, den Reis 3 Stunden vor dem Kochen in Wasser einweichen.

Die Schwarzbohnen abtropfen lassen, in einem Topf mit Wasser aufsetzen und zum Kochen bringen. Das Wasser verfärbt sich dabei schwarz. Das Wasser abgießen. Diesen Vorgang zweimal wiederholen. Nochmals mit Wasser auffüllen und zum Kochen bringen. Die Bohnen müssten jetzt weich sein. Abtropfen lassen und beiseite stellen.

Den Reis abtropfen lassen und gleichmäßig in einer hitzebeständigen Auflaufform verteilen. Die Kokosnussmilch in einer Schüssel mit jeweils der Hälfte Zucker und Salz vermischen und über den Reis gießen. Die Form auf den Dämpfeinsatz eines Dampfgargeräts stellen und 20 Minuten garen. Währenddessen die Kokosnusscreme mit dem verbliebenen Salz und Zucker in einer Schüssel verrühren und, wenn der Reis fast gar ist, darüber geben. Weitere 5 Minuten garen, dann die Bohnen über dem Reis verteilen. Nochmals 5 Minuten dämpfen. Die Form herausnehmen und den Reiskuchen auskühlen lassen. In Würfel mit 2,5 cm Kantenlänge schneiden und servieren.

PAD THAI

GEBRATENE THAINUDELN

- 4 EL Öl
- 2 Knoblauchzehen, fein gehackt
- 1 Ei
- 150 g frische oder eingeweichte getrocknete Reisnudeln mittlerer Breite (siehe Seite 11)
- 2 EL Zitronensaft
- 1½ EL Fischsauce
- ½ TL Zucker
- 2 EL getrocknete Garnelen oder 5 frische Shrimps oder 100 g Hühner-, Schweine- oder Rindfleisch, in dünne Streifen geschnitten
- 2 EL geröstete Erdnüsse, grob gehackt
- ½ TL Chilipulver
- 1 EL eingelegter Rettich (siehe Seite 15), fein gehackt
- 30 g Sojabohnenkeimlinge
- 2 Frühlingszwiebeln, in Stücke von 2,5 cm Länge geschnitten

FÜR DIE GARNITUR:

- Koriandergrün und Zitronenmelisse

Der thailändische Fastfoodklassiker, der zum festen Repertoire einer jeden Nudelgarküche gehört.

ZUBEREITUNG

Das Öl im Wok oder in einer Bratpfanne erhitzen und den Knoblauch darin unter Rühren goldbraun braten. Das Ei dazugeben und zum Rührei braten. Die Nudeln gut untermischen.

Nacheinander die folgenden Zutaten hinzufügen, dabei jede einzelne sorgfältig unterrühren: den Zitronensaft, die Fischsauce, den Zucker, die gewünschte Hauptzutat, die Hälfte der Erdnüsse, die Hälfte des Chilipulvers, den eingelegten Rettich, die Hälfte der Bohnenkeimlinge und die Frühlingszwiebeln. Ständig weiterrühren. Wenn die Nudeln weich sind und die Hauptzutat gar ist, das Gericht in einen vorgewärmten Teller füllen und mit Koriandergrün und Zitronenmelisse garnieren. Die übrigen Erdnüsse und Bohnenkeimlinge sowie den Rest Chilipulver separat in Schälchen zum Abschmecken bei Tisch reichen.

NAM PRIK GUNG POW

WÜRZDIP MIT GEGRILLTEN GARNELEN

- 100 g frische, ungeschälte Garnelen
- 10 kleine frische rote Chilis
- 10 kleine Schalotten
- 6 Knoblauchzehen
- 1 TL Garnelenpaste (siehe Seite 14)
- 1 EL Limettensaft
- 2 EL Fischsauce
- 2 TL Zucker

Wie alle Nam-Prik-Würzdips sollte auch dieser zusammen mit einer Auswahl an rohen Gemüsen serviert werden – etwa Wasserspinat, Auberginen, auch knackige Salatgemüse wie Kopfsalat oder Gurken. Als Ergänzung kann man kleine frittierte Fische wie Sardinen reichen.

ZUBEREITUNG

Die Garnelen grillen, bis sie eben gar sind, dann schälen, den Darm entfernen und grob hacken. Beiseite stellen.

Im Mörser die Chilis, die Schalotten, den Knoblauch und die Garnelenpaste zu einem Brei zerstoßen. Die Garnelenstücke zufügen und noch einmal leicht stößeln, ohne dass die Garnelen völlig zerdrückt werden.

Den Limettensaft, die Fischsauce und den Zucker zugeben und gut durchrühren. Mit einer Auswahl der oben genannten Beilagen servieren.

KAI WAN

SÜSSE INGWEREIER

- 450 ml Wasser
- 4 EL Zucker
- 1 EL frischer Ingwer, in feine Streifen geschnitten
- 2 Eier

Ein Ei, das nicht zu Gebäck oder Eiercreme verarbeitet wurde, als Dessert zu essen, ist sicher für viele Europäer gewöhnungsbedürftig – obwohl dieses Gericht von den Portugiesen nach Thailand eingeführt wurde. Wie dem auch sei, dieses Rezept ist so unkompliziert, dass man es unbedingt ausprobieren sollte.

ZUBEREITUNG

In einer schweren, tiefen Pfanne das Wasser, den Zucker und den Ingwer zum Kochen bringen und bei milder Hitze zu einem dünnen Zuckersirup einkochen. Nochmals aufwallen lassen. Die Eier aufschlagen, in einer Tasse verquirlen und in einer leicht kreisenden Bewegung so in die heiße Flüssigkeit gießen, dass das Ei Fäden zieht. Die Eierfäden sind unmittelbar gar, deshalb den Topf sofort vom Herd nehmen. Sirup und Eier in Dessertschalen füllen und servieren.

Laos

Buddha, Little Richard und Büffelfleischsalat

Ein buddhistischer Mönch legt sein Gewand an

Die üblichen Klischees im Hinterkopf bin ich 1994 zum ersten Mal nach Laos gereist – mit Gedanken an ein weltabgeschiedenes, paradiesisches Shangri-La, mit Bildern von wolkenverhangenen Berggipfeln und entlegenen, von Nebelschwaden verschleierten Dörfern ... Was ich am wenigsten erwartet hatte, war, mich plötzlich in einer nagelneuen modernen Diskothek wiederzufinden.

Mein Freund, der mich am Flughafen von Vientiane abholte, hatte in einem hübschen Terrassenrestaurant – einer Villa aus der Kolonialzeit – ein Mittagessen für uns arrangiert. Es gab klassische französische Bistroküche: Pâté, gefolgt von Grillsteak mit Pommes frites und Salat. Zwischen den Gängen kam ich mit dem Eigentümer des Restaurants ins Gespräch, einem drahtigen Franzosen mit einer Vergangenheit, die so mysteriös klang wie eine der abenteuerlichen Erzählungen von William Somerset Maugham. Er war vor Jahren in Bangkok der kriminellen Unterwelt ins Gehege geraten, bevor er sich nach Laos in Sicherheit gebracht hatte. Hier war er nun dabei, die erste echte Diskothek des Landes zu eröffnen – mit Dauerberieselung vom Plattenteller. Mein Freund erklärte mir, dass dies eigentlich ungesetzlich sei. Die Gesetze des Landes schrieben jeden Abend zumindest zeitweise Livemusik vor. Zudem sollte der neue Club bis spät in die Nacht geöffnet sein, entgegen der ab 23.30 Uhr geltenden Sperrstunde. Wir wurden neugierig und beschlossen auf die ausgesprochene Einladung hin, das Risiko auf uns zu nehmen und am späteren Abend zur großen Eröffnung zu gehen.

Anfangs war ich etwas überrascht, mein erstes Essen in Laos ausgerechnet in einem französischen Bistro einzunehmen. Doch schon bald wurde mir klar, dass dies nahezu unvermeidlich war – die Gäste der meisten Restaurants rekrutierten sich aus in Laos lebenden Ausländern, Geschäftsleuten und Mitarbeitern von Hilfsorganisationen, die meisten aus dem Westen und daher westliche Küche bevorzugend. Überhaupt ist das moderne Vientiane mehr oder weniger eine Schöpfung der französischen Kolonialzeit – als abgelegenste Hauptstadt im französischen Indochina jedoch nur ein Schatten des eigentlichen Machtzentrums Hanoi. Vientiane ist zu jung, als dass es zu einem Zentrum der laotischen Kultur hätte heranwachsen können. Sein Charme liegt vor allem in einem immer noch spürbaren französischen Flair – der anglonormannische Baustil der Villen, Fußgänger mit Baguettes unter dem Arm, die französischen und italienischen Restaurants im Zentrum des kleinen Geschäftsviertels, gleich beim Springbrunnen, an dem man sich zum allabendlichen Aperitif trifft.

Unter dem bis vor kurzem herrschenden kommunistischen Regime haben nur wenige laotische Restaurants überlebt, welche man ganz einfach an einem Krug Wasser und einer Schöpfkelle vor dem Eingang erkennt – ein kostenloses Angebot für Passanten, die sich erfrischen möchten. Unverändert ist jedoch die traditionelle häusliche Gastfreundschaft: In Laos wird zur Begrüßung nicht gefragt, wie es einem geht, sondern „Schon gegessen?". Wer dies verneint, wird mit Sicherheit ins Haus gebeten und zum Essen eingeladen.

Der gesamte Nahrungsreichtum Asiens

Nach diesem ersten Lunch besuchte ich den Markt, der in tristen Betongebäuden untergebracht war, doch an dessen Ständen drinnen alle Farben und Düfte Asiens feilgeboten wurden. Auf den ersten Blick unterschied sich dieser Markt in nichts von denen in Bangkok oder Chiang Mai – Türme von Obst und Berge von Gemüse –, in allen Ländern Südostasiens findet man ähnliche Märkte. Jede größere Stadt hat einen zentralen Hauptmarkt, dessen Gebäude für gewöhnlich vom Staat errichtet wurden. Bei den älteren Märkten handelt es sich oft um wunderschöne, filigrane Holzpaläste, bei den neueren – wie dem Markt in Vientiane – leider nur um langweilige, triste Betonkästen.

Umso überwältigender ist die bunte Vielfalt, die einen im Inneren erwartet. Stand nach Stand türmt sich der ganze Reichtum Asiens. Manche Produkte sind in einem bestimmten Bereich des Marktes konzentriert. Beispielsweise da hinten, wo ein Gemüsehändler neben dem anderen die bunte Vielfalt seiner Produkte kunstvoll arrangiert hat – Pyramiden roter Schalotten, Berge smaragdgrüner Spargelbohnen, haufenweise Ingwer und Galgant ... Manche Händler haben sich auf bestimmte Produkte spezialisiert, etwa auf rote Chilischoten jeglicher Größe – erstaunlich, wie groß manche Sorten werden können, auch wenn die kleinsten freilich die schärfsten bleiben. Viele Lebensmittel werden in fertigen Gebinden angeboten – fünf Halme Zitronengras, mit Bast zusammengebunden, oder vier kleine, silbrig glänzende Flussfische in einem runden Bambuskörbchen. Mit das beste Geschäft machen die Obsthändler: Ihren Bergen von Ananas oder Mangostanen kann einfach niemand widerstehen. Auf jedem Markt gibt

Flussfischer auf dem Mekong

es auch eine Fleisch-‚Abteilung', in der die Metzger unermüdlich am Hacken und Schneiden sind – wo Kühlung noch ein Fremdwort ist, wird am selben Tag geschlachtet, verkauft, zubereitet und gegessen.

Die Vielfalt und Frische der Produkte lässt den Markt so lebendig erscheinen. Noch bunter wird er durch Kaskaden von Schnittblumen, darunter bündelweise Orchideen in allen Farben. Andere Händler bieten hausgemachte Spezialitäten an – Süßigkeiten oder Grillgerichte, mit denen sich vor allem Frauen etwas dazuverdienen. So bekommt man etwa gegrillte Fischbällchen in einer pikant-süßen Sauce oder frittierten Mais mit einem erfrischenden Relish aus Gurke, Tomate und Reisessig. Und man wird in Laos immer jemanden finden, der Würstchen aus Schweinefleisch, gewürzt mit Kräutern und Chili anbietet – in Ketten von einem Bambusstab hängend. Ebenso wie in Nordthailand gehört geräucherte Wurst zu den Spezialitäten des Landes.

Auf allen asiatischen Märkten kann man auch essen. Auch in Vientiane stehen die Straßenhändler mit ihren mobilen Garküchen in den angrenzenden Seitengassen. Manche verkaufen Nudeln, die nur kurz in eine kräftige Brühe getaucht werden. Andere offerieren gebratenen Reis mit gerösteter Ente. Oder Klebreis mit Früchten, in einem Bananenblatt gedämpft. Wieder andere haben sich auf geeiste Kokosnusscreme mit Melone spezialisiert. Insgesamt gesehen bilden diese Straßenhändler das beste Restaurant der Welt – und wohl auch das preisgünstigste. Die Umgebung mag etwas schmuddelig wirken. Es ist ratsam, nicht zu genau auf den Boden zu schauen – Sauberkeit ist eben Ansichtssache. Solange es fließendes Wasser in der Nähe gibt, werden jedoch alle Zutaten sauber sein, und der Umstand, dass so gut wie alles erst kurz vor dem Verzehr gekocht wird, reduziert die gesundheitlichen Risiken beträchtlich. Die meisten südostasiatischen Gerichte werden, nach langen Vorbereitungen, schließlich sehr schnell zubereitet. Sogar Currys werden nicht vorgekocht, sondern an Ort und Stelle gegart.

Viele stellen sich unter einem Curry lediglich die in den Asienrestaurants im Westen häufig servierten indischen Currys mit ihren dicken, kräftigen Saucen und dem großzügig verwendeten Gewürzpulver vor. Doch diese Currys hielten erst in jüngerer Zeit Einzug in die südostasiatische Küche. Ursprünglich dagegen sind unsere leichteren und flüssigeren Currys – manchmal auch als Suppen bezeichnet. Sie werden noch immer so zubereitet, wie es früher in ganz Asien, auch in Indien, üblich war – vor der Ausbreitung des Gewürzhandels und der Einführung der Chilischote aus Südamerika. Ihre Würze und Schärfe bezogen diese ursprünglichen Currys aus Zutaten wie Senf, Fenchel, Knoblauch, Korianderwurzel, Koriandersamen und ähnlichen Gemüsen, Kräutern

Dorfjungen beim Waschen des Viehs

und Samen. Das Ergebnis war eine pikant-erfrischende Sauce, die vorwiegend dazu diente, anderen Gerichten Geschmack zu verleihen und Reis saftiger zu machen. Ein Curry als eigenständige Hauptspeise ist in der südostasiatischen Küche die Ausnahme – als einzelnes Gericht essen wir höchstens einmal mittags Nudeln oder Bratreis. Ansonsten besteht ein Mahl immer aus einer ausgewogenen Zusammenstellung verschiedener Speisen, zu denen natürlich auch ein Curry gehören kann.

Die Verbreitung getrockneter und damit über weitere Entfernungen handelbarer Gewürze prägte die Entwicklung der südostasiatischen Küche entscheidend – eine Entwicklung, die übrigens, wie ich in Laos lernte, noch längst nicht abgeschlossen ist. Dank immer schnellerer Verkehrs- und Kommunikationsmittel breiten sich neue Ideen, Produkte und Techniken, auch was Nahrungsmittel betrifft, heute in erstaunlichem Tempo aus. Schon bald wird es wohl in jeder Stadt Südostasiens, womöglich sogar in Vientiane, eines der westlichen Fastfoodrestaurants geben – direkt neben einer Sushibar.

Fischaromen und frische Salate

Wenn Sie, als Reisender durch Südostasien, den wahren, ursprünglichen Geschmack unserer Küche kennen lernen möchten, sollten Sie sich beim Rundgang über den Markt von Ihrem Geruchssinn leiten lassen. Vielerorts werden Ihnen bereits immer wieder einmal seltsame Düfte in die Nase gestiegen sein. Hier finden Sie diese Gerüche, an den Ständen, die Eingelegtes anbieten: Fisch, der alles andere als frisch riecht – und was Sie sehen, sind Haufen einer zähen, purpurfarbenen Paste, unidentifizierbare matschige Klumpen in Tonkrügen, grellbunt etikettierte Flaschen mit einer hellbraunen Flüssigkeit …

Fisch, vor allem Süßwasserfisch, ist die Haupteiweißquelle in der südostasiatischen Küche. In unseren Flüssen wimmelt es von Fischen. Während des Monsuns schwemmt es sie bis in die Straßen der überfluteten Städte. Es gibt so viel Fisch, dass wir vor allem die kleineren Exemplare in Massen zu unseren wichtigsten Geschmacksgebern verarbeiten – gesalzen in Tonkrüge eingelegt. Bei der bald darauf beginnenden Fermentation entstehen zwei Hauptprodukte: eine als Fischsauce bezeichnete Flüssigkeit, die gefiltert und in Flaschen abgefüllt wird, und der vergorene Fisch selbst. Fischsauce ist unsere wichtigste Würze. Die beste Qualität ist hellbraun und zeichnet sich durch einen erfrischend salzigen Geschmack aus. Der vergorene Fisch selbst kann entweder direkt, in Stücken als Zutat verwendet oder seinerseits verflüssigt werden, was im Vergleich zur leichteren Fischsauce einen besonders kräftigen Geschmack ergibt.

Den aufdringlichen Geruch von fermentiertem Fisch empfinden viele Menschen aus dem Westen als abstoßend. In der Antike waren jedoch auch die Europäer mit solchen Dingen durchaus vertraut. So ist beispielsweise bekannt, dass die alten Römer ihre Speisen mit *liquamen* oder *garum* aromatisiert haben, was unserer Fischsauce entsprochen haben dürfte. Die Verwendung dieser Fischprodukte in der Küche entschädigt für alle vorherigen Beleidigungen der Nase: Beim Kochen verwandelt sich der vergorene Fisch in ein angenehmes pikantes Aroma, das für

Marktszene in Vientiane

die südostasiatische Küche so kennzeichnend ist. Auf seiner Basis wird in Südostasien je nach den regionalen Vorlieben variiert – in Thailand mit Zitrusaromen, in Malaysia mit Kokosnusscreme, in Vietnam mit Minze.

Wenn ich in einem fremden Land zum ersten Mal über einen Markt schlendere, spüre ich mit Vorliebe die lokalen Besonderheiten auf, die die dortige Küche mit prägen. In Vientiane beispielsweise entdeckte ich mehr verschiedene Galgantsorten als je zuvor – und ein essbares Flussgras, eine Art Süßwassertang, das nur in Laos vorkommt. Wer zum ersten Mal nach Laos reist, ist jedoch vor allem von der enormen Vielfalt an Salaten und Gemüsen beeindruckt. Wie ich bald lernen sollte, wird hier fast zu jedem Essen ein Salat serviert – der jedoch nichts mit den im Westen üblichen, milden Salatbeilagen zu tun hat. Laotische Salate, *laap* genannt, sind sehr scharf und werden gerne als Appetitanreger vor dem Hauptgang gegessen. Dazu trinkt man einen meist hochprozentigen Aperitif, etwa Whisky. *Laap* bedeutet so viel wie Glück – und ein wenig von einer Glück bringenden Speise zu essen, kann gewiss nicht schaden.

Laap gehört zu den Gerichten, die den Mekong überquert und in Thailand Einzug gehalten haben, auch wenn wir das Wort etwas anders aussprechen. In Thailand leben mehr Laoten als in

Laos selbst, und in der Provinz Issan ist praktisch alles laotisch geprägt, von der Kleidung bis zur Küche. Da die Laoten ein Volk aus dem bergigen Norden sind, bauen sie hauptsächlich Klebreis an, nicht den lockeren Duftreis, wie er in den flachen Ebenen im Süden gedeiht. Fern der palmengesäumten Küste, stützt sich die laotische Küche natürlich auch weit weniger auf die Verwendung von Kokosnussprodukten. Aufgrund der Abgelegenheit des Landes sind zudem die indischen und arabischen Händler mit ihren getrockneten Gewürzen nicht bis nach Laos vorgedrungen. So basiert hier die traditionelle Küche nach wie vor mehr auf Kräuteraromen, etwa Basilikum, Koriander und Dill, wenngleich im Laufe von vier Jahrhunderten auch die Chilischote bis nach Norden vorgedrungen ist.

Auch in Laos unterschied sich früher die Küche der einfachen Leute stark von der des königlichen Hofes, wo Kokosnüsse und getrocknete Gewürze zur Verfügung standen und eine hoch aromatische Edelcuisine gepflegt wurde. Seit Laos die Grenzen für den Handel mit Thailand und Vietnam geöffnet hat, sind früher rare und daher sehr teure Zutaten in den größeren Städten des Landes nun leichter und günstiger zu bekommen. Ein Ergebnis davon ist *nam ngua*, eine Nudelsuppe mit Rindfleisch, Minzblättern, Zimt und Sternanis (siehe Seite 62). Sie ist in Vientiane und anderen Zentren zu einem der beliebtesten Fastfoodgerichte avanciert. Auf dem Land jedoch sind derart ‚exotische' Zutaten nach wie vor weitgehend unbekannt.

Auf dem Markt beschloss ich, vor unserem Diskoabend noch einen kleinen Snack zu mir zu nehmen – *tam som*. An diesem Gericht, das bei uns *som tam* heißt, sieht man die enge Verwandtschaft der Küchen von Thailand und Laos. Es handelt sich dabei um einen Salat aus Papayastreifen mit zerdrückten Chilis, Knoblauch, Nüssen, Tomaten und Spargelbohnen, gewürzt mit Fischsauce und mit etwas Zucker abgerundet (siehe Seite 67). Dazu gibt es natürlich Klebreis. Ein Rezept, das erkennbar aus dem Norden stammt, auch wenn es heute in ganz Südostasien verbreitet ist.

Die Öffnung des Landes – gewünscht und gefürchtet

Die Nähe zwischen diesen beiden Ländern zeigt sich nicht nur in der Küchentradition. Denn wir praktizieren auch die gleiche Form des Buddhismus, ebenso wie unser Baustil – von den vergoldeten Tempeln bis hin zu den schlichten Häusern aus Teakholz – nahezu identisch ist. Laos und Thailand wachsen mehr und mehr zusammen – was mir klar wurde, als ich diese neue Disko betrat. Es wurde schon getanzt und offensichtlich stammte hier alles aus Thailand, von der Musik über den Tanzstil bis hin zur Kleidung der jungen Leute.

Es kann ja auch kaum anders sein – denn Geschichte und Kultur dieser beiden Länder sind nun einmal eng miteinander verwoben. Einmal beherrschte Laos beide Seiten des Mekong, dann drehten die Thais den Spieß um und übernahmen ihrerseits eine Zeit lang die Macht in Laos. Die einzigen erkennbaren Unterschiede rühren aus der Zeit der französischen Kolonialregierung, während der wir getrennt waren, und aus der später von den Kommunisten betriebenen Politik der Isolation. Der Krieg und die darauf folgenden Jahre der Repression trieben Mitte der 70er-Jahre einen Großteil der laotischen Geschäftsleute ins thailändische Exil. Viele von ihnen wurden erfolgreiche Unternehmer und hoffen heute, eines Tages wieder in ihre Heimat zurückkehren zu können, um dort am wirtschaftlichen Aufbau mitzuwirken. Ein Gefühl für die Unterschiede zwischen Thailand und Laos bekommt man am besten am Ufer des Mekong, wohin ich nach meinem Diskobesuch spazierte. Kein Mensch schien sich um die Ausgangssperre zu kümmern, auch wenn nicht allzu viele Menschen unterwegs waren. Vientiane erstreckt sich entlang des Flussufers, vom Flughafen am nördlichen Stadtrand bis zur Bootsanlegestelle im Süden. Von hier aus verkehren Fähren hinüber ins thailändische Nong Khai, dessen Lichtermeer und Neonreklamen vom anderen Ufer herüberscheinen. Auf der laotischen Seite fand ich nur ein paar Nudelküchen, vom Schein schwacher Glühbirnen spärlich beleuchtet. Früher hatte es an dieser Stelle

Das Schlagen der Morgentrommel in Luang Prabang

Statuen im Wat-Si-Muang-Tempel, Vientiane

eine elegante, baumbestandene Uferpromenade gegeben und dahinter herrschaftliche Villen aus der Kolonialzeit – viele von ihnen waren zwischenzeitlich abgerissen und durch schäbige Mietkasernen ersetzt worden.

Ich entschied mich für eine der Garküchen und bestellte eine *nam ngua* – sie schmeckte herrlich. Und herrlich war auch der nächtliche Himmel – dank der schwachen Beleuchtung waren die Sterne klar zu sehen. Künstlich erhellte Nächte, eines der ersten sichtbaren Zeichen wirtschaftlichen Aufschwungs – hier war es noch nicht so weit. 30 Jahre nahezu völliger Isolation haben dazu geführt, dass Laos vom kapitalistischen Boom im übrigen Südostasien praktisch unberührt geblieben ist. Die Fahrt vom Wattay Airport ins Zentrum von Vientiane etwa war ein Traum für Liebhaber von Oldtimern: ein Heckflossen-Mercedes aus den 50er-Jahren, immer wieder betagte Volkswagen und Peugeots, wie man sie sonst nur noch in alten französischen Filmen sieht.

Natürlich ist all dies in einem schnellen Wandel begriffen. Im Jahr vor meiner Laosreise starb General Kaysone Phomivane, der letzte Diktator, der einen harten Kurs steuerte. Seine Nachfolger sind zwar kaum jünger als er, aber wenigstens wissen sie, dass ihre Zeit um ist – sie haben begonnen, den eisernen Vorhang ein wenig zu lüften. Ihr eigentliches Problem besteht dabei weniger darin, die Welt hineinzulassen, sondern sie auf Distanz zu halten, dosiert hineinzulassen – ein zu plötzlicher Wandel und die damit einhergehende Rückkehr ganzer Scharen von Exilanten könnten das Land ins Chaos stürzen. Das Land, das zwar arm, doch schön und besuchenswert ist, und dessen Menschen nach wie vor ein beschauliches, sehr traditions- und naturverbundenes Leben führen.

Um dieses Leben in Reinkultur kennenzulernen, muss man die heutige Hauptstadt verlassen und nach Norden in die Berge reisen, bis dorthin, wo der Nam Khan in den Mekong mündet. Hier liegt die altehrwürdige Stadt Luang Prabang. Früher Landeshauptstadt, später nur noch Kapitale einer halbautonomen Provinz, war sie immer das spirituelle Zentrum der Nation. Luang Prabang ist winzig und völlig unmodern – eine Mischung aus Tempeln, Kolonialvillen und chinesisch anmutenden Holzhäusern. Südostasien, wie es früher einmal war. Die Lage der Stadt beschert dem Besucher eine herrliche Aussicht. Der Blick schweift von hoch oben hinab in die tiefen Flusstäler, weiter zu den gegenüber liegenden Ufern der beiden Flüsse und wieder hinauf auf die jenseitigen hohen Berge.

Doch die Stadt hält noch mehr Überraschungen bereit. Mein erster Tag in Luang Prabang begann bereits vor Sonnenaufgang, als mich der tiefe, sonore und erschreckend laute Klang einer Trommel weckte. Hatte ich geträumt? Oder war das irgendein

Alarmsignal? Vielleicht brannte das Hotel? Ich stand auf und sah aus dem Fenster: Offenbar war die gesamte Bevölkerung auf den Straßen und einige der Menschen knieten nieder. Dann bot sich mir ein Anblick, der zum Verblüffendsten gehört, was man in Asien sehen kann: Hunderte von Mönchen in safranfarbenen Gewändern zogen langsam die Hauptstraße hinunter, jeder mit einer Reisschale in der Hand. – In allen buddhistischen Ländern sieht man tagtäglich kleine Gruppen von Mönchen und Novizen um Essen betteln, doch das hier hatte eine ganz andere, spektakuläre Größenordnung.

Luang Prabang ist ein wahrhaft heiliger Ort. Von ursprünglich 66 Tempeln gibt es hier immer noch ganze 32 – kein Wunder, dass der lange Zug der Mönche kein Ende nehmen wollte. Die große Trommel stand auf einer hohen Holzplattform in der Nähe. Jeden Morgen vor Sonnenaufgang wird sie geschlagen, um die Mönche zu wecken, während die Bürger ihre milden Gaben vorbereiten. Als die Prozession näher kam, sah ich noch etwas Außergewöhnliches: Die Knienden warfen in die Schale jedes vorbeiziehenden Mönchs ein kleines Bällchen – Klebreis, den sie in Körben mitgebracht hatten. Sie warfen in schneller Folge ein hastig gerolltes Bällchen nach dem anderen hoch in die Luft – und trafen nie daneben.

Andere Passanten waren wahrscheinlich unterwegs zum Markt, um ihre Opfergaben einzukaufen. Ich folgte ihnen und fand mich bald in einem großen Holzgebäude wieder. In dieser Halle kauften die Leute kleine, mit Gummibändern verschlossene Plastiksäckchen mit Currys darin, gebratenen Gerichten, dem unvermeidlichen *laap* oder irgendetwas, was sonst gerade angeboten wurde. Früher war in jedem Haushalt selbst etwas zubereitet worden, was man den Mönchen abgab. Doch sogar an diesem heiligen Ort haben die modernen Zeiten Einzug gehalten, ist die Zeit knapper geworden – man kauft ein. Als die Prozession an der Markthalle vorüberzog, gingen die Leute nach draußen, knieten nieder und legten ihre Beutel zu den Klebreisbällchen in die Schalen der Mönche. Unter den Zuschauern waren auch Angehörige der Bergstämme – einer ethnischen Minderheit, die im ‚Goldenen Dreieck', dem Gebiet, wo Thailand, Birma und Laos zusammentreffen, lebt. Man erkannte sie sofort an ihrer rot-schwarzen Tracht und den silbernen Armreifen und Halsketten der Frauen. Die Älteren pafften dicke selbst gedrehte Zigarren und die Kinder trugen Leggings und Pomponhüte – ein Bild wie aus früheren Zeiten.

Die Reise durch das Büffelland

An jenem Morgen lernte ich meinen Führer namens Somphong Sakdi, was so viel bedeutet wie Pingpong, kennen. Ein passender Name: Er war intelligent und wieselflink und organisierte alles, worum ich ihn bat. Ich wollte ein wenig ins Land fahren, um einen Eindruck vom dörflichen Leben zu bekommen. Er schlug eine Bootsfahrt zu den Höhlen von Pak Ou vor – zwei Kalksteinhöhlen voller Buddhastatuen – alles Opfergaben. Das war zwar einer der üblichen Ausflüge für Touristen, dennoch hat es sich sehr gelohnt, diese magische Grotte im flackernden Schein von Somphongs Fackel zu besichtigen.

Noch faszinierender war allerdings die Fahrt dorthin. Mir wurde klar, wie stark das Leben und die Versorgung mit Lebensmitteln in Laos vom Fluss abhängen. 70 Prozent des Landes bestehen aus hohen Bergen, zwischen denen sich Hochebenen und Wälder nach Norden hin bis an die chinesische Grenze erstrecken. Dieses Gebiet hat ein raues Klima, ist nur dünn besiedelt und wird lediglich extensiv landwirtschaftlich genutzt. Mehr als die Hälfte der laotischen Bevölkerung dagegen konzentriert sich an den Ufern des Mekongs und seinen Nebenflüssen – die Kultur dieser Menschen gilt als typisch für Laos. Ihr Lebensrhythmus ist vom Fluss bestimmt, einem in der Regenzeit reißenden Strom, der in der Trockenperiode träge und sanft mäandrierend dahinfließt.

Da ich das Land nach den Monsunregen besuchte, war bereits wieder Niedrigwasser und die Ufer waren dick mit Schlamm und Treibsand überzogen. Der Klebreis war schon gepflanzt und auf den kleinen Gemüsefeldern begann es zu sprießen. Die natürlichen klimatischen Bedingungen erlauben eigentlich nur eine Reisernte im Jahr, doch wo immer sich Bewässerungskanäle vom Fluss her ziehen lassen, kann man bis zu drei Ernten erzielen. Um den Boden nicht auszulaugen, wird dabei ein Fruchtwechsel betrieben, etwa durch den zwischenzeitlichen Anbau von Erdnüssen. Aus der Luft bietet sich einem das Bild eines Flickenteppichs aus Feldern, die in der Regenzeit wie ein Mosaik aus kleinen Spiegeln glänzen.

Vor dem Pflanzen werden die Wasserbüffel eingespannt und der Boden umgepflügt. Die Schößlinge werden später noch einmal umgesetzt, damit sie nicht zu dicht stehen. Dann folgt eine längere Verschnaufpause für die Bauern – die Natur arbeitet. Bis zur Ernte ist genug Zeit für Anderes. Ich sah Frauen im seichten Wasser Gold waschen und Männer, die in Bambushütten Reisschnaps, so genannten Mekong Whisky, brannten. Die Gegend an diesem Flussabschnitt war früher einmal berühmt für das Töpfern der riesigen bauchigen Tonkrüge, in denen man dieses Getränk aufbewahrte. Inzwischen sind jedoch Nachfrage und Produktion des Hochprozenters so groß, dass zusätzlich Behälter aus anderen Landesteilen beschafft werden müssen.

Leben von und mit der Natur

Wir kletterten die steile Uferböschung hinauf und gingen zu Fuß in ein Dorf. Die etwa 20 Pfahlhäuser aus Teakholz standen recht eng beeinander, scheinbar planlos hingestellt. Unter den auf Pflöcken liegenden Bodenplanken war gerade so viel Platz, dass die Haustiere Unterschlupf fanden – Schweine, Hühner und Enten, die von einer Horde kleiner Kinder aufgescheucht wurden, als diese angerannt kamen, um zu sehen, wer wohl zu Besuch gekommen war.

Somphong erklärte mir, dass diese Tiere nur zu besonderen Anlässen geschlachtet würden und dann das Festmahl bereicherten. Für das Alltagsessen lieferte der Fluss mit seinem reichen Fischvorkommen die Hauptzutaten. Hier gibt es eine große Artenvielfalt, darunter den riesigen *pa beuk*, den Elefantenfisch, der größte Süßwasserfisch der Welt. Er kann größer als ein Mensch werden und ein ganzes Dorf satt machen – und Berge von Rogen liefern, der so begehrt ist wie im Westen Kaviar. Leider kommt der legendäre Katfish hier nur noch selten vor – es gilt als Ereignis, wenn dieser Riesenwels gesichtet wird.

Zum Glück gibt es aber genügend andere Fischarten, die man frisch zubereiten oder in große Tontöpfe einlegen kann, um daraus Fischsauce zu machen, die in diesen Dörfern mehr ist als nur ein Geschmacksgeber. In den meisten Familien besteht ein Alltagsessen vorwiegend aus Klebreis mit einem sehr scharfen Dip aus Stücken von vergorenem Fisch. Dazu gibt es blanchierte Gemüse, etwa Wasserspinat, der in Ufernähe wächst.

Abgesehen von Fisch ernähren sich die Dorfbewohner von allem, was die Natur zu bieten hat. Somphong nannte Frösche, Schlangen, Insekten, kleine Vögel, Wachteln, Mäuse und eine bestimmte Rattenart. Auch Wildkräuter spielen eine große Rolle in der Küche der Landbewohner. Man unterscheidet hier weder bei den Tieren noch bei den Pflanzen zwischen wilden und domestizierten Arten. Nachdem das Land so dünn besiedelt ist, gibt es von allem genügend, man braucht sich nur zu bedienen, zu jagen, zu sammeln. – Mit der Öffnung des Landes und der zunehmenden Abwanderung der Landbevölkerung in die Städte wird sich dieser Zustand jedoch kaum halten.

Das Schönste an diesem Besuch im Dorf war für mich der Anblick eines Wasserbüffels, der in der Nähe graste. Ein Vergnügen, das man in Thailand nur noch selten hat. Dort wurden diese großartigen Arbeitstiere längst durch den ‚mechanischen Büffel' ersetzt – eine beeindruckende Maschine, mit der man nicht nur pflügen und Erntegut transportieren kann, sondern die auch als Generator zur Stromerzeugung einsetzbar ist – der Einzug des Fernsehers in die ländlichen Gebiete ließ nicht lange auf sich warten. Die Wundermaschine hat das dörfliche Leben um einiges städtischer gemacht. Natürlich ist es verständlich, dass sich auch die Menschen auf dem Land ein leichteres und angenehmeres Leben wünschen – trotzdem ist dadurch einiges an traditioneller Gemeinschaftlichkeit, wie man sie in Laos heute noch findet, verloren gegangen.

Jeden Abend treiben die Dorfkinder die Büffel hinunter an den Fluss, um sie zu tränken und – sich und die Tiere – zu baden. Weil es noch keine Fernseher gibt, vor denen die Menschen einsam ihre Zeit vergeuden könnten, existiert nach wie vor ein reges Gemeinschaftsleben, das sich zu einem großen Teil um den Tempel

Der in der Trockenzeit mäandrierende Mekong bei Luang Prabang

Straßenszene in Vientiane

und religiöse Festivitäten dreht. Bei solchen Anlässen tut sich das ganze Dorf zusammen und bereitet riesige Mengen an Essen vor – die Männer dämpfen den Reis, die Frauen rühren unermüdlich in großen Töpfen. Das größte aller Feste findet zu Beginn der Regenzeit statt. Dann ruht die Feldarbeit und viele junge Männer nutzen diese ruhige Periode und gehen für eine gewisse Zeit als Novizen ins Kloster. Grund genug, groß zu feiern – gemeinsam zu essen, zu trinken und zu tanzen.

Schon bei meinem ersten, kurzen Besuch hatte ich ein Erlebnis, das alles über die menschliche Atmosphäre in diesem liebenswerten Land sagt: Die erwähnte Horde von Kindern, die uns entgegenlief, nahm mich bei der Hand und führte mich zu einem Holzhaus, in dem offensichtlich alle Frauen des Dorfes zusammengekommen waren. Eine von ihnen hatte gerade ein kleines Mädchen zur Welt gebracht. Ich sollte es mir ansehen und der Mutter gratulieren und alle lächelten freundlich, nickten zustimmend und waren überzeugt, dass meine Gegenwart ein gutes Omen sei.

Der Pha-That-Luang-Tempel in Vientiane

Relikte der Vergangenheit inmitten beginnender Moderne

Solche Spuren einer traditionellen Lebensart kann man auch im nahen Luang Prabang noch finden. Sichtbar wird die Schönheit einer vergangenen Ära dort in der Pracht der rot-goldenen Tempel mit ihren glänzenden Mosaiken und den vergoldeten Buddhastatuen. Noch faszinierender fand ich den 1904 erbauten Königspalast, in dem sich heute ein Museum befindet. Es liegt etwas Tragisches über diesem eher unscheinbaren Gebäude. Der letzte Monarch und seine Familie wurden von dort 1977, nach der Machtübernahme durch die Kommunisten, deportiert – zur ‚Umerziehung', ein Euphemismus für Folter, Hunger und Tod im Dschungel an der vietnamesischen Grenze. Ein Vorgänger des Königs hatte einmal, in den ‚Swinging Sixties', die Thronhalle umdekorieren lassen. Das Ergebnis waren laotische Wandgemälde im damals modernen Pop-Art-Stil und Mosaiken aus Spiegelglas – eine kuriose Mischung aus Buddhismus und Sergeant Pepper's Lonely Hearts Club Band.

Trotzdem hat man immer versucht, den Palast in seiner ursprünglichen Form zu erhalten. Der Wohntrakt ist nach wie vor mit eher gewöhnlichen französischen Kaufhausmöbeln eingerichtet und es hat den Anschein, das Königspaar sei erst gestern weggebracht worden. Die wichtigste Überlieferung aus den königlichen Zeiten jedoch geht auf einen Mann namens Phia Sing zurück, eine Art Haushofmeister, der auch für die königliche Küche verantwortlich gewesen war. 1974, kurz vor dem Fall der Monarchie, fragte der damalige britische Botschafter Alan Davidson den Kronprinzen in Luang Prabang um Rat zu einem Buch über Fisch und Meeresfrüchte, an dem er gerade schrieb. Dabei erwähnte Davidson, dass er kaum authentische laotische Rezepte finden könne. Der Prinz war sehr angetan von der Vorstellung, dass laotische Rezepte in einem ausländischen Buch erscheinen sollten und konnte ihm zwei Notizbücher zur Verfügung stellen, in denen der inzwischen verstorbene Phia Sing alles über die Spezialitäten am Königshof verzeichnet hatte. Ein paar Jahre später ließ Davidson diese Aufzeichnungen übersetzen und veröffentlichen – so wurde die Kenntnis von der königlichen Küche in Laos vollständig in unsere Zeit herübergerettet. In diesem Buch stelle ich vorwiegend die auf meinen Reisen zusammengetragenen Rezepte der ländlichen Küche vor, jedoch habe ich auch einige von Phia Sings königlichen Rezepturen, in modernisierter Form, aufgenommen.

Bei meinem Besuch in Luang Prabang lernte ich eine Küchenlinie kennen, die der des Königshofs ähnelte – im *Villa de Princesse Hotel*, dessen Restaurant von einer der Töchter Phia Sings geleitet wurde. Ihre Speisekarte war ein Verschnitt von Elementen aus der königlich-laotischen und der französischen Cuisine. Eine Mischung, die in der Kolonialzeit modern war, während der die ländliche Küche als unfein galt. Heute sind es jedoch gerade diese schlichten Hausrezepte, die wir erhalten wollen. So fragte ich dann auch Somphong, ob man irgendwo in Luang Prabang gutbürgerlich essen könne. Und er arrangierte ein Mittagessen in einem winzigen Restaurant mit einer Terrasse über dem Ufer des Mekongs. Ein schlichtes, namenloses Lokal, möbliert

Anbau von Klebreis am Ufer des Mekong

mit langen Holztischen und Bänken. Dort speisten wir Flussgras mit Sesamsamen, Büffelhack mit Auberginen und ein Curry aus dem Bananenblatt – all dies bei einer idyllischen Aussicht über den Fluss, hinüber ans andere Ufer zu dem kleinen, weißen Champhettempel, der dort in der Ferne zwischen den Baumwipfeln hervorlugte.

Zurück in Vientiane beschloss ich, die neue Disko der Jugend zu überlassen, und machte mich auf den Weg in den altbekannten Nachtclub im Hotel *Anou*. Er stammt aus Zeiten, als es noch für höchst dekadent gehalten wurde, wenn ein laotischer Sänger amerikanische Schlager zum Besten gab. Heute ist das *Anou* ein lebendes Museum der Popkultur. Spät saß ich trotz Sperrstunde immer noch dort und lauschte einem hageren Laoten und seiner ganz passablen Imitation von Little Richards ‚She's Got It'. Schade, dass diese Art Spektakel wohl nicht überleben wird, nachdem die moderne Welt an die Tür geklopft hat. Bei meinem Aufenthalt in Vientiane war gerade die erste Brücke über den Mekong im Bau. Inzwischen ist sie eröffnet, eine zweite bereits in Planung. Schon bald werden die Lichter von Vientiane mit denen von Nong Khai um die Wette strahlen, neue Produkte ins Land strömen und die Küche von Laos wird nicht mehr wieder zu erkennen sein. Im Augenblick ist es immer noch möglich, hier eine Kultur zu erleben und eine Küche zu genießen, die Relikte der Vergangenheit sind. Laos ist vielleicht kein Paradies, aber ganz bestimmt ein Land, in dem die Zeit lange still gestanden hat.

NAM NGUA

LAOTISCHE RINDSSUPPE MIT NUDELN UND MINZE

- 2 EL Öl
- 2 Knoblauchzehen, fein gehackt
- 60 g Sojabohnenkeimlinge
- 125 g frische oder eingeweichte getrocknete Reisbandnudeln (siehe Seite 11)
- 150 g abgehangenes Rindersteak, in feine Scheiben geschnitten
- 20 frische Minzblätter

Für die Rinderbrühe:

- 450 ml Rinderbrühe (siehe Seite 14)
- 1 Zimtstange
- 2 Sternenanis
- 2 EL Fischsauce
- 1 EL helle Sojasauce
- 1 TL Zucker
- ½ TL gemahlener weißer Pfeffer

ZUBEREITUNG

Alle Zutaten für die Rinderbrühe in einer großen schweren, tiefen Pfanne zum Kochen bringen und 15 Minuten köcheln lassen.

In der Zwischenzeit das Öl in einer kleinen Pfanne erhitzen und den Knoblauch darin goldbraun braten. Beiseite stellen.

In einem Topf Wasser zum Kochen bringen. Die Sojabohnenkeimlinge in einer Siebkelle oder einem Maschensieb für einige Sekunden im Wasser blanchieren, dann herausnehmen und abtropfen lassen. In eine Suppenterrine füllen.

Dann die Nudeln im Sieb für etwa 10 Sekunden blanchieren, herausnehmen, abtropfen lassen. Zu den Bohnenkeimlingen geben.

Auch das Rindfleisch ins kochende Wasser geben und eben gar kochen. Herausheben, abtropfen lassen und in die Terrine geben.

Zum Schluss das Öl mit dem Knoblauch in die Terrine geben und kurz durchrühren. Die Minzblätter darüber streuen, mit der heißen Brühe übergießen, umrühren und servieren.

KENG KALAMPI

WEISSKOHLSUPPE

- 1,2 l Schweinefleischbrühe (siehe Seite 14)
- 60 g mageres Schweinehack
- 2 EL Fischsauce
- 200 g Weißkohl, in dünne Streifen geschnitten
- 1 Ei
- ½ TL Zucker
- 5 kleine (vorzugsweise rote) Schalotten, halbiert
- 1 Prise schwarzer Pfeffer

Für die Garnitur:

- Koriandergrün

ZUBEREITUNG

In einer großen Pfanne die Brühe zum Kochen bringen. Das Hack in kleinen Stückchen unter Rühren hineingeben, so dass das Fleisch nicht zusammenklumpt.

Die Fischsauce hinzufügen und umrühren. Den Weißkohl beigeben und kurz kochen lassen, dann das Ei rasch einrühren, so dass sich Flocken bilden. Den Zucker, die Schalottenhälften und eine Prise schwarzen Pfeffer beigeben und solange kochen, bis der Weißkohl gar ist.

Vom Herd nehmen und in Suppentassen füllen. Mit Koriandergrün garnieren und servieren.

KENG BOUAD MAK FAK KHAM

KÜRBIS IN KOKOSNUSSSAUCE

- 1,2 l Gemüsebrühe (siehe Seite 14)
- 200 g Kürbis, geschält, entkernt und in dünne Scheiben geschnitten
- 250 ml Kokosnussmilch
- 4 kleine Schalotten, hellbraun gegrillt
- 1 TL Salz
- 1/4 TL gemahlener schwarzer Pfeffer
- 3 Frühlingszwiebeln, in feine Scheiben geschnitten

ZUBEREITUNG

In einem großen Topf die Brühe erhitzen. Die Kürbisscheiben hinzugeben und unter Rühren zum Kochen bringen.

Die Hitze reduzieren, bis die Brühe nur noch leicht köchelt. Die Kokosnussmilch, die Schalotten, das Salz und den Pfeffer zufügen und gut umrühren. Wieder zum Kochen bringen. Die Kürbisstücke sollten nun gar sein.

Die Frühlingszwiebeln unterrühren und die Suppe in einer vorgewärmten Terrine servieren.

PED TOM KHA

ENTENSUPPE MIT GALGANT

- 1 EL Öl
- 200 g Entenbrust, in dünne Scheiben geschnitten
- 20 dünne ovale Scheiben Galgantwurzel (Galgant muss nicht geschält werden, die gewaschene Wurzel schräg in Scheiben schneiden)
- 250 ml Kokosnussmilch
- 8 kleine Schalotten, in feine Scheiben geschnitten
- 1,2 l Hühnerbrühe
- 4 EL Fischsauce
- 1 TL Zucker
- 2 EL Zitronensaft
- 2 Frühlingszwiebeln, in feine Scheiben geschnitten

FÜR DIE GARNITUR:

- Koriandergrün

Obgleich diese Suppe sehr der thailändischen Galgantsuppe ähnelt, war ich überrascht, das dort verwendete Hühnerfleisch in Laos durch Ente ersetzt zu sehen. Ich kann mir nicht erklären, warum die ansonsten allen Abwandlungen aufgeschlossenen thailändischen Köche diese Variante bislang übersehen haben.

ZUBEREITUNG

Im Wok oder in einer tiefen Bratpfanne das Öl erhitzen und darin das Entenfleisch und den Galgant anrösten, bis sich ein kräftiges Aroma entfaltet. Die Kokosnussmilch und die Schalotten hinzufügen. Gut umrühren. Die Brühe, die Fischsauce und den Zucker zugeben und unter Rühren zum Kochen bringen.

Die Suppe einmal kurz aufkochen, vom Herd nehmen, den Zitronensaft und die Frühlingszwiebeln unterrühren.

In Suppentassen füllen und mit Koriandergrün garniert servieren.

TAM SOM

SAUERSCHARFER PAPAYASALAT

- 2 Knoblauchzehen
- 4–5 frische, kleine Chilis (rot oder grün)
- 2 Spargelbohnen, in 5 cm lange Stücke geschnitten
- 200 g rohe Papaya, in feine Streifen geschnitten
- 1 Tomate, in Scheiben geschnitten
- 1 EL fermentierter Fisch (siehe Seite 14)
- 1 EL Fischsauce
- 1 EL Zucker
- 2 EL Limettensaft
- Frische grüne Gemüse mit fester Struktur wie Spargelbohnen, Kohl etc.

ZUBEREITUNG

In einem großen Mörser den Knoblauch zerstampfen, dann die Chilis hinzufügen und ebenfalls stampfen. Die Spargelbohnen dazugeben und nur so fest stampfen, dass ihre Struktur aufbricht. Dann mit einem Löffel die Papaya unterrühren und dabei leicht zerdrücken. Die Tomatenscheiben hinzufügen und sanft zerquetschen. Den vergorenen Fisch, die Fischsauce, den Zucker und den Limettensaft zugeben und gut unterrühren.

Mit dem rohen Gemüse auf einer Platte anrichten. Blätter von festem Gemüse, etwa von Weißkohl, Chicorée oder Chinakohl können als ‚Löffel' für den Salat dienen.

LAAP NGUA

PIKANTER RINDFLEISCHSALAT

- 200 g Rinderhack
- 2 TL fein gehackter Galgant
- 2 EL Fischsauce
- 2 EL Limettensaft
- 1 TL Zucker
- ½ TL Chilipulver
- 10 kleine Schalotten, in feine Scheiben geschnitten
- 4 Frühlingszwiebeln, fein gehackt
- 2 TL Reis, trocken gebraten (siehe Seite 10)
- 20 Minzblätter
- Eine Auswahl an rohen knackigen grünen Gemüsen wie Spargelbohnen, Wasserspinat, Weißkohl, Salatgemüse

Als ich dieses Gericht in Laos probierte, war es mit gehacktem Büffelfleisch zubereitet. Rinderhack ist zwar weniger aromatisch, jedoch zarter. Sie können natürlich auch Hack vom Schwein oder Huhn verwenden – meine Lieblingsvariante wird nach chinesischer Art, mit gerösteter Ente zubereitet.

In Laos werden für Büffelhack nahezu alle Innereien des Büffels mitverwendet, wodurch es entsprechend nahrhaft wird. Auch das Rinderhack können Sie natürlich mit Leber, Niere und Herz ergänzen und so dem ursprünglichen Rezept noch näher kommen.

Zu *laap* werden in Laos immer auch zarte Mangoblätter gereicht, die allerdings außerhalb Asiens nicht zu kaufen sind. Deshalb sollten Sie auf frische Salatgemüse der Saison ausweichen.

Dieser sehr würzige Salat passt gut zum Aperitif. Man kann ihn auch mit einer Schale Klebreis servieren, wodurch seine Schärfe etwas gemildert wird.

ZUBEREITUNG

In einer schweren Bratpfanne das Hackfleisch unter Rühren erhitzen und den Galgant, die Fischsauce, den Limettensaft, den Zucker und das Chilipulver dazugeben. Dabei ständig weiterrühren, bis das Hackfleisch gar ist. Vom Herd nehmen und die Schalotten, die Frühlingszwiebeln, den Reis und die Minzblätter unterheben. Auf einer Platte mit den rohen Gemüsen anrichten.

SAI UA MOO

SCHWEINSWURST

- 10 Knoblauchzehen
- 10 kleine Schalotten
- 10 schwarze Pfefferkörner
- 450 g Schweinehack (nicht zu mager)
- 1 TL Salz
- 75 cm Schweinedarm
- Öl zum Frittieren

Als Beigaben:

- Blätter von Kopfsalat oder anderem frischem Blattgemüse
- 4–6 kleine frische Chilis (rot oder grün)
- Nach Belieben gesalzene Erdnüsse und feine Streifen von frischem Ingwer

ZUBEREITUNG

Im Mörser den Knoblauch, die Schalotten und die Pfefferkörner zu einer Paste zerstoßen. In eine Rührschüssel füllen, das Schweinehack zugeben und durchrühren. Salzen.

Ein Ende des Schweinedarms über die Tülle eines Trichters ziehen. Das andere Darmende zuknoten oder abbinden. Die Hackfleischzubereitung durch den Trichter in den Darm füllen.

Alle 10 Zentimeter durch zwei Zwischenknoten eine Wurst abteilen. Insgesamt sollten 5–6 Würstchen entstehen. Falls sich im Darm Luftblasen befinden, diese mit einer Nadel anstechen.

Die Würstchen auseinander schneiden und im Öl goldbraun frittieren. Mit den Blattgemüsen und den Chilis servieren. Nach Belieben auch gesalzene Erdnüsse und Ingwerstreifen dazu reichen.

SOOP HOUA PHAK

GEKOCHTER GEMÜSESALAT

- 2 getrocknete rote Chilis, 15 Minuten eingeweicht und abgetropft
- 6 kleine Schalotten
- 4 Knoblauchzehen
- 4 hart gekochte Eier
- 2 EL Öl
- 2 EL getrocknete Garnelen
- 1 EL Sesamsamen
- ½ TL Salz
- 125 g Kartoffeln, fein gewürfelt
- 125 g Blumenkohl, in Röschen geteilt
- 125 g Spargelbohnen, in 2,5 cm lange Stücke geschnitten
- 125 g Rettich, fein gewürfelt
- 200 g mageres Schweinehack
- 2 EL Fischsauce
- 1 TL Zucker
- 2 EL geröstete Erdnüsse
- 1 Prise schwarzer Pfeffer

ZUBEREITUNG

Im Mörser die Chilis, die Schalotten und die Knoblauchzehen zu einer Paste zerstampfen und beiseite stellen.

Die Eier pellen, halbieren, die Eigelbe entfernen und aufbewahren, das Eiweiß würfeln. Beiseite stellen.

In einer Bratpfanne das Öl erhitzen und die Garnelen darin knusprig braten. Herausnehmen und abtropfen lassen.

In einer beschichteten Pfanne die Sesamsamen ohne Fettzugabe rösten. Beiseite stellen.

In einer tiefen Pfanne Wasser zum Kochen bringen, salzen. Die Kartoffeln hineingeben und 5 Minuten kochen. Die restlichen Gemüse zugeben und bissfest garen. Abgießen und beiseite stellen.

Einen Wok ohne Fettzugabe erhitzen und das Schweinehack und nach und nach die Fischsauce unter Rühren zugeben, um ein Ansetzen zu verhindern. Die Chilipaste zufügen und das Hackfleisch unter Rühren gar braten.

Die Eigelbe und den Zucker unterrühren. Das Gemüse, die Garnelen, die Sesamsamen und die Eiweißwürfel gründlich unterheben. In einer Schüssel anrichten, mit den Erdnüssen bestreuen und mit Pfeffer würzen.

MOK PLA

FISCHCURRY IM BANANENBLATT GEDÄMPFT

- 6 kleine Schalotten
- 6 Knoblauchzehen
- 2 getrocknete rote Chilis, 15 Minuten eingeweicht und abgetropft
- 200 g Filet vom Kabeljau oder einem anderen Weißfisch
- 1 Ei
- 3 EL Kokosnusscreme
- 1 EL Fischsauce
- 20 Blätter Basilikum (Ocimum sanctum, siehe Seite 16)
- 1 ganzes Bananenblatt
- Zahnstocher

Empfindliche Speisen, die beim Garen leicht austrocknen würden, oder Speisen, die eine Komposition verschiedener zarter Aromen beinhalten, kann man schonend in einer Hülle garen. Diese kann aus Pergamentpapier, Alufolie oder, wie hier, aus natürlichem Material wie einem Bananenblatt bestehen. Papier oder Folie sollten immer rundum mindestens 5 Zentimeter größer sein als das Gargut, das auf eine Hälfte der einmal gefalteten Hülle gelegt wird. Die andere Hälfte wird darüber geklappt und das Päckchen mit kleinen Knicken fest verschlossen. So garen die Zutaten in dem sich im Inneren des Päckchens entwickelnden Dampf und die verschiedenen Aromen verschmelzen auf ideale Weise miteinander. Die Päckchen werden immer geschlossen serviert und erst bei Tisch geöffnet.

ZUBEREITUNG

Den Grill auf höchster Stufe vorheizen. Die Schalotten und den Knoblauch fest in Alufolie wickeln und das Päckchen unter den Grill legen. Weich grillen, dabei einmal wenden.

Die gegrillten Schalotten und Knoblauchzehen zusammen mit den Chilis im Mörser zu einer Paste zerstoßen.

Die Paste in eine Rührschüssel geben und das Fischfilet mit einem Löffel unterrühren, so dass es in Stücke zerteilt wird. Das Ei aufschlagen und mit der Kokosnusscreme und der Fischsauce hinzugeben und unterrühren. Das Basilikum unterheben.

Nun müssen aus dem Bananenblatt Päckchen hergestellt werden, in denen das Fischcurry gedämpft wird (siehe Foto Seite 71). Diese Päckchen sind pyramidenförmig, es werden zwei davon für die zubereitete Menge Fischcurry benötigt. Für jedes Päckchen ein Rechteck von etwa 30 x 15 cm Kantenlänge zuschneiden. Die Breitseiten dann länglich oval schneiden. Die Hälfte des Currys in die Mitte der Fläche setzen, die Längsseiten vorsichtig anheben und leicht umknicken, damit die Flüssigkeit im Blatt bleibt. Nun die abgerundeten Enden zusammenführen, so dass die gewünschte Pyramidenform entsteht, und mit einem Zahnstocher fixieren. Das Bananenblatt sollte behutsam behandelt werden, da es sonst bricht.

Beide Pyramiden in den oberen Teil eines Dampfgargeräts setzen und 15 Minuten dämpfen. Für jeden Gast sollte eine Pyramide vorbereitet werden, die man erst bei Tisch öffnet, wo das gedämpfte Curry einen wundervoll pikanten Duft verströmt. Das Curry wird direkt aus dem Bananenblatt gelöffelt. Dazu Reis und andere Gerichte servieren.

KALEE PED

ENTENCURRY

- 200 g Entenbrust, in dünne Scheiben geschnitten
- Salz und Pfeffer
- 4 getrocknete rote Chilis, 15 Minuten eingeweicht und abgetropft
- 6 kleine Schalotten
- 250 ml Kokosnusscreme
- 2 EL Fischsauce
- 1 TL Zucker
- 1 TL Madras-Currypulver
- 250 g Kartoffeln, in kleine Würfel geschnitten

ZUBEREITUNG

Die Entenscheiben mit Salz und Pfeffer würzen und beiseite stellen.

Im Mörser die Chilis und die Schalotten zu einer Paste verarbeiten.

In einer schweren, tiefen Pfanne die Kokosnusscreme erhitzen und die Paste einrühren. Weiterrühren, bis sich ein intensives Aroma entwickelt hat, dann die Entenscheiben hinzufügen und nochmals gut umrühren. Die Fischsauce und das Currypulver zugeben und erneut umrühren. Die Kartoffelwürfel unterheben.

Den Deckel auflegen und das Curry bei milder Hitze köcheln lassen, bis die Kartoffelstücke knapp gar und noch bissfest sind. Das dauert maximal 10 Minuten. Das Curry in eine Schüssel geben und servieren.

KAI JEUN NA SOM

SÜSSSAURE SPIEGELEIER

- 2 EL Öl
- 6 Eier
- 125 g Schweinehack
- Salz und Pfeffer
- 60 g Zwiebeln, fein gewürfelt
- 60 g Tomate, fein gewürfelt
- 60 g Gemüsepaprika, fein gewürfelt
- 60 g Sternfrucht oder Ananas, fein gewürfelt
- 1 EL Zucker
- 1 EL Fischsauce
- 2 Frühlingszwiebeln, in feine Scheiben geschnitten

ZUBEREITUNG

Das Öl in einer Bratpfanne erhitzen und darin vier Spiegeleier braten. Auf einem vorgewärmten Teller warm halten. Das Bratöl in eine Schale gießen.

In einer großen Schüssel die zwei restlichen Eier kräftig verschlagen und das Hackfleisch unterrühren. Mit Salz und Pfeffer würzen.

Den Wok oder eine Bratpfanne ohne Öl erhitzen. Die Eier-Fleisch-Mischung hineingeben und unter ständigem Rühren durchbraten, so dass das Fleisch krümelig bleibt. Wenn das Fleisch gar ist, aus der Pfanne nehmen und beiseite stellen.

Das Bratöl in den Wok oder die Pfanne geben und erneut erhitzen. Darin die Zwiebeln goldbraun braten. Die Tomate, die Paprika, das Obst, den Zucker und die Fischsauce unter ständigem Rühren hinzugeben. Wenn die Zutaten gut durchmischt sind, das Hackfleisch hinzufügen und gut unterrühren. Unter Rühren noch etwa 2 Minuten garen lassen.

Vom Herd nehmen und die Frühlingszwiebeln unterheben. Über die Spiegeleier geben und servieren.

KENG PLA

FISCHSUPPE

- 2 Eier
- 2 EL Öl
- 1,2 l Schweinefleischbrühe (siehe Seite 14)
- 4 kleine Schalotten, in feine Scheiben geschnitten
- 60 g getrocknete Wolkenohrpilze, eingeweicht und ausgedrückt (siehe Seite 19)
- 3 EL Fischsauce
- 125 g frische oder eingeweichte getrocknete Vermicelli-Reisnudeln (siehe Seite 11)
- 200 g geräucherter Schellfisch, in kleine Stücke zerteilt
- 3 Kaffirblätter (siehe Seite 16), längs gerollt und in feine Ringe geschnitten
- 1 Prise schwarzer Pfeffer

Für die Garnitur:

- Koriandergrün

ZUBEREITUNG

In einer Rührschüssel die Eier aufschlagen und leicht mit dem Schneebesen verquirlen. Das Öl in einer flachen Bratpfanne erhitzen, die Eimasse zufügen und zu einem dünnen, festen, tortillaähnlichen Omelette braten. Aus der Pfanne nehmen, abkühlen lassen und in Streifen von 5 x 0,5 cm schneiden.

In einer großen Pfanne die Brühe erhitzen und die Schalotten, die Pilze, die Fischsauce und die Reisnudeln hinzufügen. Aufkochen lassen und vom Herd nehmen. Die Omelettestreifen und Fischstücke gut unterrühren.

Die Kaffirblätter und den Pfeffer hinzugeben und nochmals umrühren. In Suppentassen füllen und mit Koriandergrün garniert servieren.

YAM KAI TOM

HÜHNERSALAT

- 200 g ausgelöste Hühnerbrust
- 2 Knoblauchzehen, in dünne Scheiben geschnitten
- 5 kleine Schalotten, in feine Scheiben geschnitten
- 2 kleine frische rote Chilis, fein gehackt
- 2 EL Fischsauce
- 2 EL Limettensaft
- 1 EL Zucker
- 60 g Gurke, in feine Scheiben geschnitten
- 2 mittelgroße Tomaten, in Scheiben geschnitten
- 1 mittelgroße Zwiebel, in Ringe geschnitten
- 1 kleiner Salatkopf, in Blätter zerteilt

ZUBEREITUNG

Die Hühnerbrust gerade mit Wasser bedecken und in 10 Minuten gut durchkochen. Aus dem Wasser nehmen und abkühlen lassen. Die Garflüssigkeit auf etwa 2 Esslöffel konzentrierter Hühnerbrühe reduzieren.

Währenddessen in einer Schüssel das Dressing zubereiten: Den Knoblauch, die Schalotten, die Chilis, die Fischsauce, den Limettensaft und den Zucker verrühren, zum Schluss die 2 Esslöffel Brühe zugeben.

Eine Salatschüssel mit den Salatblättern auslegen und die Gurken-, Tomaten- und Zwiebelstücke darauf anrichten. Die Hühnerbrust enthäuten, schräg in Scheiben schneiden und auf dem Salat anrichten. Das Dressing darüber geben und servieren.

NGUA PAD MAK KHE UA

GEBRATENES RINDFLEISCH MIT AUBERGINEN

- 2 EL Öl
- 2 Knoblauchzehen, fein gehackt
- 4 kleine, frische Chilis (rot oder grün), fein gehackt
- 200 g Rinderhack
- 250 g Auberginen, in nicht zu dünne Scheiben geschnitten
- 2 EL Fischsauce
- 1 TL Zucker
- 20 Blätter Basilikum (Ocimum sanctum, siehe Seite 16)

Die Originalversion dieses Gerichts wird mit Büffelfleisch und mit den festeren asiatischen Auberginensorten zubereitet. Die hier vorgestellte, für die westliche Küche angepasste Version finde ich jedoch genauso interessant wie das Original.

ZUBEREITUNG

Das Öl im Wok oder in einer tiefen Bratpfanne erhitzen und den Knoblauch darin goldbraun braten.

Die Chilis hinzufügen und gut umrühren. Das Rinderhack beifügen, umrühren, dann die Aubergine zugeben. Erneut umrühren. Die Fischsauce und den Zucker hineingeben und unter fortgesetztem Rühren braten, bis die Auberginenscheiben eben gar sind.

Das Basilikum darüber streuen, gut unterrühren und das fertige Gericht auf einer Servierplatte anrichten.

SOUSI PLA

WÜRZIGER FISCH MIT KOKOSNUSSSAUCE

- Öl zum Frittieren
- 1 mittelgroße Forelle, ausgenommen, geputzt, filetiert und in 5 cm breite Streifen geschnitten
- 4 EL Kokosnusscreme
- 2 EL Fischsauce
- 1 TL Zucker
- 4 Kaffirblätter (siehe Seite 16)

Für die Chilipaste *kheuang hom*:

- 3 getrocknete rote Chilis, 15 Minuten eingeweicht und ausgedrückt
- 10 kleine Schalotten
- 4 Knoblauchzehen

ZUBEREITUNG

Zuerst die Chilipaste *kheuang hom* zubereiten: Im Mörser die Chilis, den Knoblauch und die Schalotten zu einer Paste zerstampfen. Beiseite stellen.

Im Wok das Öl erhitzen und die Forellenstreifen darin goldbraun braten, herausnehmen und beiseite stellen.

Den Wok reinigen. Dann die Kokosnusscreme darin unter Rühren erhitzen, die Chilipaste einrühren und einige Sekunden köcheln lassen. Die Fischsauce und den Zucker hinzufügen und umrühren. Den Fisch einrühren, bis die Stücke ein wenig der Flüssigkeit aufgenommen haben, aber noch nicht weich sind – das sollte nur einige Sekunden dauern. Die Kaffirblätter hinzufügen, noch einmal umrühren und servieren.

KAI PAD MAK PHET DENG

GEBRATENE HÄHNCHENSTREIFEN MIT ROTER CHILISAUCE

- 250 g Hühnerfleisch, in dünne Streifen geschnitten
- Salz und Pfeffer
- 2 EL Öl
- 2 Knoblauchzehen, fein gehackt
- 1 Zwiebel, fein gehackt
- 6 große, frische rote Chilis, längs in feine Streifen geschnitten
- 8 Frühlingszwiebeln, in 3,5 cm lange Stücke geschnitten
- 2 EL Fischsauce
- 1 TL Zucker

Für die Garnitur:

- Koriandergrün

ZUBEREITUNG

Die Hühnerstücke salzen und pfeffern, beiseite stellen.

Im Wok oder in einer tiefen Bratpfanne das Öl erhitzen und den Knoblauch darin goldbraun braten.

Das Hühnerfleisch hinzufügen und unter Rühren knapp gar braten. Unter fortgesetztem Rühren alle anderen Zutaten (außer dem Koriandergrün) zugeben und rühren, bis das Fleisch ganz durch ist.

In eine Schüssel füllen und mit dem Koriandergrün garniert servieren.

PAD SOM SIN MOO

SCHWEINEFLEISCH MIT KOKOSNUSS-ZITRONEN-SAUCE

- 2 EL Öl
- 20 kleine Schalotten, in feine Scheiben geschnitten
- 200 g Schweinefleisch, in kleine, dünne Streifen geschnitten
- 2 EL Fischsauce
- 250 ml Kokosnusscreme
- 2 EL Zitronensaft
- 1 TL Zitronenschale, in feine Streifen geschnitten
- 5 Frühlingszwiebeln, in 2,5 cm lange Stücke geschnitten

Für die Garnitur:

- Koriandergrün

ZUBEREITUNG

Im Wok oder in einer tiefen Bratpfanne das Öl erhitzen und die Schalottenringe darin unter gelegentlichem Wenden goldbraun und knusprig braten. Herausnehmen und beiseite stellen.

Das Schweinefleisch in das Öl geben und anbraten. Die Fischsauce zufügen und unter Rühren weiterbraten, bis das Fleisch knapp gar ist. Nun die Schalotten unterrühren, dann die Kokosnusscreme beigeben. Gut umrühren. Den Zitronensaft, die Zitronenschale und die Frühlingszwiebeln hinzufügen und gut unterrühren.

In eine vorgewärmte Schüssel füllen, mit den Korianderblättern garnieren und servieren.

HED PAD SOM PHAK

GEBRATENE PILZE MIT EINGELEGTEM WEISSKOHL

- 2 EL Öl
- 2 Knoblauchzehen, fein gehackt
- 125 g festfleischige Pilze (z. B. Austernpilze), grob gehackt
- 200 g eingelegter Weißkohl (siehe Seite 15)
- 1 TL Zucker
- Salz und Pfeffer

ZUBEREITUNG

Das Öl im Wok oder in einer tiefen Bratpfanne erhitzen und den Knoblauch darin goldbraun braten. Die weiteren Zutaten zugeben und unter Rühren nur kurz, etwa 30 Sekunden lang anbraten. Auf einer Servierplatte anrichten.

Mit Salz und Pfeffer abschmecken. Vorsicht: Aufgrund der Salzigkeit des eingelegten Weißkohls ist nur wenig Nachwürzen erforderlich.

NAM VAN LOI MAK TENG

MELONE IN KOKOSNUSSSAUCE

- 450 ml Kokosnussmilch
- 4 EL Zucker
- 200 g nicht zu reife Honigmelone, in Würfel von 1 cm Kantenlänge geschnitten
- Zerstoßenes Eis

Dieses Gericht ist höchst einfach und an heißen Tagen wunderbar erfrischend. Asiatische Melonen sind nicht sehr süß, so dass sich ein angenehmer Kontrast zur zuckrigen Sauce bildet. Hierzulande sollte deshalb eine Honigmelone, die noch nicht völlig ausgereift ist, verwendet werden.

ZUBEREITUNG

In einer schweren, tiefen Pfanne die Kokosnussmilch erhitzen, den Zucker einrühren und langsam zum Kochen bringen. Vom Herd nehmen und abkühlen lassen.

Nach dem Auskühlen in eine Schüssel füllen und die Melone hinzufügen. Zwei Dessertschalen zur Hälfte mit zerstoßenem Eis füllen und löffelweise zuerst die Melone, dann die Kokosnussmilch darüber geben.

Sollte kein zerstoßenes Eis zur Verfügung stehen, muss das Dessert vor dem Servieren im Kühlschrank gut durchkühlen.

KHAO TOM MAK KUAY

GEDÄMPFTER KLEBREIS MIT BANANEN

- 250 g Klebreis, 3 – 4 Stunden in Wasser eingeweicht, abgetropft
- 500 ml Kokosnussmilch
- 1/4 TL Salz
- 4 EL Zucker
- 5 kleine, etwa 10 cm lange Bananen, längs halbiert
- Bananenblätter oder Alufolie

In Asien werden diese Bananenpäckchen oft an Bushaltestellen oder Bahnhöfen verkauft. Die Verwendung von Klebreis lässt Laos als Ursprungsland vermuten. Kleine süße Bananen sind die häufigste Füllung, daneben werden unter anderem auch schwarze Bohnen verwendet. In meiner Kindheit haben wir die Verkäufer nach der Reichhaltigkeit der Füllung beurteilt: Wer vier Portionen aus einer einzigen Banane machte, dem kauften wir nie mehr wieder etwas ab.

ZUBEREITUNG

Den Klebreis mit der Kokosnussmilch in einen Topf geben. Unter Rühren allmählich zum Kochen bringen. Wenn der Reis die Flüssigkeit eben aufgenommen hat, das dauert etwa 5 – 10 Minuten, das Salz und den Zucker unterrühren. Die Reismasse vom Herd nehmen und ausquellen lassen.

Aus Bananenblättern oder Alufolie 25 x 20 cm große Rechtecke schneiden. Auf jedem Rechteck 2 Esslöffel Reis etwas ausstreichen und mit einer halben Banane belegen. Das Rechteck zu einem Päckchen falten.

Die Päckchen mit der gefalteten Seite nach unten in den Dämpfkorb eines Dampfgargeräts setzen und 30 Minuten dämpfen. Dieses Gericht schmeckt sowohl heiß als auch kalt.

Kambodscha

Brautjungfern in Pink

Ende des 12. Jahrhunderts gründete der letzte große Herrscher der Khmer, Jayavarman VII., eine neue Hauptstadt bei Angkor Thom, etwa drei Kilometer nördlich der Tempelanlagen von Angkor Wat. In ihrem Herzen errichtete der König zu Ehren der Hindugötter den Bayontempel, von dessen 49 Türmen jeder vier schwere Köpfe des Gottes Avaloketesvara trägt. Bis heute blicken deren unheimlich lächelnde Gesichter herab auf den staunenden Besucher. Langsam lichtet sich der Morgennebel über der alten Stadt, die inzwischen von dichten Wäldern fast verschluckt ist – zu ihrer Zeit war sie mit einer Million Einwohnern die größte Stadt der Welt.

Fries in Angkor Wat

Am Bayontempel steht man einigen der größten Kunstwerke, die je geschaffen wurden, gegenüber. Seine Tempelmauern sind mit 1 200 Meter langen Flachreliefs dekoriert, auf denen mit 11 000 Figuren Szenen aus der hinduistischen Mythologie und den Schlachten Jayavarmans dargestellt werden. Ein in Stein gemeißelter Film von ehrfurchtgebietender Dimension und Komplexität, der sich auf drei Ebenen entlang der äußeren Korridore des Gebäudekomplexes abspult: Ganz oben Jayavarman selbst, als König der Götter dargestellt, der über seine darunter abgebildeten siegreichen Truppen wacht.

Die fesselndsten Szenen jedoch erstrecken sich in Augenhöhe und zeigen das Alltagsleben der damaligen Zeit: Diener, die Nahrungsmittel zu den Feldküchen bringen und sich um die Essenszubereitung kümmern – auf eine Art und Weise, wie es im ländlichen Kambodscha noch heute üblich ist. Ein Koch hält ein Ferkel über einen brodelnden Kessel, zwei Männer grillen Fische ... Nichts scheint sich seither verändert zu haben. Ein Bild zeigt zwei Soldaten, die sich am Rande des Triumphzugs in die Heimat, neben knarrenden Wagenrädern und trompetenden Elefanten, eine Schüssel Reis schmecken lassen.

Szenen soldatischen Heldenmutes symbolisieren Kambodschas glorreiche Vergangenheit. Für das heutige Leben dieser gerade wieder auferstehenden Nation gibt es bescheidenere und passendere Sinnbilder – Bilder vom Kochen und Essen. Wer zum ersten Mal in die moderne Hauptstadt Phnom Penh kommt, wird überrascht sein, wie viele und gut besuchte Restaurants es in den Hauptstraßen und an den Ufern des Mekong gibt, dessen Wasser bis hierher bereits eine Reise von Laos oder Thailand gemacht haben. Hatte man doch lange Jahre nichts als Schreckensmeldungen über die Greuel der Roten Khmer und den Einmarsch der Vietnamesen gehört. Auch heute noch ist die Lage alles andere als stabil und der Versuch, unter einer Koalition widerstreitender Parteien den Wiederaufbau zu schaffen, kann jeden Moment scheitern.

Von innenpolitischen Schwierigkeiten einmal abgesehen, resultieren die Hauptprobleme des Landes aus einer ungezügelten, durch ausländische Investoren vorangetriebenen Ausbreitung des Kapitalismus. Im einst so behäbigen Phnom Penh herrscht hektische Aufbruchstimmung. Dennoch sind dies geradezu paradiesische Zustände im Vergleich zu den Schrecken der Vergangenheit. Man muss sich nur das abstoßend hässliche Betongebäude ansehen, in dem Pol Pot foltern ließ, und einmal auf den *Killing Fields* gestanden sein, erstarrt ob des Eindrucks, die Schreie der Opfer zu hören – dann versteht man, dass alles andere besser ist. Leider ist der Alptraum noch immer nicht ganz ausgestanden. Ich wurde gewarnt, mich nie ohne Bewaffnung außerhalb der Städte zu bewegen und wegen der zahllosen Landminen die markierten Pfade nicht zu verlassen.

Westliche Sitten in der königlichen Stadt

Ich ließ mich über die neue Japanische Brücke fahren, am Ufer des Mekong entlang, zum *Hang Neak*, einem von mehreren Großrestaurants, die auf Stelzen am Flussufer erbaut wurden. Als wir den mit bunten Lichtern geschmückten Hauptraum betraten, lief laute Popmusik – eine Hochzeitsfeier war im Gange. Die Braut trug ein weißes Spitzenkleid, der Bräutigam einen etwas steif wirkenden westlichen Anzug, während die kichernden Brautjungfern ganz in Pink gekleidet waren. Wie auch in anderen Ländern Südostasiens, wird auf dem Land in traditioneller Kleidung geheiratet. Die Städter dagegen feiern zweimal: vormittags in ihrer althergebrachten Tracht und dann noch einmal abends in moderner westlicher Kleidung. In der Stadt tragen die meisten Leute heutzutage Hosen und Hemden, bequeme Kleider und Blusen. In den bäuerlichen Gemeinden dagegen dominieren immer noch das weite Baumwolloberteil und der Wickelsarong bei den Frauen, die sackartigen Hosen bei den Männern.

Die Jugend bevorzugt natürlich die neueste amerikanische

Mode: Jeans und legere Freizeitkleidung. An einem der Tische saß eine Gruppe von Coca-Cola trinkenden Teenagern, während eine Bedienung die Kerzen auf einer grell grün-rot glasierten Geburtstagstorte anzündete. Auch wenn es angesichts der schrecklichen jüngeren Vergangenheit Kambodschas zynisch klingen mag – Frivolität und Lebensfreude sind die besten Mittel gegen Tyrannei, denn unschuldiges Vergnügen ist etwas, was kein Diktator ausstehen kann. So gesehen sind die vor Geschäftigkeit vibrierenden Restaurants von Phnom Penh Teil eines Heilungsprozesses, ein triumphales Vorzeichen einer besseren Zukunft, trotz aller gegenwärtigen Probleme.

Wenigstens haben 20 Jahre Chaos der Stadt den zerstörerischen ‚Fortschritt' erspart, den andere asiatische Hauptstädte erlebt haben. Phnom Penh liegt immer noch träge am Westufer des Tonlé Sap, kurz vor seiner Mündung in den Mekong. Der Grundriss der Stadt ist einfach konstruiert: Zwei von Norden nach Süden verlaufende Avenues werden von fünf Boulevards in Ost-West-Richtung gekreuzt. Trotzdem findet man sich nicht immer auf Anhieb zurecht, seit in letzter Zeit zahlreiche Straßen umbenannt wurden: Die Götter des Kommunismus, Marx und Lenin, mussten Monarchen der Nation, Monivong, Norodom und dem heutigen König Sihanouk, weichen. Dies verstärkt noch den ersten Eindruck, dass Phnom Penh eine königliche Stadt ist. Ihr Herz ist der Königspalast, über dessen Mauern die Spitzen der Silberpagode, der Thronhalle und der Grabstupa der königlichen Familie ragen.

Wiedererlangter Alltag – vor kolonialfranzösischer Kulisse

Eigentlich ist Phnom Penh mit seinen breiten Alleen und herrschaftlichen Villen eine Schöpfung der französischen Kolonialzeit. Die meisten Gebäude sind ockerfarben, einige davon mit mediterranen Stuckverzierungen, andere im anglonormannischen Fachwerkstil. In der einen Straße kommt man sich vor wie in Nizza, in der nächsten wie in Le Touquet am Ärmelkanal. Es erfüllt mit einer gewissen Genugtuung festzustellen, dass Pol Pots verrückte Idee, jegliche Erinnerung an die Vergangenheit auszulöschen, indem er die Stadt evakuierte, letztendlich genau das Gegenteil dessen bewirkt hat: Ein großer Teil des kolonialen Erbes wurde erhalten, in Phnom Penh sind weit mehr dieser schönen Gebäude intakt geblieben als etwa in Vientiane. Zum Glück richten sich viele Geschäftsleute aus Taiwan, Hongkong, Bangkok und Tokio sehr gerne in diesem attraktiven Umfeld ein. Das lässt hoffen, dass die Stadt bald wieder in ihrer früheren Eleganz erstrahlt.

In den 20er und 30er Jahren ließen die Franzosen ein imposantes Marktgebäude im Stil des Art déco errichten. Sanftes Licht fällt durch das geometrische Gitterwerk des gewölbten Daches in der Haupthalle, von der strahlenförmig lange Gebäudeflügel mit unzähligen Verkaufsständen abgehen. Hier werden Stoffe verkauft, elektrische Geräte, Haushaltswaren und natürlich Lebensmittel. Zitronengras, Mangostanen, Spargelbohnen und Sternfrüchte, auf den ersten Blick wirkt das Angebot wie das Sortiment auf einem thailändischen Markt – kein Wunder, schließlich ist das meiste von dort importiert. Die Roten Khmer haben nicht nur Gebäude und Buddhastatuen zerstört, sondern auch die Landwirtschaft. Die traditionellen Märkte wurden geschlossen, Bauern zu anderen Arbeiten verpflichtet – eine Form der Sklaverei, die zu Ernteausfällen und Hungersnöten führte. Wegen der noch immer überall verstreut liegenden Landminen können viele Felder bis heute nur eingeschränkt bewirtschaftet werden. Dennoch zeigt die Tatsache, dass das Land schon bald

Fischer auf dem Tonlé Sap

wieder Reis wird exportieren können, wie zäh und unerschütterlich die Menschen am landwirtschaftlichen Wiederaufbau arbeiten. Hoffentlich werden diese Bemühungen bald gestärkt durch eine stabilere politische Lage und unterstützt mit intensiven, flächendeckenden Minensuchaktionen.

Während vorläufig noch Importe aus Thailand gelegentliche Versorgungsmängel ausgleichen, findet das Dorfleben allmählich wieder zur Normalität. Die meisten Familien bauen auf sorgfältig abgeteilten, ringsum eingedämmten Parzellen Reis an. Auf kleineren Grundstücken wird Gemüse angebaut, etwa Zwiebeln oder Wasserspinat, oder es werden Hühner gehalten. Ergänzt wird diese Ernährungsbasis durch Essbares aus der freien Natur: Schlangen und Insekten wie etwa Ameisen oder Grillen. Vereinzelt finden sich auch Wasserbüffel, die, wenn sie als Arbeitstiere ausgedient haben, schließlich ein zähes, aber aromatisches Fleisch liefern. Was den eigenen Nahrungsbedarf übersteigt, wird auf dem nächsten Dorfmarkt gegen Kräuter und Gewürze eingetauscht.

Schlichte, frischaromatische Gerichte – und Baguette

Auf dem Land nehmen die Leute vorwiegend gekochten Reis mit ein wenig stark gewürztem Fleisch oder Fisch und etwas saftigem Gemüse zu sich. Die erste Mahlzeit gibt es am späten Vormittag, wenn die Arbeit wegen der sengenden Mittagshitze eingestellt werden muss. Nachdem die Aufgaben des späten Nachmittags erledigt sind, wird am frühen Abend noch einmal gegessen. Das Frühstück bei Sonnenaufgang besteht im Wesentlichen nur aus übrigem Reis und anderen Resten vom Vorabend. Anders in der Stadt, wo man große Mengen an Fleisch – importiertes Rind statt Büffel – und aufwendige Gemüsekompositionen bevorzugt, ganz zu schweigen davon, dass man hier natürlich auch ‚amerikanisch' frühstücken kann.

In den Städten gibt es große Ähnlichkeiten zwischen den Küchen von Kambodscha und Thailand – wie ja auch unsere Völker miteinander verwandt sind. Doch nicht weniger bedeutsam sind die Unterschiede. Während alle Bewohner Thailands irgendwann einmal dorthin zugewandert sind, lebt das Volk der Khmer auf dem Gebiet des heutigen Kambodscha seit Beginn der Geschichtsschreibung und stellt dort nach wie vor 90 bis 95 Prozent der Bevölkerung. Seine Sprache und Schrift unterscheidet sich von der der Thais etwa so stark wie Latein vom Altgriechischen. Ebenso haben die Küchen beider Länder zwar viele Grundrezepte gemeinsam, die oft auch noch ähnliche Namen tragen, bei genauerer Betrachtung jedoch gibt es feine

Ein Dorf im Landesinneren

Unterschiede, besonders im Hinblick auf die Naturbelassenheit und Einfachheit der kambodschanischen Küche – ein Vergleich wie etwa zwischen der französischen Haute Cuisine und der naturbelasseneren Nouvelle Cuisine.

Die moderne Thaiküche kombiniert schlichte bäuerliche Gerichte mit aufwendig komponierten und hocharomatischen Spezialitäten, die früher dem Königshaus und dem Adel vorbehalten waren. Die kambodschanische Küche ist dagegen weit weniger kompliziert und setzt stärker auf den natürlichen Eigengeschmack der Zutaten – Pfannengerührtes aus dem Wok, Gedämpftes oder über Holzkohle Gegrilltes, alles behält seinen sehr frischen Geschmack. Die Kambodschaner führen damit eine alte Tradition der südostasiatischen Küche fort – einen Stil, der weit verbreitet war, bevor die Portugiesen die Chilischote aus Südamerika ins Land brachten, als die Gerichte noch im Wesentlichen mit Pfeffer und Senfsamen gewürzt wurden.

Der gängigste aromatische Dip besteht in Kambodscha nicht aus gehackten Chilischoten in Reisessig oder Fischsauce, wie in Thailand oder Laos üblich, sondern ist eine Mischung aus gemahlenem schwarzem Pfeffer, Salz und Limettensaft – *tik marij*. Ein kambodschanischer Hauptgang beschränkt sich oft auf gekochtes Fleisch oder Fisch mit *tik marij*, eine angenehme Kombination natürlicher Aromen mit der pikanten Würze der Sauce. Besonders naturbelassen präsentiert sich die kambodschanische Küche dort, wo sie die vietnamesische Tradition übernommen hat, knackige rohe Salate und Gemüse zu jedem Essen zu servieren – Europäer könnten sich dabei fast an die französische Küche erinnert fühlen.

Wie in Thailand und Laos ist auch in Kambodscha Reis Hauptbestandteil jedes Essens und Süßwasserfisch die wichtigste Proteinquelle. Die häufigsten Aromageber sind Fischsauce und fermentierter Fisch. Letzterer ist auch die Grundlage für *prahok*, die zweitbeliebteste Dipsauce. Sie sorgte für einige Verwirrung bei meinem ersten kambodschanischen Essen im Restaurant *Hang Neak*, wo auf der Speisekarte ‚Rindfleisch mit kambodschanischem Käse' zu lesen war. Dieses Gericht entpuppte sich als Rindfleischstreifen, die man am Tisch selbst über Holzkohlenglut grillte und schließlich in besagte *prahok* dippte – den angeblichen ‚Käse', der das Resultat einer Folge von Fehlübersetzungen vom Kambodschanischen ins Französische und von dort aus ins Englische war. Wie auch immer es bezeichnet war – der Geschmack des *saj go tik prahok* (siehe Seite 99) war vorzüglich. Das gilt auch für ein kulinarisches Erbe aus der französischen Kolonialzeit: das Baguette, das man bis heute überall bekommt. Besonders gerne wird es für goldbraun frittierten Toast mit Schweinehack verwendet, der hierzulande in gigantischen Portionen serviert wird.

Die Fischer und die Promotiongirls

Alles in allem erlebte ich Phnom Penh als längst nicht so desolat und gefährlich, wie man es mir geschildert hatte, und die Warnungen vor Angkor Wat hatten, wie sich später herausstellte, schon gar nichts mit der Realität zu tun. Auch in der kleinen Stadt Siam Reap stieß ich auf geschäftiges Treiben, sah viele neue Hotels

Soldatendenkmäler – Überreste vietnamesischer Besatzung am Königspalast in Phnom Penh

und Restaurants, wobei man jedoch alles in angemessener Distanz zu den Tempeln und Palästen hält. Das Restaurant *Samapheap* in der Nähe des Flusses bot zwar eine breite Auswahl kambodschanischer Gerichte, doch mein Stadtführer bestand darauf, dass ich den Fisch probierte, der hier viel frischer als in der Hauptstadt wäre. Er lobte insbesondere den an der Sonne getrockneten Fisch, der sich im Geschmack als sehr kräftig und besonders salzig erweisen sollte.

In ganz Asien trocknet man Fisch in der Sonne, in den Dörfern an den Flussufern ebenso wie an der Küste. Jede kleinere Fischart eignet sich dafür. Die Fische werden geputzt, ausgenommen, gesalzen und für einen Tag auf einem Holzgitter in der Tropensonne ausgebreitet. Abends werden sie zum Schutz vor dem nächtlichen Nebel hereingeholt, bevor sie für einen weiteren Tag nach draußen gestellt werden, um dann eine goldbraune Farbe anzunehmen. Anschließend können sie an einem schattigen Platz aufgehängt und so mehrere Monate aufbewahrt werden. In Siam Reap probierte ich die lokale Variante dieser Spezialität in einem sauer-scharfen Salat, der dem thailändischen *yam* ähnelte, jedoch auch von vietnamesischen Einflüssen zeugte, durch die Beigabe von Minzblättern und chinesischem Koriander, der breitblättriger ist als die gängige Sorte und etwas nach Sellerie schmeckt.

Beim Abendessen im Restaurant *Bayon* an der Nationalstraße 6 kam dank einer Gruppe von Promotiongirls richtig Stimmung auf. Sie alle arbeiteten für große Brauereien oder Destillerien. Und so machten eine ‚Miss Tiger Beer', eine ‚Miss Cognac Hennessy' und andere junge Damen, die Coca-Cola, Johnny Walker, Angkorbier und Heineken vertraten, die Runde an den Tischen – in der Hoffnung, Bestellungen ‚ihrer' Marke aufnehmen zu können. Da wir nur zu fünft waren, mussten wir eine Dame enttäuschen, die entsprechend traurig dreinblickte – bis einer von uns bei ihr seinen zweiten Drink bestellte.

Treuer Wächter eines Schreins zwischen den Ruinen von Angkor Wat

Ein Freilichtmuseum der anderen Art

Ich verbrachte drei Tage in Angkor – so viel Zeit muss man mindestens mitbringen, um auch nur einen ersten Eindruck von der Größe und Vielfalt des goldenen Zeitalters der Khmer zu gewinnen. Vier Jahrhunderte zwischen Hinduismus und Buddhismus – ein Herrscher nach dem anderen versuchte, den jeweiligen Vorgänger durch die Errichtung immer größerer und prächtigerer Bauwerke zu übertreffen. Diese Ruinen umfassen weit mehr als die berühmten Tempel. Zum Beispiel auch die königliche Badeanstalt und einen gigantischen Paradeplatz. Dort standen einst der König und sein Hofstaat auf einer Empore, getragen von aus Stein gehauenen Elefanten und dem sagenhaften Vogel Garuda, und grüßten ihre Armeen – Szenen, wie sie auf den Reliefs am Bayontempel festgehalten wurden.

An jedem Tag meiner großen Besichtigungstour entdeckte ich Neues. Ich war in einem Mai dort, zu Beginn der Regenzeit. Ich mag diese gelegentlichen Regengüsse, die selten länger als eine Stunde dauern und oft spektakuläre Licht- und Farbeffekte mit sich bringen. Als ich Angkor Wat das erste Mal sah, spannte sich ein Regenbogen über die Tempeltürme. Auch der Ta-Prohm-Tempel, den ich am letzten Tag besuchte, bot in einem sintflutartigen Regenguss ein ganz eigenes Schauspiel. Ta Prohm ist der Tempel, den die französischen Restauratoren schließlich so beließen, wie sie ihn vorgefunden hatten. Auf diese Weise erschließt sich den Besuchern etwas von dem aufregenden Gefühl, das die ersten Entdecker verspürt hatten müssen, nachdem sie sich bis hierher durch das Unterholz des Urwalds vorgearbeitet hatten – und mitten im dichten Dschungel diese erstaunlichen, vollkommen überwucherten und dadurch teilweise zum Einsturz gebrachten Bauwerke zu finden. Man bekommt es fast mit der Angst zu tun, wenn man über die riesigen Trümmer klettert oder unter einem Torbogen hindurchgeht, der so mit den Zweigen eines absterbenden Baumes verwachsen ist, dass man kaum noch sagen kann, wer wen stützt. Mühselig hatte ich mich gerade weit hinein in diese finstere Festung vorgearbeitet, da färbte sich das Licht plötzlich purpur und violett und der Regen begann auf die umgestürzten, von Flechten überwachsenen Steinblöcke zu prasseln. Ich suchte Schutz in einem dunklen Kreuzgang und war mir sehr bewusst, dass ich diesen Ort mit Fledermäusen, Insekten aller Art und womöglich auch mit Giftschlangen teilte. Eine unwirkliche Szenerie – eine seltsame Mischung von großer Oper und Hollywood.

Mönche empfangen Essensgaben und andere Geschenke auf einem Klosterfest

Hoffnung auf ein unbeschwertes Leben

Zurück in Phnom Penh hatte ich vor meinem Rückflug nach Bangkok noch einen ganzen Sonntag lang Zeit. Man riet mir, einen Ausflug nach Koki Beach zu machen und mir dort ein kulinarisches Vergnügen zu gönnen. Ich war nicht der Einzige: Fast jeder in der Stadt, der ein Fahrzeug hatte – vom Regierungsbeamten im Mercedes bis zum Angestellten auf dem Motorroller –, schien diesen Ort am Mekong anzusteuern, an dem ganze Familien kleine Pfahlhütten mieten, um dort den Tag mit Essen, Trinken, Sichunterhalten und Schlafen zuzubringen. Ihr Picknick können sie an Ständen kaufen, die so ziemlich alles vom Grillhähnchen bis hin zu frittierten Grillen anbieten. Es gibt auch Eingelegtes aller Art – eingemachtes Obst, wie zum Beispiel Mango, wird als Snack gegessen, anderes, wie etwa eingelegter Knoblauch, als Kochzutat verwendet. Als Abschluss isst man hier gerne eine delikate, im Bananenblatt gegrillte Süßspeise aus Klebreis und Kokosnuss mit frischen Jackfrüchten (siehe Seite 104). Ganz offensichtlich genossen alle ihren wertvollen einzigen freien Tag der Woche. Für die Älteren war es ganz deutlich auch eine Erinnerung an die Lebensart vor dem Krieg – und ein Zeichen der Hoffnung, dass die Zustände sich weiter stabilisieren und die im Fluss plantschenden Kinder solch schwere Zeiten nie kennen lernen würden.

MUAN DOT

PFANNENGEBRATENES HUHN MIT ZITRONENGRAS

- 1 kleines Huhn
- 3–4 EL Austernsauce
- 10 Stengel Zitronengras
- Öl

ALS BEILAGE:

- *Tik marij* (siehe Seite 91)
- *Tik prahok* (siehe Seite 94)

Nachdem ich in einem Restaurant in Siam Reap ‚geröstetes' Huhn bestellt hatte, zeigte man mir eine Küche ohne Backofen. Selbst als mir klar wurde, dass sie das Huhn in einem geschlossenen Wok pfannenbraten wollten, machte ich mir doch Gedanken über die lange Zeit, die dafür nötig wäre. Meine Sorge erwies sich als unbegründet, als nach nicht einmal einer halben Stunde das köstliche, perfekt gegarte Huhn serviert wurde. Für die hierzulande fleischigeren Hühner sollte allerdings etwas mehr Zeit eingeplant werden.

ZUBEREITUNG

Das Huhn mit der Austernsauce innen und außen gut bestreichen und 30 Minuten marinieren lassen. In eine tiefe Deckelpfanne oder einen Topf mit schwerem Boden, gerade groß genug für das Huhn, das Zitronengras legen. Mit etwas Öl begießen und erhitzen. Sobald das Zitronengras zu braten beginnt, das Huhn darauf setzen und den Deckel schließen. Das Huhn unter mehrfachem Wenden braten, bis es gar ist. Das dauert je nach Größe zwischen 30 Minuten und 1 Stunde. Das Huhn sollte goldbraun sein. Zur Garprobe die Brust an der dicksten Stelle einstechen: Der Bratensaft sollte ganz klar sein. Das Zitronengras entfernen, das Huhn vierteln und mit den beiden kambodschanischen Saucen *tik marij* und *tik prahok* servieren.

CHAR BAI MREAH PRIU

GEBRATENER REIS MIT EIERN UND BASILIKUM

- 2 EL Öl
- 2 kleine Knoblauchzehen, fein gehackt
- 2 lange frische, milde rote Chilis, schräg in feine Ringe geschnitten
- 125 g mageres Fleisch (Schwein oder Rind), garfertig vorbereitet, in kleine Stücke geschnitten
- 2 kleine Eier
- 225 g gedämpfter Reis
- 1 EL Fischsauce
- 1 EL helle Sojasauce
- ½ TL Zucker
- 1 kleine Zwiebel, halbiert und in feine Scheiben geschnitten
- 20 Blätter frisches Basilikum (Ocimum sanctum, siehe Seite 16)

Dies ist die kambodschanische Variante eines schlichten Gerichts, das überall in Südostasien gegessen wird. Anderenorts sind gebratener Reis mit Eiern beziehungsweise mit Basilikum zwei unterschiedliche Gerichte, hier entsteht eine Kombination aus beidem.

ZUBEREITUNG

Das Öl im Wok oder in einer tiefen Bratpfanne erhitzen und den Knoblauch darin goldbraun braten. Die Chilis dazugeben, einmal umrühren, dann das Fleisch hinzufügen und unter Rühren schnell durchbraten.

Die Eier hineinschlagen und gut unterrühren. Den Reis gründlich unterheben. Die restlichen Zutaten nacheinander zufügen und jedesmal gut umrühren. Sofort servieren.

CHAR MEE GANTANG

NUDELN MIT SCHWEINEFLEISCH UND EIERN

- ½ TL Speisestärke
- Salatblätter
- 4 EL Öl
- 175 g frische oder eingeweichte getrocknete Reisnudeln (siehe Seite 11)
- 2 Knoblauchzehen, fein gehackt
- 125 g Schweinefleisch, in feine Streifen geschnitten
- 1–2 Enteneier (ersatzweise 2–3 kleine Hühnereier)
- 1 EL Fischsauce
- 1 EL helle Sojasauce
- 1 TL Zucker
- 6 EL Schweinebrühe oder Wasser
- ¼ TL gemahlener schwarzer Pfeffer
- 125 g Brokkoli, grob gehackt

Ein weiteres Tellergericht, das ich in dieser Form – mit den Enteneiern – das erste Mal in Siam Reap bei Angkor Wat gegessen habe. Da die Eier weniger das Aroma bereichern als vielmehr für eine gewisse Fülle des Gerichtes sorgen, können sie ohne weiteres durch Hühnereier ersetzt werden.

ZUBEREITUNG

In einer Tasse die Speisestärke mit etwas Wasser anrühren. Beiseite stellen. Die gewaschenen und trockengeschleuderten Salatblätter auf einer Servierplatte anrichten und beiseite stellen.

2 Esslöffel Öl im Wok oder in einer tiefen Bratpfanne erhitzen und die Nudeln darin unter ständigem Rühren anbraten, bis sie heiß sind. Herausnehmen und auf den Salatblättern verteilen. Das restliche Öl im Wok erhitzen, den Knoblauch hineingeben und goldbraun braten. Das Schweinefleisch hinzufügen und unter Rühren knapp gar braten. 1 Entenei oder 2 Hühnereier hinzugeben und gut umrühren. Die restlichen Zutaten nacheinander unterrühren. Wenn der Brokkoli eben bissfest ist, so viel Speisestärke einrühren, dass die Flüssigkeit gebunden wird. Über die Nudeln geben. Das Gericht wird mit einem zusätzlichen Ei noch nahrhafter, in diesem Fall das Ei braten und auf den Nudeln anrichten.

TIK MARIJ

KAMBODSCHANISCHER PFEFFER-LIMETTEN-DIP

- 4 TL frisch gemahlener schwarzer Pfeffer
- 2 TL Salz
- 4 Limettenscheiben, etwa 1,5 cm dick (jede Scheibe sollte etwa 2 Esslöffel Saft ergeben)

Dieser Würzdip wird in Kambodscha zu jedem Essen gereicht. Sie sollten dafür unbedingt Limetten verwenden. Denn Zitronen wären für die intensiv duftenden grünen Zitrusfrüchte tatsächlich nur ein armseliger Ersatz.

ZUBEREITUNG

Die Zutaten auf vier kleine Schälchen etwa von der Größe kleiner Soufflé-förmchen verteilen. Jeder Gast bekommt ein Schälchen und sollte vor dem Essen die Limettenscheiben über dem Pfeffer und dem Salz ausdrücken und solange rühren, bis sich das Salz aufgelöst hat. Dieser Dip wird zu jedem Essen serviert, um individuell dessen Schärfe zu variieren. Entweder jeden Bissen in die Sauce dippen oder ein wenig Würzdip über den Reis sprenkeln.

SAMLOR JRUOH

SAUERSCHARFE TOMATENSUPPE MIT PILZEN

- 450 ml Gemüsebrühe (siehe Seite 14)
- 5 cm Zitronengras, grob gehackt
- 3 Kaffirblätter (siehe Seite 16), grob gehackt
- ½ cm Galgant, in feine Scheiben geschnitten
- 1 große Tomate, in Scheiben geschnitten
- 125 g kleine ganze Champignons
- 3 EL Limettensaft
- 2 EL helle Sojasauce
- 1 Prise Salz
- 4–5 kleine frische Chilis (rot oder grün), mit einem Löffel oder Mörserstößel grob zerquetscht

FÜR DIE GARNITUR:

- Koriandergrün

ZUBEREITUNG

In einer großen schweren, tiefen Pfanne die Gemüsebrühe zum Kochen bringen. Alle Zutaten außer dem Koriander hinzufügen, aufkochen und eine Minute köcheln lassen.

In eine Suppenterrine füllen, mit dem grob geschnittenen Koriandergrün garniert servieren.

SAMLOR CHANANG DY

KAMBODSCHANISCHES FONDUE

- 1 l Rinderbrühe (siehe Seite 14)
- 2 Enten- oder Hühnereier
- 250 g Rindersteak, in feine Scheiben geschnitten
- je 60 g von einigen schnell garenden Gemüsen der Saison, grob zerkleinert
- 60 g Chinakohl, grob gehackt
- 60 g Wasserspinat
- 2 Frühlingszwiebeln, in 2,5 cm lange Stücke geschnitten
- 10–15 Blätter Basilikum (Ocimum sanctum, siehe Seite 16)
- 2 Stengel Koriandergrün, mit den Blättern grob zerkleinert
- 125 g frische oder eingeweichte getrocknete Eiernudeln (siehe Seite 11)
- 60 g Tofu, abgetropft

Das richtige Gericht für einen nette Runde von Gästen. In Kambodscha steht der Tontopf mit der duftenden Brühe auf Holzkohleglut in der Mitte des Tisches. Hierzulande ist ein Fondueset das geeignetste. Um den Geschmack der Zutaten individuell anzupassen, hat jeder Gast seine eigene Schale mit den Würzdips *tik marij* (siehe Seite 91) und *tik prahok* (siehe Seite 94). Übrigens, die Zutaten gehen im Topf nicht so leicht ‚verloren', wenn man statt der Essstäbchen Fonduegabeln verwendet und die Zutaten im Paket darauf aufspießt.

ZUBEREITUNG

Zunächst die Rinderbrühe nach der Anleitung auf Seite 14 herstellen. Die Brühe abkühlen lassen und das Fett abschöpfen. Die Brühe kann entweder gefiltert als klarer Fond oder mit allen Zutaten darin, lediglich die Knochen entfernt, verwendet werden. Die Brühe wieder erhitzen und über einen Kocher auf den Tisch setzen.

Jeder Gast bekommt eine Suppenschale und Essstäbchen, dazu ein zweites Schälchen, in das das Ei geschlagen und verquirlt wird. Darin die Steakstreifen hineintauchen und diese zusammen mit Gemüse, Kräutern, Nudeln und Tofu – ganz nach Belieben – in der Brühe gar ziehen lassen und wieder herausfischen.

YOAM MAKAH TREY ANG

RÄUCHERFISCH MIT MANGOSALAT

- Einige große Salatblätter
- Öl zum Frittieren
- 125 g Räucherfisch (etwa Hering oder Makrele), in dünne Streifen geschnitten
- 60 g rohe grüne Mango, in streichholzlange feine Streifen geschnitten
- 30 g Karotten, in feine Streifen geschnitten
- 30 g Zwiebel, fein gehackt
- 4–5 kleine frische Chilis (rot oder grün), fein gehackt
- 2 EL Fischsauce
- 1–2 EL Limettensaft (optional – es hängt von der Säure der Mango ab, ob der Saft gebraucht wird)
- 1 TL Zucker
- 1 EL Koriandergrün, grob gehackt

FÜR DIE GARNITUR:

- Minzblätter

Yoam ist das kambodschanische Äquivalent des thailändischen *yam*, des würzigen Salates, den man gerne zum Aperitif serviert. Räucherfisch wird dazu besonders gerne in Nordkambodscha, in der Nähe von Angkor Wat, verwendet.

ZUBEREITUNG

Eine Servierplatte mit den Salatblättern belegen und beiseite stellen.

Das Öl erhitzen und den Räucherfisch darin knusprig ausbacken. Herausnehmen und in eine Rührschüssel geben. Alle anderen Zutaten hinzufügen und gut durchrühren. Auf den Salatblättern anrichten, mit den Minzblättern garnieren und servieren.

TIK PRAHOK

FISCHDIP

- 1–2 EL pikante Fischbrühe (Rezept siehe rechts)
- 2 EL Limettensaft
- 1 TL Zucker
- 2–4 kleine frische Chilis (rot oder grün), fein gehackt
- 2,5 cm Zitronengras aus dem zarten Inneren des Stengels, fein gehackt
- 1 TL Koriandergrün, sehr fein gehackt

Dies ist die zweite der typischen kambodschanischen Würzsaucen, die jedoch seltener verwendet wird als die bei jedem Essen unverzichtbare *tik marij*.

Für die pikante Fischbrühe ein solides Stück eingelegten Fisch mit Flüssigkeit aus dem Glas entnehmen (siehe Seite 14). Sämtliche Gräten entfernen, den Fisch zerkleinern und in der Flüssigkeit zerdrücken. Vorsichtig zum Kochen bringen und eine Weile sanft köcheln lassen. Abkühlen lassen und eventuell etwas nachsalzen.

ZUBEREITUNG

Sämtliche Zutaten in einer Rührschüssel kräftig durchrühren. In eine große oder in mehrere kleinere Schüsseln füllen.

TROP BAMPORNG JIAMUAY PONG TIA

AUBERGINENOMELETT

- 2 große Enteneier oder 4 mittelgroße Hühnereier
- 1 große dunkelviolette Aubergine, in dünne Scheiben geschnitten
- 3 EL Öl
- 1 EL Fischsauce (für Vegetarier ersatzweise Sojasauce)
- 1 Prise schwarzer Pfeffer
- ½ TL Zucker
- 2 mittelgroße Frühlingszwiebeln, fein gehackt

ZUBEREITUNG

Die Hälfte der Eier in eine Rührschüssel schlagen und verquirlen. Die Auberginenscheiben durch das Ei ziehen.

2 Esslöffel Öl im Wok oder in einer tiefen Bratpfanne erhitzen und die Auberginenstreifen darin goldbraun und knusprig braten. Aus dem Öl nehmen und beiseite stellen.

Das übrige Öl in den Wok geben, erhitzen und das restliche Ei hineinschlagen. Sobald das Ei zu stocken beginnt, die Fischsauce, den Pfeffer und den Zucker unterrühren.

Rasch die Auberginenscheiben und die Frühlingszwiebeln hinzufügen und mit dem Rührei bedecken. Zu einem dicken Omelett backen. Sobald die Unterseite gebräunt ist, den Eierkuchen wenden.

Auf einem Teller anrichten und servieren.

OP JUMNEE JRUK BAMPORNG

SÜSSSAURE SPARERIBS

- 250 g Rippchen vom Jungschwein, in einzelne Rippenstückchen geteilt
- Salz und Pfeffer
- 4 EL Öl
- 125 g frische Ananas, in kleinen Stücken
- 2 mittelgroße Tomaten, in Scheiben geschnitten
- 2 große Frühlingszwiebeln, grob gehackt
- 2 EL Fischsauce
- 1 EL Limettensaft
- 2 TL Zucker
- 2 EL Hühnerbrühe oder Wasser
- 1 Prise schwarzer Pfeffer

FÜR DIE GARNITUR:

- Koriandergrün

ZUBEREITUNG

Die Rippchen salzen und pfeffern. Das Öl im Wok oder in einer tiefen Pfanne erhitzen und die Rippchen darin goldbraun braten. Herausnehmen und beiseite stellen.

Die Ananas, die Tomaten und die Frühlingszwiebeln in das heiße Fett geben, kurz umrühren, dann alle weiteren Zutaten zugeben. Erneut umrühren und über die Rippchen geben.

Mit Koriandergrün garniert servieren.

SAJ GO TIK PRAHOK

RINDFLEISCH-GEMÜSE-ROHKOST MIT FISCHDIP

- *Tik prahok* (siehe Seite 94)
- Eine Auswahl Gemüserohkost, etwa Spargelbohnen, kleine grüne Auberginen, Weißkohl, Gemüsebananen
- 250 g gut abgehangenes Rindersteak
- Schweineschmalz

Dies ist ein Gericht, das ich im Restaurant *Hang Neak* am Ufer des Mekong während einer Hochzeitsfeier aß. Die Kambodschaner benutzen zur Zubereitung ein spezielles Gerät, vergleichbar einem umgedrehten Metallsieb, auf dem das Rindfleisch bei hoher Hitze über Glut gegrillt wird. Es funktioniert aber auch mit einer schweren gusseisernen Grillpfanne.

ZUBEREITUNG

Zunächst eine Schüssel das *tik prahok* vorbereiten (siehe Seite 94).

Die Gemüse waschen und vorbereiten: Die Spargelbohnen blanchieren und in Stücke schneiden, die ebenfalls kurz in kochendem Wasser gegarten Auberginen vierteln, den Weißkohl in einzelne Blätter zerteilen und fein schneiden, die Bananen schälen und in Würfel schneiden usw. Auf einer Servierplatte anrichten und beiseite stellen.

Das Fleisch in dünne Streifen schneiden. Die Grillpfanne vorheizen, etwas Schmalz darin verstreichen. Wenn das Fett zu spritzen anfängt, die Rindfleischstreifen hineingeben und unter einmaligem Wenden rösten.
Das gare Fleisch in das *tik prahok* tauchen und zu dem rohen Gemüse essen.

Alternativ kann das Steak auch im Ganzen auf beiden Seiten bei großer Hitze sehr kross gebraten werden. Anschließend in dünne Streifen schneiden und servieren.

PLEA SAJ GO

SAUERSCHARFER RINDERSALAT

- Einige große Salatblätter, gewaschen und trockengeschleudert
- 250 g gut abgehangenes Rindersteak
- 2 EL Fischsauce
- 2 EL Limettensaft
- 1 TL Zucker
- 1 Zwiebel, halbiert und in Scheiben geschnitten
- 4–5 kleine frische Chilis (rot oder grün), fein gehackt
- 20 Chiliblätter (alternativ können Minzblätter verwendet werden)

ZUBEREITUNG

Eine Servierplatte mit den Salatblättern belegen und beiseite stellen.

Das Steak bis zum gewünschten Gargrad grillen – in Kambdoscha würde man es höchstens rosa grillen. Den Fleischsaft in einer Schale auffangen. Das Steak schnell in sehr dünne Streifen schneiden, auch dabei den austretenden Fleischsaft zurückbehalten.

Das Steak mit dem Fleischsaft in eine Schüssel geben. Die Fischsauce und den Limettensaft hinzufügen und gut umrühren. Nacheinander die weiteren Zutaten hinzugeben, dabei jedesmal gut umrühren.

Zuletzt die Chili- oder Minzblätter unterheben, auf dem Salatbett arrangieren und rasch servieren.

SAMLOR TIK TUMPEANG

FISCHSUPPE MIT KOKOSNUSS UND JUNGEN BAMBUSSPROSSEN

- 1 TL ganze weiße Pfefferkörner
- 5 kleine Schalotten, grob gehackt
- 450 ml Kokosnussmilch
- Etwas Tamarinde, in 1 Teelöffel Wasser aufgelöst (siehe Seite 17) oder 1 EL Limettensaft
- 1 EL Fischsauce
- 1 TL Zucker
- 125 g frische junge Bambussprossen, 20 Minuten gekocht, oder rohen grünen Spargel, in 5 cm lange Stücke geschnitten
- 2 kleine Fische (größere Sardinen oder kleine Heringe), ausgenommen, gewaschen, die Flossen gestutzt, halbiert
- 250 ml Gemüsebrühe (siehe Seite 14)

Trotz der Bezeichnung *samlor*, was eigentlich Suppe bedeutet, ist dies (wie auch *samlor chanang dy* auf Seite 93) eigentlich keine Suppe, sondern eher ein sehr flüssiges Hauptgericht. Im Grunde ist es ein echtes Curry und sollte daher mit Reis gegessen werden.

Im Idealfall wird es mit frischen jungen Bambussprossen zubereitet. Da diese aber kaum je in Europa zu finden sind und die Bambussprossen aus der Dose meistens von alten Pflanzen stammen, kommt das Gericht bei Verwendung von grünem Spargel dem Original wesentlich näher.

ZUBEREITUNG

Im Mörser die Pfefferkörner zerstoßen, die Schalotten dazugeben und zu einer Paste zerdrücken. Beiseite stellen.

In einer schweren, tiefen Pfanne die Kokosnussmilch erhitzen, die Pfeffer-Schalotten-Paste hinzufügen und eine Minute köcheln lassen. Das Tamarindenwasser oder den Limettensaft sowie die Fischsauce und den Zucker hinzufügen und umrühren.

Die Bambussprossen oder den Spargel hinzufügen und kurz köcheln lassen. Die Fischstücke und die Brühe zugeben, aufkochen lassen, dann die Hitze reduzieren und die Suppe so vorsichtig weiterköcheln lassen, dass der Fisch nicht zerfällt.

Wenn der Fisch gar ist, das Gericht in einer Schüssel servieren.

TREY PRAMAR JAMHOY

OMELETT MIT SCHWEINEFLEISCH UND EINGELEGTEM FISCH

- 2 Enteneier oder 3 große Hühnereier
- 50 g Schweinehack
- 1 TL Flüssigkeit von eingelegtem Fisch (siehe Seite 14)
- 2 EL Öl

Für die Rohkostbeilage:

- 1 kleine Zwiebel, in Ringe geschnitten
- 7,5 cm Gurke, in feine Scheiben geschnitten
- 1 Tomate, in Scheiben geschnitten
- 2 Stengel Basilikum (Ocimum sanctum, siehe Seite 16)

ZUBEREITUNG

Zunächst die Rohkostbeilage zubereiten: Das Basilikum bis auf einige Blätter fein schneiden. Die Zutaten in einer Schüssel mischen, in eine Servierschale geben und mit den Basilikumblättern garnieren. Beiseite stellen.

Die Eier in eine Schüssel schlagen. Das Schweinehack und die Fischflüssigkeit hinzufügen und gut verrühren.

In einer Pfanne das Öl stark erhitzen. Die Ei-Fleisch-Mischung hineingeben und stocken lassen. Wenn die Unterseite gebräunt ist, wenden und die andere Seite bräunen lassen.

Das Omelett mit der Rohkost servieren.

AAMOH

GEDÄMPFTES FISCHCURRY

- 1 EL Currypaste, wie sie auch für *muan char kreung* (siehe Seite 103) verwendet wird
- 250 g Fisch (etwa eine mittelgroße Regenbogenforelle), ausgenommen, gewaschen, die Flossen gestutzt
- 1 EL Fischsauce
- 1 TL Zucker
- 1 großes Ei
- 3 EL Kokosnusscreme
- Salz und Pfeffer
- 4 Kaffirblätter (siehe Seite 16), längs aufgerollt und in feine Streifen geschnitten

Dies ist die kambodschanische Version eines gedämpften Currys, wie man es in ganz Südostasien findet. In Thailand heißt dieses Gericht beispielsweise *haw muk*. Im Idealfall wird *aamoh* in einer frischen, grünen Kokosnuss serviert, so dass deren weiches, süßliches Fruchtfleisch herausgekratzt und mit dem Curry gegessen werden kann. Wenn keine Kokosnuss verfügbar ist, kann das Curry in der zum Dämpfen verwendeten Schüssel serviert werden. Die angegebene Rezeptmenge füllt eine Kokosnuss oder eine mittelgroße Schüssel.

ZUBEREITUNG

Zunächst die Currypaste nach dem Rezept auf Seite 103 zubereiten.

Den Fisch filetieren und in 2,5 cm breite Streifen schneiden.
Die Fischstücke in eine mittelgroße Schüssel legen und die restlichen Zutaten dazugeben. Zu einer weichen Paste kneten.

Die Schüssel in den Dämpfeinsatz eines Dampfgargeräts stellen und dämpfen, bis der Fisch gar ist. Das dauert etwa 10 Minuten.

Zum Servieren das Curry entweder in der Schüssel belassen oder in eine junge, grüne Kokosnuss füllen.

LOCLAC

GEBRATENES SCHWEINEFLEISCH MIT SALAT UND *TIK MARIJ*

- *Tik marij* (siehe Seite 91)
- Eine Auswahl an Salatgemüsen der Saison, etwa Kopfsalat, Tomaten, Zwiebeln
- 250 g Schweinefilet, in 2,5 cm breite Streifen geschnitten
- Salz und Pfeffer
- 2 EL Öl

Dies ist ein sehr einfaches Gericht, das in Kombination mit dem Würzdip *tik marij* zu einem authentischen Genuss aus der kambodschanischen Küche wird. Loclac kann als Snack oder Partygericht serviert werden, auch als Gericht innerhalb eines asiatischen Menüs, man kann es als Appetithappen einsetzen oder, wie in Thailand üblich, zum Aperitif servieren.

ZUBEREITUNG

Zunächst den Würzdip *tik marij* (siehe Seite 91) zubereiten. Die Salatgemüse mundgerecht zerteilen und auf einer Platte anrichten. In einer Schüssel die Fleischstreifen mit Salz und Pfeffer würzen.

Im Wok oder in einer tiefen Bratpfanne das Öl erhitzen und das Fleisch darin unter Rühren scharf anbraten, bis es von allen Seiten angeröstet und gar ist. Auf dem Salat anrichten und mit dem *tik marij* servieren.

MUAN CHAR KREUNG

GEBRATENES HUHN MIT CURRYSAUCE

- 2 EL Öl
- 250 g ausgelöste Hühnerbrust, enthäutet und in dünne Streifen geschnitten
- 1 EL Currypaste (siehe unten)
- 2 EL Fischsauce
- 1 TL Zucker
- 1 EL gemahlene geröstete Erdnüsse
- 1 mittelgroße Gemüsepaprika, in feine Streifen geschnitten

FÜR DIE CURRYPASTE:

- 2,5 cm Galgant, geschält und fein gehackt
- 1 EL fein gehacktes Zitronengras
- 1 TL abgeriebene Limettenschale
- 5 große getrocknete rote Chilis, 30 Minuten in Wasser eingeweicht, aufgeschlitzt, die Samen entfernt und fein gehackt
- 1 TL Salz

Dies ist ein weiteres Rezept aus dem Restaurant *Samapheap* in der Nähe von Angkor Wat. Die Currypaste für dieses Rezept findet auch bei *aamoh* (siehe Seite 101) Verwendung, so dass es sich anbietet, die doppelte Menge zuzubereiten. Die Paste hält sich im Kühlschrank mindestens eine Woche.

ZUBEREITUNG

Zunächst für die Currypaste sämtliche Zutaten im Mörser zerstoßen. Beiseite stellen.

Im Wok oder in einer tiefen Bratpfanne das Öl erhitzen. Das Hühnerfleisch hineingeben, umrühren und die Currypaste dazugeben. Gut rühren, dabei nacheinander die weiteren Zutaten zufügen.

Zuletzt die Paprikastreifen hineingeben, die nur eben noch einmal im Öl gewendet werden sollten, bevor das Gericht in einer Schüssel angerichtet wird.

MUAN CHAR KHYEY

HUHN MIT INGWER

- 2 EL Öl
- 250 g ausgelöste Hühnerbrust, enthäutet und in dünne Streifen geschnitten
- 2 EL Austernsauce
- 5 cm Ingwerwurzel, geschält und in streichholzlange feine Streifen geschnitten
- 1 TL Zucker
- 3 mittelgroße Frühlingszwiebeln, in 2,5 cm lange Stücke geschnitten
- 1 Prise gemahlener schwarzer Pfeffer
- 2–3 EL Hühnerbrühe (siehe Seite 14) oder Wasser

ZUBEREITUNG

Im Wok oder in einer tiefen Bratpfanne das Öl erhitzen und das Hühnerfleisch darin unter Wenden kurz anbraten, dabei die Austernsauce zugeben.

Die anderen Zutaten mit Ausnahme der Brühe unter ständigem Rühren hineingeben. Sobald die Mischung zu trocken wird, etwas Brühe zufügen und weiterrühren.

Sobald das Hühnerfleisch gar ist, vom Herd nehmen und servieren.

BAI DAMNERB GRUOP KHANO

GEGRILLTER KLEBREIS MIT KOKOSNUSS UND JACKFRUCHT

- 1 Bananenblatt, ersatzweise Alufolie
- 250 g gekochter Klebreis, vorzugsweise noch warm (entspricht etwa 75 g ungegartem Reis)
- 250 ml Kokosnussmilch
- 2 EL Zucker
- ½ TL Salz
- 60 g Kokosnussfleisch
- 125 g Jackfrucht, grob in Stücke gehackt
- Zahnstocher

Dieses delikate Dessert stammt aus Koki Beach nahe Phnom Penh. Es wird in einem Bananenblatt gegrillt. Mittlerweile kann man diese auch hierzulande kaufen, allerdings meist nur in größeren Mengen. Es lohnt sich deshalb, auch andere Rezepte in diesem Buch auszuprobieren, die Bananenblätter erfordern. Schwieriger wird es mit frischer Jackfrucht sein, hier muss wohl Dosenware verwendet werden.

ZUBEREITUNG

Zunächst das Bananenblatt entlang der Mittelnaht halbieren. Den festen Stengel herausschneiden, eine Hälfte des Blattes zurückbehalten und die zweite Hälfte in acht Streifen von etwa 10 cm Breite schneiden. Oder Alufolie in entsprechender Größe zuschneiden. Beiseite stellen.

In einer großen Schüssel den Klebreis mit der Kokosnussmilch, dem Zucker und dem Salz mischen. Abkühlen und ausquellen lassen. Das dauert etwa 30 Minuten. Dann die Reismischung zu acht Kugeln formen und jede Kugel auf einen Bananenblattstreifen setzen. Die Jackfrucht und das Kokosnussfleisch darauf verteilen und das Bananenblatt zu einem Päckchen formen. Mit einem Zahnstocher zustecken.

Einen Grill auf kleiner Stufe vorheizen. Die Päckchen darunter setzen und unter gelegentlichem Wenden solange grillen, bis sich das Blatt schwarz verfärbt. Herausnehmen und den Reis im geöffneten Blatt entweder warm oder abgekühlt servieren.

MEE CHAR

VEGETARISCHE EIERNUDELN

- 2 EL Öl
- 2 kleine Knoblauchzehen, fein gehackt
- 1–2 kleine getrocknete rote Chilis, grob gehackt
- 85 g oder 1 Nest Eiernudeln (siehe Seite 11), getrocknete Nudeln vorher eingeweicht
- 1 EL dunkle Sojasauce
- 1 EL helle Sojasauce
- ½ TL Zucker
- 60 g Sojabohnenkeimlinge
- 60 g Brokkoli, in kleine Röschen zerteilt
- 60 g Karotten, in streichholzlange feine Streifen geschnitten

FÜR DIE GARNITUR:

- Koriandergrün

Auch Laktovegetarier können dieses Rezept zubereiten, denn heutzutage stammt die gelbe Farbe der Eiernudeln nicht mehr von Eigelb, sondern von Speisefarbe. Selbstverständlich können die Eiernudeln auch durch andere Nudeln ersetzt werden.

ZUBEREITUNG

Im Wok oder in einer tiefen Bratpfanne das Öl erhitzen und den Knoblauch darin goldbraun braten. Die Chilis hinzufügen und gut umrühren. Nacheinander die weiteren Zutaten unter ständigem Rühren hinzufügen.

Nochmals umrühren, das Gericht aus der Pfanne nehmen und mit dem grob geschnittenen Koriandergrün garnieren.

Vietnam

Eine Million Fahrräder

Schon vor der Landung in Hanoi kann man aus der Luft sehen, wie stark sich Vietnam vom Rest Südostasiens unterscheidet – weniger an den Reisfeldern und Bewässerungskanälen, die aussehen wie überall in der Region, als vielmehr am Baustil der Häuser, der eindeutig chinesisch ist. Ein erstes Anzeichen für den prägenden Einfluss von Vietnams mächtigem Nachbarn im Norden. Obwohl die beiden Länder oft Krieg gegeneinander geführt haben, gab es zwischen China und Vietnam einen stetigen engen Kontakt, der sich auf dem gemeinsamen kommunistischen Weg noch vertieft hat. Unser Bild von Vietnam ist geprägt von seiner jüngeren Vergangenheit, insbesondere dem Krieg gegen die USA. Deshalb wollte ich vor allem auch den Norden des Landes besuchen, den man erst seit etwa 1991 bereisen kann.

Mönche reparieren Ihr Tempeldach

Bei meiner Ankunft am Flughafen war ich mir nicht sicher, ob hier wirklich so viele Soldaten waren oder ob ich mir das nur einbildete. Jeder schien Uniform zu tragen und überall leuchtete der gelbe Stern auf rotem Grund, auf Flaggen, Uniformjacken und Plakaten. Das kam mir auf eine seltsame Art bekannt vor – aus Kriegsfilmen wie *The Deer Hunter*, *Apocalypse Now* oder *Good Morning Vietnam* … Niemand kann dieses Land ganz unvoreingenommen besuchen, jeder hat irgendwie Anteil genommen an seiner schrecklichen Geschichte.

Man hatte mich vor der Bürokratie am Flughafen gewarnt – vor den Formularen und dem Risiko, eine Geldstrafe zahlen zu müssen, besonders wenn man ohne die korrekten Einreisestempel wieder ausreisen wollte. Doch inzwischen war die Prozedur wohl vereinfacht worden, ich wurde einfach durchgewinkt. Trotzdem fürchtete ich während meines gesamten Aufenthalts, ich könnte irgendetwas falsch gemacht haben und später zur Kasse gebeten werden.

Solche Sorgen sind nicht ganz unberechtigt. Schließlich gibt es immer noch Spannungen im Land: althergebrachte wie etwa die Rivalität zwischen dem Norden und dem Süden, aber auch neue, zwischen Anhängern und Gegnern einer Öffnung hin zum modernen Asien.

Das Hotel hatte einen Wagen geschickt, der noch klappriger war als die Oldtimer in Vientiane. Entsprechend holprig war die lange Fahrt in die Hauptstadt, doch wenigstens gab es links und rechts der Straße Reisfarmen und chinesische Häuser zu sehen, was mich etwas ablenkte. Ich sah zwei Gestalten mit den typischen Strohhüten, die mit einem geflochtenen Korb an zwei Seilen Wasser von einem Graben in den anderen schöpften. Mit welch einfachen Mitteln auch immer hier Landwirtschaft betrieben wurde – Vietnam war damals auf dem besten Wege, wieder zum Exportland für Reis und Kaffee zu werden. Ein Ziel, das dank der harten Arbeit dieser zähen Menschen inzwischen erreicht ist. Der Hauptfehler der Kommunisten war es gewesen, in das System der Warenverteilung einzugreifen. Die Produkte erreichten ihre Märkte nicht und so hatte es erst vor einem Jahrzehnt noch eine Hungersnot gegeben. Zum Glück war diese Zeit vorbei und ich konnte mich darauf freuen zu sehen, wie weit sich die Versorgung mit Nahrungsmitteln bereits wieder normalisiert hatte – immerhin ein Schlüsselfaktor für das Studium einer jeden Nationalküche.

Das satte Smaragdgrün der Reisfelder hing offensichtlich mit dem vielen Regen zusammen. Vor dem notorisch schlechten Wetter im Hochland von Nordvietnam war ich gewarnt und war deshalb auch zu Beginn der trockenen Jahreszeit angereist. Vergeblich, wie sich herausstellte – Hanoi war in eine dünne nasskalte Nebeldecke gehüllt, die sich während meines gesamten Aufenthalts nicht auflösen wollte. Das Wetter machte sich überall bemerkbar. Mein Hotel war feucht und unbeheizt – und zudem nicht gerade sehr sauber. Wenigstens waren es nur ein paar Schritte zum *Old Quarter*, einem Gewirr enger Altstadtgässchen, die in mittelalterlicher Manier nach den Waren benannt sind, mit denen dort gehandelt wird: Reisstraße, Fischstraße und so weiter. Die industriellen Produkte sahen auffällig billig aus und waren grellbunt, was ihre Herkunft aus kommunistischen Bruderländern verriet – von großen Thermosflaschen aus Aluminium bis hin zu knallroten Plastikschuhen.

Die Leute schienen mehr auf der Straße als in den Häusern zu leben. Sie wuschen am Straßenrand ihre Wäsche und erweiterten ihre Wohnzimmer auf die Bürgersteige hinaus – ein Zeichen notorischer Enge und fehlender Einrichtungen in den Städten. Hier gibt es sogar Friseur- und Massagesalons unter freiem Himmel. Oder auch Steinmetzen, die Inschriften in Grabsteine meißeln

Die Statue von Kaiser Khai Dinh in seiner Grabanlage bei Hué

und sie ganz nach Wunsch der Familie mit Bildern verzieren: Was darf's denn sein? Vielleicht Jesus, irgendein westlicher Popstar oder gar Ho Chi Minh?

Ich betrat einen winzigen chinesischen Tempel an der Straße. Ein mit Pflanzen geschmückter Vorraum führte in einen halbdunklen Innenraum mit einer Nische mit drei chinesischen Gottheiten und einem Altar, auf dem eine Statuette der Göttin der Gnade stand. Sie ist eine mächtige Figur im chinesischen Pantheon und wird von vielen Buddhisten in ganz Asien verehrt. Nachdem ich ein Räucherstäbchen angezündet hatte, folgte die Belohnung auf dem Fuße: Als ich den Tempel wieder verließ, sah ich auf der gegenüberliegenden Straßenseite eine Frau, die neben einem Holzkohlengrill kniete und in einem Wok Bananen frittierte. Überall in der Region gibt es diese von einem Teig aus Reismehl und Kokosnussmilch umhüllten, ausgebackenen Bananenstückchen. Hier jedoch entdeckte ich eine interessante Variation: Die Frau kombinierte die frittierten Bananen mit Süßkartoffeln im Ausbackteig – ich kaufte eine Portion in einer Tüte aus Zeitungspapier und war glücklich, einen ersten Schritt in die Welt der vietnamesischen Küche gemacht zu haben.

Knackige Gemüse – hier chinesisch, dort laotisch

Freunde hatten mich darauf vorbereitet, dass meine Reise nach Vietnam wohl nicht zu den großen kulinarischen Erfahrungen meines Lebens zählen würde. Und Restaurantführer klärten mich darüber auf, dass zwar ein paar Nudelküchen und andere Fastfoodlokale überlebt hatten, jedoch in der Nachkriegszeit viele Restaurants im Norden geschlossen worden waren. Wenn ich in anderen Ländern auf vietnamesische Spezialitäten gestoßen war, hatte ich mich immer gefragt, wie authentisch sie wohl sein mochten. In Frankreich zum Beispiel gibt es viele vietnamesische Restaurants, die jedoch anscheinend hauptsächlich von Vietnamchinesen geführt werden – Emigranten aus China, die sich in der Kolonialzeit in Vietnam niederließen, bevor sie in andere französische Kolonien oder nach Frankreich selbst weiterzogen. Viele von ihnen eröffneten Restaurants, in denen sie die bei den Familien der Kolonialbeamten beliebte Mischung aus vietnamesischer und chinesischer Küche anbieten.

Dieser Küchenstil beinhaltet zwar original vietnamesische Elemente, ist im Grunde aber chinesisch. Alles wird im Wok zubereitet und es gibt eine Tendenz hin zu recht dicken Saucen. Im Gegensatz dazu präsentiert sich die Küche der späteren Flüchtlinge, die durch Laos über den Mekong nach Thailand kamen, wesentlich frischer – mit Rohkostsalaten, rohen Gemüsen und leichten, kurz gebratenen oder über Holzkohle gegrillten Gerichten, wie man sie in ganz Südostasien kennt. Auf diese Art hatte ich schon wunderbar gegessen, etwa in Restaurants in Nordostthailand, in Nong Khai und Udon. Einige dieser Gerichte waren zwar von den Geschmackspräferenzen der thailändischen Gäste beeinflusst – dennoch hatten sich die Köche ihr Gespür für die Ausgewogenheit zwischen gegarten Gerichten und Rohkostbeilagen erhalten, was im Ergebnis sehr authentisch wirkte.

Diese Küchentradition hat natürlich mit der Geschichte des Landes zu tun: Ursprünglich wurde der schmale Küstenstreifen des heutigen Vietnam unter anderem vom Volksstamm der Cham besiedelt. Dieser wurde von den Vorfahren der heutigen Vietnamesen verdrängt, die ihrerseits immer wieder unter den starken Einfluss chinesischer Invasoren gerieten, die die Kontrolle über das strategisch wichtige Delta des Roten Flusses erlangen wollten, an dem heute Hanoi liegt. Vom Kulinarischen her betrachtet war das Ergebnis eine Nord-Süd-Teilung Vietnams. Die Küche im Norden ist chinesisch mit deutlichen Einflüssen aus dem benachbarten Laos, etwa der Verwendung von Galgant und dem Garen vieler Speisen auf dem Holzkohlengrill. Im Gegensatz dazu zeigt die Küche des Südens kambodschanische Einflüsse – Chilischoten und Garnelenpaste verleihen ihr Aromen, die man eher in anderen südostasiatischen Ländern wiederfindet als in Nordvietnam.

In Stein gemeißelte Mandarine halten Wache am Eingang zur Grabstätte von Khai Dinh

Gemeinsam ist den vietnamesischen Speisen, im Norden wie im Süden, ihr ‚Biss' – erreicht durch die Verwendung von gerade bissfest gekochten Gemüsen, etwa Sojabohnenkeimlinge, Bambussprossen, Weißkohl oder Karotten, in Kombination mit Rohkost, Nüssen und frischen, ungegarten Kräutern – ein weiteres nicht chinesisches Element – was dem jeweiligen Gericht etwas Knackiges verleiht. Und es gibt zwei weitere geschmackliche Charakteristika: Nirgends sonst in Südostasien wird so wenig Zucker und so viel Minze verwendet. Es gibt eine spezielle vietnamesische Minze (Polygonum odoratum, siehe Seite 16), die im Geschmack einen Hauch Koriander mitbringt und – grundsätzlich ungekocht, sonst wäre sie zu dominant – in zahlreichen Gerichten zum Einsatz kommt.

Den Grundgeschmack der vietnamesischen Küche kann man sich am ehesten vorstellen als eine Verbindung der dezent salzigen Ausdruckskraft der chinesischen Küche mit den Fisch- und Zitrusaromen der Spezialitäten aus Thailand, Laos und Kambodscha. Zwei der typischsten vietnamesischen Gerichte unterstreichen dies: die klassische *nem*, eine nicht frittierte Frühlingsrolle mit frischem Salat und Minzblättern, die der laotischen Art zu kochen nahe kommt, und das klassisch vietnamesische Nudelgericht *pho*, das eindeutig chinesischen Ursprungs ist.

Es waren letztendlich die französischen Kolonialherren, die die vietnamesischen Köche bestärkten, die chinesischen Elemente in ihrer Küche mehr zu betonen – während sie gleichzeitig das Baguette einführten und die Herstellung von Pasteten und Würsten initiierten.

Zwischen heute und dreimal gestern

Wenn man das *Old Quarter* verlässt und in den Teil der Stadt kommt, der früher für die höheren französischen Beamten und Geschäftsleute reserviert war, wird die koloniale Vergangenheit wieder lebendig. Die Herrenhäuser übertreffen alles, was man an Derartigem in Vientiane oder Phnom Penh sehen kann: imposante, mediterran anmutende Villen mit großen Gärten davor, an breiten, von Bäumen gesäumten Boulevards gelegen. Diese Prachtstraßen gehen strahlenförmig von den Parkanlagen aus, in deren Mitte die riesige Residenz des früheren Gouverneurs liegt. Heute dient sie als Präsidentenpalast und wirkt immer noch wie ein überreich verziertes Grandhotel aus dem Fin de Siècle – Relikt des französischen Traums von einem mächtigen indochinesischen Reich als Gegenpart zum britischen Indien. Als ob er seine Verachtung für solche Ambitionen zum Ausdruck bringen wollte, weigerte sich Ho Chi Minh, Führer des vietnamesischen Unabhängigkeitskampfes, in diesen Palast einzuziehen und zog es vor, in einem schlichten Holzhaus in der Nähe zu leben. Eine Bescheidenheit, die er nach seinem Tod im Jahre 1969 nicht behalten durfte – heute ist sein einbalsamierter Leichnam in einem riesigen Mausoleum aufgebahrt.

Im nahe gelegenen Armeemuseum findet man Waffen, Flugzeuge und Panzer aus verschiedenen Kriegen, unter denen das Land zu leiden hatte, erst gegen die Franzosen, später gegen die Amerikaner. In einem Museumssaal ist das Modell des Tals bei Dien Bien Phu aufgebaut, wo 1954 die französische Armee geschlagen wurde. Scheinwerfer beleuchten die Schlachtfelder, während auf Leinwänden alte Filmdokumentationen der Geschehnisse ablaufen. Ich bemerkte, dass alle anderen Besucher französisch sprachen und sich auf diese und jene Szene aufmerksam machten – Veteranen, die nach 40 Jahren noch einmal an diesen Ort schrecklicher Erfahrungen zurückgekehrt waren.

Nachdem ich mir ein paar touristische Sehenswürdigkeiten angeschaut hatte, machte ich mich nach alter Gewohnheit auf den Weg zum Hauptmarkt der Stadt. Dafür benutzte ich eines der berühmten Cyclos – Fahrräder mit Vordersitzen, in denen die Fahrgäste von einem durch nichts zu erschütternden, weder nach links noch nach rechts schauenden Pedaltreter mitten durchs Verkehrsgewühl chauffiert werden. Diese Cyclofahrer strampeln sich meist mit völlig überladenen Fahrzeugen durchs Leben. Da war ein leichter Einzelpassagier wie ich wohl fast eine Erholung.

Wir gelangten bald zum berühmten Markt von Don Xuan. Oder was davon übrig war: Der riesige Hallenkomplex, in dem früher Hunderte von Ständen Platz gefunden und mehr als 3 000 Menschen gearbeitet hatten, war ein Jahr zuvor ausgebrannt. In den umliegenden Straßen waren provisorische Stände errichtet worden, die in dieser Gegend Hanois genau das lärmende anarchische Gewimmel auslösten, das man in einer asiatischen Großstadt erwartet. Dieser neue Markt blieb zwar sicher weit hinter dem grandiosen Spektakel zurück, das der alte geboten haben muss, doch immerhin bekam ich einen Eindruck vom aktuellen Warenangebot. Es bestätigte sich meine Annahme, dass die vietnamesische Küche weit mehr mit südostasiatischen Traditionen zu tun hat als mit der pseudovietnamesischen Küchenlinie, die man im Ausland kennenlernt. Mit den Bergen von Zitronengras, Tamarinde und Kokosnüssen hätte man in einer Küche rein chinesischen Stils wenig anfangen können. Das Angebot von Galgant und vergorenem Fisch, den man in Vietnam *mam nem* nennt, zeigte zudem deutlich laotischen Einfluss.

Ich gab dem Cyclofahrer mit ein paar Brocken Englisch und viel Zeichensprache zu verstehen, dass ich nun in einem Restaurant gerne etwas von diesen Dingen gekostet hätte. Er brachte mich schließlich zu einem Platz mit einer Reihe von Nudelküchen. Vor jedem dieser Läden stand ein Herd, auf dem ein Koch seine Zutaten entweder in einen Topf mit kochendem Wasser tauchte oder sie unter Rühren im Wok briet. Ich suchte mir den größten und betriebsamsten Stand aus und setzte mich auf einen Hocker an einen niedrigen Tisch – ein unbequemer Kompromiss zwischen Sitzen auf einem Stuhl im westlichen Sinn und dem traditionellen Schneidersitz auf dem Boden. Ich bestellte *pho ga hanh xao*, eine Nudelsuppe mit Hühnerfleisch und Schalotten (siehe Seite 119). Beim Essen fiel mir auf, dass es hier, anders als in den meisten Nudelküchen chinesischer Art, eine Hinterküche gab, in der noch anderes zubereitet wurde. Ich sah sogar Fleisch auf einem Holzkohlengrill, was ganz bestimmt nicht chinesisch ist. Ich wurde neugierig und bestellte zusätzlich *xa suon chao*, frittierte Spareribs mit Chili und Zitronengras – etwas ebenso Südostasiatisches wie der dazu gereichte Dip, der dem kambodschanischen *tik marij* ähnelte.

Stadt der Dynastien

Am nächsten Tag fuhr ich weiter nach Süden, in die frühere Hauptstadt Hué, die etwa auf halber Strecke zwischen Hanoi und

Fischverkäuferinnen in Hoi An

Ein Maskenladen in Hanoi

Ho-Chi-Minh-Stadt, dem früheren Saigon, liegt. Hier befindet sich der Großteil der nationalen Kunstschätze. Von Hanoi kommend empfindet man diese alte Stadt als das pure Vergnügen – nicht zuletzt, weil das *Century Riverside Inn* modern, sauber, trocken und gut geführt ist. Wie der Name schon andeutet, liegt das Hotel am Ufer eines Flusses, des Perfume River, kurz vor dem Punkt, an dem er sich für die verbleibenden 16 Kilometer seiner Reise zum Südchinesischen Meer in mehrere Flussarme teilt. An diesem angenehmen Ort im Herzen des Landes wird verständlich, warum die Nguyendynastie, die letzten Kaiser Vietnams, Hué als Hauptstadt gewählt haben. Leider wurden Stadt und Kaiserpalast bombardiert und nacheinander von den Franzosen, dem Vietcong und den Amerikanern besetzt, so dass nur ein Bruchteil des kulturellen Erbes unversehrt geblieben ist.

Das Hotel liegt an dem Flussufer, an dem auch der neue, ‚europäisch' genannte Teil der Stadt erbaut wurde. Auf der anderen Seite liegen die Ruinen der Verbotenen Stadt, dem mit Gräben und Mauern umgebenen Privatbereich der früheren Kaiserfamilie. Sie ist nach dem Vorbild der Verbotenen Stadt in Peking erbaut, mit Gängen zwischen verschiedenen Höfen, mit Privatpavillons für den Kaiser, seine Gemahlin und seine Mutter und mit lediglich einigen wenigen Gebäuden wie der Thronhalle, zu denen ausländische Botschafter Zugang hatten. Die meisten Paläste und Hallen wurden 1968 zerstört, als amerikanische und südvietnamesische Truppen den Vietcong wieder aus der Stadt vertreiben wollten. Heute werden die Gebäude nach und nach mit Hilfe der UNESCO restauriert. Begonnen wurde mit den äußeren Wachgebäuden, so dass man schon wieder etwas von den kostbaren Schnitzereien, den vergoldeten Beschlägen und den Ornamenten aus Jade und Silber sehen kann, die einst hinter den hohen Mauern versteckt lagen, sich aber vor ihren prächtigen chinesischen Vorbildern nie zu verstecken brauchten.

Die letzte Kaiserfamilie kam 1802 an die Macht. Um einen Eindruck von der Regentschaft der Nguyendynastie zu bekommen, muss man zurück über den Fluss und in die Hügel hinter der neuen Stadt fahren, wo sich jeder Kaiser seine eigene, ganz individuelle Grabstätte errichten ließ. Am meisten Beachtung finden jene Grabmäler, die harmonisch in die Landschaft integriert wurden, mit schmalen Fußwegen, die von Terrasse zu Terrasse, an kleinen Seen vorbei zu Pagoden führen. Mir dagegen gefällt die von den Fachleuten sehr gering geschätzte, eher bizarre Betonkonstruktion für Kaiser Khai Dinh, der von 1916 bis 1925 regierte, sich jedoch einen Großteil dieser Zeit in Frankreich vergnügte. Das Hauptgebäude seines Begräbniskomplexes sieht denn auch eher aus wie ein Casino in Nizza oder Monte Carlo – doch das seltsame Äußere ist noch gar nichts gegen die Überraschung, die den Besucher drinnen erwartet: Man steht in völliger Dunkelheit, bis jemand einen Schalter betätigt und unvermittelt eine überlebensgroße vergoldete Bronzestatue von Khai Dinh angestrahlt wird. Er sitzt auf seinem Thron, den Blick starr in die Ferne gerichtet – vielleicht auf sein Lieblingsrestaurant in Cannes.

In Hué konnte ich Kultur und kulinarische Genüsse gut miteinander verbinden, da es von der Verbotenen Stadt mit dem Cyclo nur eine kurze Fahrt am Flussufer entlang bis zu einem der größten Märkte des Landes war. Der offensichtliche Überfluss an allen in Südostasien gängigen Produkten war ein Zeichen für das Neuaufleben des privaten Unternehmertums. Sogar Enten und Schweine, früher Mangelware, sah man nun überall und man erzählte mir, die Nachfrage nach solchen Delikatessen sei geradezu unstillbar. Auch die zahlreichen Lastwagen auf den Hauptstraßen waren ein Beleg dafür, dass die privatwirtschaftliche Distribution wieder funktionierte.

Es gibt zwei weitere Besonderheiten auf jedem vietnamesischen Markt: zunächst die großen Schnecken, die überall eimerweise angeboten werden. Auf Speisekarten habe ich sie zwar nie entdeckt, sie sollen aber sehr beliebt sein, vor allem gefüllt, mit Schweinefleisch und Kräutern gekocht. Sie sind etwa so groß wie ein Tennisball und damit zweifelsohne eine brauchbare Nahrungsquelle. Weniger glücklich war ich mit dem zweiten bemerkenswerten Produkt – Hundefleisch. Ich hatte schon im chinesischen Kanton Hunde angeboten gesehen, die jedoch lebten und in Käfigen auf einen Käufer warteten. Das ist schlimm genug, aber noch gar nichts im Vergleich zu vietnamesischen Märkten, wo man an Metzgerständen Hundeköpfe, Hundesteaks und sogar Würste aus Hundefleisch zu sehen bekommt. Ich machte auf dem Absatz kehrt.

Zum Glück gab es in meinem Hotel ein exzellentes Restaurant. Das *Riverside Café* hatte sich auf klassische vietnamesische Küche wie auch auf regionale Delikatessen spezialisiert, etwa frittierte Wachteln, gedämpften Fisch mit Gemüsen oder frittierte Krebsscheren in einer Schweinehack-Garnelen-Panade – einige Rezepte habe ich in dieses Buch mit aufgenommen. Die besten kulinarischen Erfahrungen machte ich tatsächlich in Hué. Dies ist zweifellos einem Phänomen zu verdanken, das ich schon in China beobachtet hatte: Neue, westlich orientierte Hotels engagierten dort Topküchenchefs aus Hongkong und Singapur, die dann

Bäuerliche Szene bei Song Can

alte, längst vergessene hochfeine Küchentraditionen wieder belebten. Ähnliches galt für das von Touristen frequentierte Restaurant *An Phu* unweit meines Hotels, in dem vergleichsweise hohe kulinarische Standards gepflegt wurden. Man spricht zwar viel über die negativen Auswirkungen des globalen Tourismus – Speisen und Restaurants jedoch können davon erheblich profitieren, gerade an Orten, wo alte Traditionen ohne den Fremdenverkehr wohl ausgestorben wären.

Auf ein Überbleibsel aus vergangenen Zeiten stieß ich an einem kleinen See, am Zusammenfluss von Perfume River und Nhug. Ein Geräusch hatte mich aufmerksam gemacht: Fischer trommelten auf ihre Boote, um Fischschwärme in die Netze zu treiben. Am Rande dieser Szene entdeckte ich ein kleines Holzhaus – einen Verkaufsstand, in dem eine Frau neben einem Holzkohlengrill hockte und mit viel Geduld aufwendige Pfannkuchen zubereitete. Diese erwiesen sich als das Köstlichste, was ich auf meiner ganzen Vietnamreise zu essen bekam: Reismehlcrêpes, gefüllt mit Schweinefilet, Garnelen und Sojabohnensprossen, mit einer Minz-Dipsauce serviert. Die Umgebung war weit weniger appetitlich – übereinander gestapelte Kanister mit Motoröl ließen darauf schließen, dass ich inmitten einer Autowerkstätte stand. Zumal ich schon an schlimmeren Orten gegessen hatte, tat dies meinem Vergnügen, der Frau beim Kochen zuzusehen und ihre Leckerbissen zu probieren, jedoch keinen Abbruch.

Im Aufbruch

Ich machte mich auf den Weg an die Küste. Es wurde eine schöne Fahrt über die Berge bis zur Hafenstadt Da Nang, wo früher ein berühmtes Erholungszentrum der amerikanischen Streitkräfte gelegen war. Nachdem die Stadt, die wunderschön an der Mündung des Han in die Bucht von Da Nang liegt, erst unter den südvietnamesischen Truppen und anschließend unter den nordvietnamesischen Besatzern schwer gelitten hatte, war sie nun dabei, etwas von ihrem früheren Reiz zurückzuerlangen. Dank des wirtschaftlichen Aufschwungs drängen sich die Ozeanschiffe wieder im Hafen. Es war so viel los, dass das *Marco Polo*, das beste Hotel am Platz, ausgebucht war und ich nach langen Stunden schließlich in einem nagelneuen, gerade eröffneten Hotel landete. Was den Eigentümern des *Modern Hotel* noch an Erfahrung fehlte, machten sie durch Enthusiasmus wett. Immerhin lag das Haus an der Straße, die am Fluss entlang in die Hafengegend führt, und war damit nicht sehr weit von den meisten Sehenswürdigkeiten und Aktivitäten entfernt.

Eine betagte Vietnamesin beim Mittagessen

Es war nur ein kurzer Fußmarsch zum Cho-Han-Markt, einem eher trostlos wirkenden Säulenbau. Die Stände bieten einen guten Überblick über die vietnamesischen Produkte. Zum Glück ist Cho Han ein Gemüsemarkt, so dass ich zumindest keinen Hundemetzger gesehen habe. Am meisten überraschten mich die kleinen Läden in den Nebenstraßen. Sie hatten sich auf – meist vor Ort hergestellte – Küchengeräte spezialisiert. Diese Auswahl an handgeschmiedeten Scheren, Messern und Beilen und die aus Dosenblech improvisierten Holzkohlengrills zeigten trotz ihrer Unvollkommenheit, dass es in Vietnam inzwischen gelungen ist, eine einfache technologische Basis zu schaffen. Viele Lebensmittel waren auch bereits eingedost, abgepackt oder in Flaschen abgefüllt, von der bekannten Fischsauce *nuoc nam*, die weltweit exportiert wird, bis hin zu den kleinen, grellbunt bedruckten Päckchen mit Gewürzen.

Am deutlichsten zeigt sich der Wirtschaftsaufschwung in den Hauptverkehrszeiten, wenn alle Straßen Da Nangs von zahllosen Fahrrädern verstopft sind. Nach Schulschluss stürzen sich dann auch noch Hunderte hübscher Mädchen ins Gewühl, alle in den traditionellen langen, geschlitzten weißen Jacken – ein schöner Anblick. Das Zweitschönste in Da Nang ist das Cham-Museum. Dieses von den Franzosen errichtete Gebäude beherbergt eine fantastische Sammlung von zum Teil indisch inspirierten Skulpturen, die bei Ausgrabungen in der Nähe gefunden wurden. Von diesem Museum abgesehen, hat nur wenig aus der französischen Kolonialzeit überlebt. Der einzige, der mich auf Französisch ansprach, war ein alter Wächter an der katholischen Kathedrale, der mich auf rührende Art und Weise geradezu drängte, die bunten Glasfenster und Heiligenbilder anzusehen – alle ‚made in France'.

An die Zeit der amerikanischen Präsenz wird man am China Beach erinnert, wo sich die Soldaten zwischen ihren Einsätzen erholten. Auf meiner Fahrt dorthin fiel mir ein Gebäude auf, um das rundherum Holzrahmen standen, auf denen Stränge gelber Eiernudeln trockneten. Ich ließ das Taxi anhalten und ging hinein. Es war eine altmodische Nudelfabrik, in der der Teig mit einem riesigen Steinrad geknetet und anschließend durch eine Nudelpresse gedrückt wurde. Eier sah ich allerdings keine – das bestätigte meinen Verdacht, dass die meisten ‚Eiernudeln' in Asien mit Hilfe von Speisefarbe hergestellt werden, was immerhin Laktovegetarier freuen dürfte. Übrigens finden Vegetarier in Da Nang ein breites Angebot. Rund um den Markt von Cho Han gibt

Rushhour in Da Nang

es eine Reihe von rein vegetarischen Garküchen. Wenngleich dort, nach chinesischer Art, fleischlose Gerichte optisch meist wie Fleischspeisen zubereitet und angerichtet werden, etwa ‚Sojahase' oder ‚Hühnchen' aus Pilzen.

Ein Zentrum chinesischer Lebensart

Mein letzter Tag in Vietnam war gleichzeitig der Höhepunkt meines Besuchs: eine Fahrt zur Küstenstadt Hoi An, einem alten chinesischen Handelsstützpunkt, der zweifellos zu den schönsten Orten in ganz Asien gehört. Hier landeten vom 17. Jahrhundert an chinesische Dschunken, später Segelschiffe aus Holland, Portugal und Japan. Nach der Überquerung der Japanischen Brücke kann man die hübsche Hauptstraße hinunterbummeln, vorbei an Teakholzhäusern und üppig verzierten Tempeln und Pagoden, die verschiedene Seefahrerzünfte erbaut und mit Skulpturen und Einrichtungsgegenständen aus ihrer fernen Heimat ausgestattet haben. Am schönsten sind die Häuser selbst, die teilweise aus dem 18. Jahrhundert stammen. Die Salons sind mit Lacktischen und perlmuttverzierten Stühlen möbliert und reich dekoriert mit Ahnenbildnissen, seidenen Wandteppichen und bemalten Bodenvasen. Jeder Salon führt in einen sonnendurchfluteten Innenhof und dahinter zu weiteren Wohnräumen, die schließlich in der Küche enden, hinter der ein kleiner umfriedeter Garten angelegt ist. Das nostalgische Idealbild eines chinesischen Hauses, wie man es in China selbst kaum noch findet.

In Hoi An zeigt sich deutlich die chinesische Seite Vietnams – wodurch sich dieses Land auf subtile Weise von seinen südostasiatischen Nachbarn unterscheidet. Die Küchen dieser chinesisch-vietnamesischen Herrenhäuser sind lebendige Museen der kulinarischen Landesgeschichte. In der übrigen Region wird am Boden auf einem schlichten Holzkohlengrill gekocht. In den Küchen von Hoi An dagegen sieht man hüfthohe gemauerte Herde mit zwei Öffnungen für Wok und Dampfgargerät.

Zurück in Da Nang erlebte ich wieder einmal einen dieser Wechselfälle zwischen Höhen und Tiefen, die ein Land im Umbruch zu charakterisieren scheinen – ich geriet in ein Restaurant, in dem es nichts zu essen gab. Überhaupt nichts! Wenigstens rettete die Küche des *Modern Hotel* den Tag mit einem vietnamesischen Fleisch-Gemüse-Eintopf – auch wenn der Plastiklöffel in der heißen Brühe zu schmelzen begann …

Die Rückreise am nächsten Tag wartete mit einigen der Überraschungen auf, die das Reisen in Vietnam beschwerlich machen können: langes Warten auf den Anschlussflug am Flughafen von Hanoi, wo es außer einem klebrigen Abklatsch französischer Pâtisserie nichts zu essen gab, dann endloses Schlangestehen vor Beamten, die eindeutig noch nicht mit ihren Computerterminals umgehen konnten – immerhin erwiesen sich meine Befürchtungen hinsichtlich falsch abgestempelter Einreisepapiere als unbegründet.

Alles in allem war dies jedoch eine faszinierende Reise – auch wenn man als Individualreisender immer noch viel Zeit damit verbringt, die einfachsten Dinge zu arrangieren. In Südvietnam gibt es nun bereits Hotels, die internationalem Standard entsprechen, mit erstklassigen Restaurants – der Rest des Landes dürfte hier bald aufgeholt haben. Gegenwärtig allerdings ist eine Reise durch Vietnam immer noch ein Abenteuer – ein Abenteuer, das man jedoch angesichts von Hué und Hoi An gerne auf sich nimmt.

BANH KHOAI

PIKANTE PFANNKUCHEN

- 125 g Reismehl
- 1 TL Kurkumapulver
- 1/2 TL Salz
- 3 EL Öl
- 2 Knoblauchzehen, fein gehackt
- 50 g Schweinehack
- 50 g Schweinefilet, in feine Streifen geschnitten
- 50 g Garnelen
- 60 g Sojabohnenkeimlinge
- 60 g Zwiebeln, fein gehackt
- 1 TL Zucker
- 1 EL Fischsauce
- 1/4 TL gemahlener weißer Pfeffer
- 1 Ei

FÜR DIE SAUCE:

- 60 g Salatgurke, klein gewürfelt
- 60 g Karotten, fein gewürfelt
- 60 g Zwiebeln, fein gewürfelt
- 1 große frische Chili (rot oder grün), fein gewürfelt
- 20 Minzblätter, grob gehackt
- 2 EL Fischsauce
- 1 TL Zucker
- 2 EL Reis- oder Weißweinessig

Dies ist der Pfannkuchen, wie er in Hué zubereitet wurde – wahrscheinlich das Beste, was ich in Vietnam gegessen habe.

ZUBEREITUNG

Zunächst alle Zutaten für die Sauce verrühren und beiseite stellen.

In einer Schüssel das Mehl, das Kurkumapulver und das Salz mit 450 ml Wasser zu einem Teig verrühren. Beiseite stellen.

Im Wok oder in einer tiefen Bratpfanne 2 Esslöffel Öl erhitzen und alle weiteren Zutaten mit Ausnahme des Eis darin nacheinander unter Rühren anbraten. Die Fleischstreifen sollten eben durchgebraten sein. Vom Herd nehmen und beiseite stellen.

Das Ei in eine Schüssel aufschlagen, verquirlen und beiseite stellen.

In einer beschichteten Pfanne von 20 cm Durchmesser, etwa einer Omelette- oder Crêpepfanne, wenig Öl (nicht mehr als 1 Esslöffel) stark erhitzen, überflüssiges Öl abgießen. Den Teig durchrühren und nur so viel davon in die Pfanne geben, dass der Boden gerade bedeckt ist.

Mit einem Spatel die Unterseite des Pfannkuchens kontrollieren: Sobald der Pfannkuchen knapp gar ist, eine Schöpfkelle der Füllung auf eine Hälfte geben und mit 1 Esslöffel Ei beträufeln. Den Pfannkuchen darüber zusammenlegen, leicht andrücken und noch einen Moment backen lassen. Dann den Pfannkuchen aus der Pfanne heben und warm stellen. Diesen Vorgang wiederholen, bis der Teig und die Füllung aufgebraucht sind.

Die Pfannkuchen mit der Sauce servieren.

BO XAO MANG

RINDFLEISCH MIT BAMBUSSPROSSEN

- 2 EL Sesamöl
- 250 g Rindersteak, in dünne Streifen geschnitten
- 125 g Bambussprossen, in feine Streifen geschnitten
- 1 EL Fischsauce
- 1/2 TL Zucker
- 1 große frische rote Chili, fein gehackt
- 2 Frühlingszwiebeln, schräg in 2,5 cm lange Stücke geschnitten
- 1 TL weiße Sesamsamen

ZUBEREITUNG

Das Öl in einer schweren, tiefen Pfanne erhitzen und das Fleisch darin unter Rühren kurz anbraten, bis es knapp gar ist.

Die restlichen Zutaten nacheinander unter Rühren hinzufügen.

Sobald die Sesamsamen eingerührt sind, die Pfanne vom Herd nehmen und die Rindfleischstreifen auf einer Platte angerichtet servieren.

MI XAO DA NANG

GEBRATENE NUDELN NACH ART VON DA NANG

- 2 EL Öl
- 60 g Zwiebeln, grob gehackt
- 150 g Rindersteak, in dünne Streifen geschnitten
- 125 g frische oder eingeweichte getrocknete Eiernudeln (siehe Seite 11)
- 60 g getrocknete Wolkenohrpilze, eingeweicht, abgetropft und grob gehackt (siehe Seite 19)
- 60 g Sellerie, grob gehackt
- 60 g Tomaten, grob gehackt
- 1 EL Fischsauce
- 1 EL helle Sojasauce
- 1 EL Zucker
- 1/4 TL gemahlener weißer Pfeffer

Für die Garnitur:

- Koriandergrün

Dieses Rezept wird mit den gelben Nudeln zubereitet, deren Herstellung ich auf dem Weg nach China Beach außerhalb von Da Nang beobachten konnte. Ich empfehle hier die Zubereitung mit Rindfleisch, wie meist bei Nudelgerichten. Genauso gut passen Schweinefleisch, Geflügel, Meeresfrüchte oder – sofern gewünscht – festfleischiges Gemüse wie Champignons oder Brokkoli.

ZUBEREITUNG

Im Wok oder in einer tiefen Bratpfanne das Öl erhitzen und die Zwiebeln darin kurz anbraten. Das Fleisch hinzufügen und kurz unter Rühren braten, bis es knapp gar ist.

Die weiteren Zutaten außer dem Koriandergrün der Reihe nach unter Rühren hinzufügen.

Sobald der Pfeffer untergerührt ist, die gebratenen Nudeln auf einer Servierplatte anrichten und mit dem Koriandergrün garniert auftragen.

PHO GA HANH XAO

HÜHNERSUPPE MIT NUDELN UND KROSSEN SCHALOTTEN

- 2 EL Öl
- 2 kleine rote Schalotten, fein gehackt
- 450 ml Hühnerbrühe (siehe Seite 14)
- 60 g Sojabohnenkeimlinge
- 125 g frische oder eingeweichte getrocknete Reisbandnudeln (siehe Seite 11)
- 100 g ausgelöste Hühnerbrust, enthäutet und in dünne Streifen geschnitten
- 1 EL Fischsauce
- 1 EL helle Sojasauce
- 1/2 TL Zucker
- 1 Frühlingszwiebel, fein gehackt

Dies ist das klassische vietnamesische Nudelgericht, bei dem die Verwendung von Fischsauce und Schalotten ganz klare Unterschiede zur chinesischen Küche aufzeigt.

ZUBEREITUNG

Das Öl im Wok erhitzen und die Schalotten darin goldbraun braten. Vom Herd nehmen und beiseite stellen.

Die Brühe in einem großen Topf erhitzen und bis zum Gebrauch köcheln lassen.

In einem kleineren Topf Wasser zum Kochen bringen. Darin die Bohnenkeimlinge in einer Siebkelle etwa 10 Sekunden blanchieren. Herausnehmen, abtropfen lassen und in eine Servierschüssel geben. Den Vorgang mit den Nudeln wiederholen, die etwa 20 Sekunden zum Blanchieren benötigen, danach das Hühnerfleisch genauso kurz garen.

Die Fisch- und die Sojasauce sowie den Zucker in die Schüssel geben. Gut unterrühren. Die heiße Brühe einrühren. Die Frühlingszwiebel, die Hälfte der Schalotten und des Öls darüber geben.

Die restlichen Schalotten mit dem Öl in einer Schale zusammen mit der Suppe servieren.

BUN THIT HEO NUONG

GEGRILLTES SCHWEINEFLEISCH MIT REISNUDELN

- 250 g Schweinefleisch, in dünne Streifen geschnitten

FÜR DIE MARINADE:

- 1 Stengel Zitronengras, fein gehackt und im Mörser zerstampft
- 2 Knoblauchzehen, fein gehackt und im Mörser zerstampft
- 5 kleine rote Schalotten, fein gehackt und im Mörser zerstampft
- 2 EL Fischsauce
- 1 TL Zucker
- ½ TL gemahlener weißer Pfeffer
- 1 EL Sesamöl
- 1 TL weiße Sesamsamen

FÜR DIE SAUCE:

- 2 EL Fischsauce
- 1 TL Reisessig
- 1 TL Zucker
- 1 Knoblauchzehe, fein gehackt
- 2 kleine frische Chilis (rot oder grün), fein gehackt

FÜR DIE NUDELN:

- 125 g frische oder eingeweichte getrocknete Vermicelli-Reisnudeln (siehe Seite 11)
- 60 g Sojabohnenkeimlinge
- 20 Blätter Basilikum

Dieses Rezept eignet sich als Bestandteil eines asiatischen Menüs ebenso gut wie als schnell zubereitetes einzelnes Hauptgericht – geschmacklich abgerundet mit Desserthappen von frittierter Banane.

ZUBEREITUNG

In einer Schüssel alle Zutaten für die Marinade verrühren. Das Fleisch hinzufügen und gut mit der Marinade benetzen. Beiseite stellen und etwa 30 Minuten ziehen lassen.

Während das Fleisch mariniert, die Sauce zubereiten: Alle Zutaten mit 1 Esslöffel Wasser gut durchrühren. Der Zucker muss sich vollständig aufgelöst haben. Die Sauce in eine Servierschale füllen.

Den Grill auf mittlerer Stufe vorheizen.

Die Nudeln zubereiten: Einen großen Topf mit Wasser zum Kochen bringen und die Nudeln in einem Sieb kurz hineintauchen. Herausnehmen, abtropfen lassen und auf einer großen Servierplatte ausbreiten. Die rohen Bohnenkeimlinge und die Basilikumblätter auf einer Seite am Rand der Platte arrangieren.

Das Fleisch unter dem Grill auf beiden Seiten goldbraun grillen – das dauert nur etwa 1 Minute. Auf einer weiteren Servierplatte anrichten und mit den Nudeln und der Sauce auftragen.

Jeder Esser nimmt sich etwas von den Nudeln, den Keimlingen und dem Basilikum auf den Teller, gießt ein wenig Sauce darüber und legt einige Streifen Fleisch daneben.

THAN CHAN CHANH

NIERCHEN MIT MINZ-LIMETTEN-SAUCE

- 2 Schweinenieren, geputzt und in dünne Streifen geschnitten
- 125 g Zwiebeln, fein gehackt
- 1 EL fein gehackter Ingwer
- 2 EL Limettensaft
- ½ TL gemahlener schwarzer Pfeffer
- ½ TL Salz
- 20 Minzblätter

Heutzutage haben viele Menschen eine Abneigung gegen Nieren, deren strenger Eigengeschmack oftmals durch kräftige Saucen völlig verfälscht wird. Dieses Rezept ist insofern bemerkenswert, als die Liebe der Vietnamesen zu den Aromen frischer Zitrusfrüchte den Nieren ihre unangenehme Strenge nimmt – das Ergebnis ist ein Gericht voll überraschender Schärfe und Frische.

ZUBEREITUNG

In einem Topf Wasser zum Kochen bringen. Die Nierenstreifen hineingeben und etwa 1 Minute blanchieren. Herausnehmen und abtropfen lassen.

In eine große Schüssel füllen, die weiteren Zutaten hinzufügen und gut umrühren. Auf einer Servierplatte angerichtet auftragen.

NEM CUON SONG

FRISCHE FRÜHLINGSROLLE NACH NEM-ART

- 125 g mageres Schweinefleisch
- 60 g frische oder eingeweichte getrocknete Vermicelli-Reisnudeln (siehe Seite 11)
- 125 g kleine Garnelen
- 60 g Sojabohnenkeimlinge
- 3 EL geriebene Erdnüsse
- 2 EL fein gehackte Korianderblätter
- 12 Blätter Reispapier (*banh trang*, siehe Seite 11)

Für die Garnitur:

- Salatblätter
- Minzblätter

Für den Dip *phuang nam*:

- 2 EL Fischsauce
- 2 EL Reis- oder Weißweinessig
- 1 EL Wasser
- 1 TL fein gehackter Ingwer
- 1 TL Zucker
- 2 kleine frische Chilis (rot oder grün), fein gehackt
- 1 Knoblauchzehe, fein gehackt

ZUBEREITUNG

Zunächst den Dip *phuang nam* zubereiten: Alle Zutaten miteinder verrühren und davon für jeden Gast etwas in ein separates Schälchen füllen.

In einem Topf Wasser zum Kochen bringen und das Schweinefleisch darin eben gar kochen. Herausnehmen, abtropfen lassen und in sehr dünne Scheibchen schneiden. Beiseite stellen.

Das Wasser wechseln und dieses erneut zum Kochen bringen. Darin die Reisnudeln in einem Sieb etwa 10 Sekunden blanchieren. Herausnehmen und mit kaltem Wasser abschrecken. Abtropfen lassen, in grobe Stücke zerbrechen und beiseite stellen.

Nun die Garnelen für etwa 5 Sekunden blanchieren, herausnehmen, fein hacken und beiseite stellen. Das Gleiche mit den Keimlingen wiederholen, die etwa 10 Sekunden benötigen.

Jeder Gast bekommt einen Teller, auf dem eine zuvor in kaltes Wasser getauchte Serviette liegt. Die blanchierten Zutaten auf einer Servierplatte zusammen mit dem Reispapier, den Salatblättern, den Minzblättern und kleinen Häufchen von Erdnüssen und Koriandergrün anrichten. Zusammen mit dem Dip servieren.

Die Nem-Frühlingsrollen werden bei Tisch hergestellt: Ein Reispapierblatt auf der nassen Serviette anfeuchten. Auf einen Teller legen und der Reihe nach mit den blanchierten Zutaten belegen. Die Füllung mit Erdnüssen und Koriander bestreuen. Das Reispapier von einer Seite her aufrollen – das feuchte Papier klebt dabei zusammen, so dass die Frühlingsrolle in die Sauce gedippt werden kann. Zusammen mit den Salat- und den Minzblättern essen.

GOI GA

HÜHNERSALAT MIT MINZE UND NÜSSEN

- 175 g ausgelöste Hühnerbrust, enthäutet
- 100 g Sojabohnenkeimlinge
- 100 g Salatgurke, halbiert, entkernt und in streichholzdicke, etwa 5 cm lange Stücke geschnitten
- 100 g Zwiebel, fein gehackt
- 2 EL Fischsauce
- 2 EL Limettensaft
- 1 EL fein gehackte Minzblätter
- 2 EL gehackte Erdnüsse
- 2 TL Sesamsamen, geröstet

Dieser knackige Salat mit seinem kräftigem Minzaroma ist meiner Ansicht nach typischer für die vietnamesische Küche als Fleisch in kräftigen Saucen, wie es auf der ganzen Welt in vietnamesischen Restaurants serviert wird.

ZUBEREITUNG

In einem Topf Wasser zum Kochen bringen und die Hühnerbrust darin eben gar kochen. Herausnehmen und auskühlen lassen.

Das Fleisch über einer Schüssel in möglichst kleine Stücke zerteilen, dabei den Fleischsaft auffangen. Alle weiteren Zutaten in die Schüssel geben und gut durchrühren. Auf einer Servierplatte angerichtet auftragen.

CANG CUA CHIEN

FRITTIERTE KREBSSCHEREN IN SCHWEINEHACK-GARNELEN-PANADE

- 100 g Schweinehack
- 125 g geschälte und entdarmte Garnelen, fein gehackt
- 1 Ei
- 1 Knoblauchzehe, fein gehackt
- 1 EL Fischsauce
- 1 EL Austernsauce
- 1 TL Mehl
- 1/4 TL gemahlener weißer Pfeffer
- 6 – 8 Scheren von Taschenkrebsen, blanchiert, die Schale an den Scherenspitzen noch intakt
- Öl zum Frittieren

Für die Pflaumensauce:

- 1 eingelegte Pflaume (siehe Seite 19)
- 225 ml Reis- oder Weißweinessig
- 5 EL Zucker

Ein herrliches Gericht von den Appetit anregender Optik und mit vielfältigen Aromanuancen – ich kostete diese hinreißende Vorspeise im *Riverside Café* in Hué.

ZUBEREITUNG

Zunächst die Pflaumensauce zubereiten: Mit einer Gabel das Fruchtfleisch in kleinen Stückchen vom Pflaumenkern lösen. Den Essig und den Zucker in einer schweren, tiefen Pfanne zu einem zähflüssigen Sirup einkochen, die Pflaumenstückchen hinzufügen. In eine Servierschale geben und beiseite stellen.

In einer Schüssel alle weiteren Zutaten mit Ausnahme der Krebsscheren und des Öls mischen. Die Schweinehack-Garnelen-Panade entsprechend der Anzahl der Krebsscheren aufteilen und die Scheren damit am fleischigen Ende einpacken.

Das Öl erhitzen und die panierten Scheren darin goldbraun ausbacken. Herausnehmen, auf Küchenpapier abtropfen lassen und mit der Pflaumensauce servieren.

CHA GIO CHAY

VEGETARISCHE FRÜHLINGSROLLE

- 125 g eingeweichte Glasnudeln (siehe Seite 11)
- 30 g getrocknete Wolkenohrpilze, eingeweicht, abgetropft und fein gehackt (siehe Seite 19)
- 60 g Karotten, gerieben
- 60 g Weißkohl, gerieben
- 1 EL helle Sojasauce
- 1 Knoblauchzehe, fein gehackt
- 1 EL geriebene Erdnüsse
- 1/4 TL gemahlener weißer Pfeffer
- 1 TL Zucker
- 15 Blätter Reispapier (*banh trang*, siehe Seite 11)
- Öl zum Frittieren

Als Beilagen:

- Dip *phuang nam* (siehe Seite 122)
- Salatblätter
- Minzblätter

ZUBEREITUNG

Die Nudeln abtropfen lassen, grob hacken und in eine Schüssel geben. Das Gemüse, die Sojasauce, den Knoblauch, die Erdnüsse, den Pfeffer und den Zucker hinzufügen und gut durchrühren.

Eine flache Suppenschale mit heißem Wasser füllen und die Reispapierblätter nacheinander durchziehen, so dass diese weich werden. Die feuchten Blätter auf einem Brett auslegen und auf jedes etwas Füllung in einer Linie auflegen. Das Reispapier parallel zur Füllung aufzurollen beginnen. In der Mitte des Blattes angelangt, die beiden Enden nach innen knicken, dann weiter rollen – das feuchte Reispapier sollte kleben.

Wenn alle Rollen vorbereitet sind, das Öl erhitzen und jeweils drei bis vier Rollen darin goldbraun frittieren. Herausnehmen, abtropfen lassen und im leicht geheizten Backofen warm stellen. Die Frühlingsrollen nicht abdecken, sie verlieren sonst ihre Knusprigkeit.

Jede Rolle in vier Stücke schneiden und mit dem Dip *phuang nam*, den Salat- und den Minzblättern servieren.

CA HAP NAM

GEDÄMPFTER FISCH MIT PILZEN

- 1 kleiner Seebarsch (oder ein ähnlicher festfleischiger Fisch)
- 2 Knoblauchzehen, in feine Scheiben geschnitten
- 60 g kleine Champignons, in dünne Scheiben geschnitten
- 60 g getrocknete Wolkenohrpilze, eingeweicht, abgetropft und in dünne Streifen geschnitten (siehe Seite 19)
- 60 g Karotten, fein gehackt
- 60 g Zwiebeln, fein gehackt
- 2 EL helle Sojasauce
- 1/2 TL gemahlener weißer Pfeffer
- 1 Prise Muskatnuss

Dies ist meine Version von gedämpftem Fisch mit Gemüse, den ich im *Riverside Café* in Hué gegessen habe. Ich habe einige Gemüsesorten weggelassen, so dass es nun ein durch Pilze betontes Gericht ist. Weitere Gemüse können selbstverständlich hinzugefügt werden.

ZUBEREITUNG

Den Seebarsch auf eine ovale Platte legen, die in den Dämpfeinsatz eines Dampfgargerätes passt. Alle weiteren Zutaten gleichmäßig auf dem Fisch verteilen. Die Platte in das Dampfgargerät stellen und den Fisch eben gar dämpfen. Das dauert etwa 15 Minuten, je nach Größe. Den Fisch aus dem Dämpfeinsatz nehmen, mit Küchenpapier abtupfen und servieren.

CHIM CUOC CHIEN

FRITTIERTE WACHTELN

- 1 TL Koriandersamen
- 3 Knoblauchzehen
- 1/2 TL schwarze Pfefferkörner
- 1 Stengel Zitronengras, grob gehackt
- 4 Wachteln
- 2 EL helle Sojasauce
- 2 TL Honig
- Öl zum Frittieren

ALS BEILAGE:

- Limettendip (siehe Seite 129)

ZUBEREITUNG

Im Mörser die Koriandersamen mit den Knoblauchzehen, den Pfefferkörnern und dem Zitronengras zu einer Paste zerstampfen.

Diese Paste über die Wachteln geben, die Vögel dann mit Sojasauce beträufeln. Den Honig darüber löffeln und 1 Stunde marinieren lassen.

Das Öl erhitzen und die Wachteln darin goldbraun ausbacken. Mit dem Limettendip servieren.

NOM DU DU THIT BO NUONG

GEGRILLTES RINDFLEISCH MIT PAPAYA

- 125 g mageres Rindersteak
- 100 g grüne rohe Papaya, gerieben oder in feine Streifen geschnitten
- 60 g Karotten, gerieben oder in feine Streifen geschnitten
- 4 kleine frische Chilis (rot oder grün), fein gehackt
- 1 EL Fischsauce
- 1 EL Limettensaft
- 1/2 TL Zucker
- 1 EL geriebene Erdnüsse
- 10 Minzblätter

Dieses Gericht ist besonders in der Hafengegend von Da Nang populär – nahezu jede Garküche bietet es dort an. Es ist eine der Speisen, die jeder Genießer nach eigenem Geschmack mit mehr oder weniger Fischsauce und Limettensaft aromatisieren kann. Die hier angegebene Menge ist das Minimum.

ZUBEREITUNG

Das Steak bis zum gewünschten Gargrad grillen, in dünne Streifen schneiden und in einer Servierschüssel anrichten. Die weiteren Zutaten gründlich untermischen. Auf einer Servierplatte angerichtet auftragen.

TOM HAP MIEN DONG

EINTOPF MIT GLASNUDELN UND GARNELEN

- 100 g eingeweichte Glasnudeln (siehe Seite 11)
- 60 g getrocknete Wolkenohrpilze, eingeweicht, abgetropft und grob gehackt (siehe Seite 19)
- 2 Frühlingszwiebeln, in 2,5 cm lange Stücke geschnitten
- 1 EL fein gehackter Ingwer
- 1 EL Austernsauce
- 1 EL helle Sojasauce
- 1/2 TL Zucker
- 175 g geschälte rohe Garnelen
- 1 Prise schwarzer Pfeffer

Zur Zubereitung dieses Eintopfes wird ein Römertopf oder wenigstens eine schwere, tiefe Pfanne benötigt, sonst backen die Nudeln am Topfboden an.

ZUBEREITUNG

Die Zutaten schichtweise in den Römertopf füllen: Die Nudeln zuunterst, die Garnelen obenauf. Abdecken und bei mittlerer Hitze 5 Minuten garen. Die Garnelen sollten ihre Farbe verändert haben und schimmern, dann sind sie gar. Das Gericht im Topf auftragen.

BO CAU ROTI

GEGRILLTE TAUBEN

- 2 Tauben
- 4 EL Sesamöl
- 1 Stengel Zitronengras, fein gehackt
- 2 EL Austernsauce
- 1 TL Zucker
- 5 kleine frische rote Chilis, fein gehackt
- 1 Prise Salz

ZUBEREITUNG

Die Tauben halbieren und beiseite stellen. Das Zitronengras im Mörser leicht zerdrücken.

In einer Schüssel die weiteren Zutaten gründlich verrühren, die Taubenhälften damit einreiben und 1 Stunde marinieren lassen.

Den Grill auf kleiner Stufe vorheizen und die Tauben grillen, bis beide Seiten goldbraun sind. Zur Garprobe die Brüste anstechen: Es sollte keine Flüssigkeit austreten. Die Vögel nochmals halbieren und servieren.

DAU PHU XAO RAU

TOFU MIT GEMÜSE

- 2 Tofublöcke, je etwa 7,5 cm Kantenlänge
- Öl zum Frittieren
- 1/2 TL Speisestärke
- 2 EL Öl
- 2 Knoblauchzehen, fein gehackt
- 1 TL fein gehackter Ingwer
- 60 g Bambussprossen, in Streifen geschnitten
- 60 g Karotten, in feine Streifen geschnitten
- 60 g Sojabohnenkeimlinge
- 60 g Frühlingszwiebeln, in 2,5 cm lange Stücke geschnitten
- 1 TL schwarze Bohnensauce (siehe Seite 14)
- 2 EL helle Sojasauce
- 1/2 TL Zucker

ZUBEREITUNG

Die Tofublöcke in kleine Würfel mit etwa 2,5 cm Kantenlänge schneiden. Das Öl erhitzen und die Würfel darin hellbraun braten. Herausnehmen, abtropfen lassen und beiseite stellen.

Die Speisestärke mit 2 Esslöffeln Wasser anrühren und beiseite stellen.

Im Wok oder in einer tiefen Bratpfanne 2 Esslöffel Öl erhitzen und den Knoblauch darin goldbraun braten. Nacheinander die weiteren Zutaten hinzugeben und unterrühren.

Das Gericht mit der Speisestärke andicken.

Auf einer Platte anrichten, die gebratenen Tofuwürfel darauf setzen und servieren.

CHE DAU XANH

MUNGBOHNEN IN DUNKLEM SIRUP

- 225 g Mungbohnen
- 175 g dunkler Rohrzucker

Einfacher könnte ein Rezept nicht mehr sein, aber das Ergebnis ist erstaunlich geschmackvoll und der perfekte Ausklang einer fröhlichen Dinnerparty. Mungbohnen halten sich in einem Schraubglas gut im Kühlschrank, so dass sich dieses Rezept vorzüglich als schnell zubereitetes ‚Gericht für alle Fälle' eignet.

ZUBEREITUNG

Die Mungbohnen frittieren, bis sie ein angenehmes Aroma verströmen.

In eine schwere, tiefe Pfanne umfüllen und mit 1 Liter frischem Wasser bedecken. Zum Kochen bringen und etwa 5 Minuten köcheln lassen. Vom Herd nehmen und das Wasser abgießen.

Die Bohnen erneut mit 1 Liter frischem Wasser bedecken. Zum Kochen bringen und 5 Minuten köcheln lassen.

Den Zucker hinzufügen und unter Rühren zum Kochen bringen. Die Bohnen sollten jetzt weich sein, notfalls noch einige Minuten Kochzeit zugeben.

Vom Herd nehmen und entweder warm oder gut gekühlt servieren.

SA SUON CHIEN

FRITTIERTE SPARERIBS MIT CHILI UND ZITRONENGRAS

- 450 g Rippchen vom Jungschwein
- 2 EL Sesamöl
- 2 Knoblauchzehen, fein gehackt und leicht zerdrückt
- 1 Stengel Zitronengras, fein gehackt und leicht zerdrückt
- 4 kleine, frische, rote Chilis, fein gehackt und leicht zerdrückt
- 1/2 TL Salz
- 1 TL Zucker
- 1/2 TL gemahlener weißer Pfeffer
- 2 EL Fischsauce
- Öl zum Frittieren

FÜR DEN LIMETTENDIP:

- 1 TL Salz
- 1 TL gemahlener weißer Pfeffer
- 3 EL Limettensaft

Das war ein überraschender Genuss in einer Garküche in Hanoi – sehr würzig und perfekt als Gaumenkitzler zum Aperitif serviert. Der zu den Spareribs gereichte Limettendip heißt in Kambodscha übrigens *tik marij* (siehe Seite 91).

ZUBEREITUNG

Die Rippchen in einzelne Knochenstücke zerteilen. Beiseite stellen.

In einer großen Schüssel alle weiteren Zutaten bis auf das Öl gut vermischen. Die Rippenstücke hinzufügen und gut mit der Marinade überziehen. Mindestens 1 Stunde durchziehen lassen.

Das Öl erhitzen und die Rippenstücke darin portionsweise goldbraun frittieren. Herausnehmen, abtropfen lassen und warm stellen.

Während die Rippchen frittieren, den Limettendip zubereiten: Alle Zutaten verrühren und in eine Servierschale füllen.

Die Rippchen mit dem Dip servieren.

BANH CHUOI

FRITTIERTE BANANEN UND SÜSSKARTOFFELN

- 115 g Reismehl
- 225 ml Kokosnussmilch
- ½ TL Salz
- 60 g Zucker (3–4 gehäufte Esslöffel)
- 5 kleine oder 2 große unreife Bananen
- 1 mittelgroße Süßkartoffel (Batate)
- Öl zum Frittieren

Die erste Delikatesse, die ich in Vietnam probierte, zubereitet in einer mobilen Garküche in der Nähe meines Hotels in Hanoi. Geschickt arrangierte die Köchin zwei Bananenhälften auf einer flachen Schaufel, obenauf quer dazu zwei Kartoffelscheiben, tauchte das Ganze kurz in heißes Öl und ließ die abgetropften Stücke in ein zur Tüte gedrehtes Blatt Papier gleiten.

Frittierte Bananen gibt es überall in Südostasien, in der ungewöhnlichen Kombination mit Süßkartoffeln schmeckt diese Spezialität jedoch besonders gut.

ZUBEREITUNG

Das Mehl, die Kokosnussmilch, das Salz und den Zucker zu einem Ausbackteig glatt rühren und beiseite stellen. Die kleinen Bananen halbieren, große Bananen dritteln. Es sollten sich Stücke von etwa 7–8 cm Länge ergeben. Diese Stücke längs in etwa 1 cm dicke Streifen schneiden. Auch die Süßkartoffel zuerst halbieren, dann die Hälften in dünne Streifen schneiden.

Das Öl in der Friteuse erhitzen. Die Streifen in den Teig tauchen, kurz abtropfen lassen und ins heiße Öl geben. Wenn die Stücke goldbraun sind, herausnehmen, abtropfen lassen oder mit Küchenpapier abtupfen und sofort servieren.

CHA CA NAM

GEGRILLTER FISCH MIT PILZSAUCE

- 4 EL Sesamöl
- 1 kleine Forelle (oder ein anderer kleiner festfleischiger Fisch)
- 5 kleine Schalotten, grob gehackt
- 125 g getrocknete chinesische Pilze, in Wasser eingeweicht, abgetropft und in dünne Streifen geschnitten (siehe Seite 19)
- 1 EL Fischsauce
- 1 EL helle Sojasauce
- ½ TL Speisestärke
- 3 Frühlingszwiebeln, in 2,5 cm lange Stücke geschnitten
- ¼ TL gemahlener weißer Pfeffer

ZUBEREITUNG

Den Fisch sorgfältig mit der Hälfte des Sesamöls überziehen und 15 Minuten lang stehen lassen. Den Grill auf kleiner Stufe vorheizen. Inzwischen das restliche Öl erhitzen und darin die Schalotten knusprig goldfarben braten. Die Schalotten herausnehmen und die Pfanne mit dem Öl beiseite stellen. Den Fisch grillen, bis er eben gar, aber noch fest ist. Vorsichtig in Stücke teilen und dabei entgräten. Die Stücke auf einer Platte anrichten und beiseite stellen.

Die Pfanne mit dem Öl wieder erhitzen und darin die Pilzstreifen unter Rühren anbraten. Die Fischsauce und die Sojasauce hineingeben und umrühren. Die Speisestärke mit 3 Esslöffeln Wasser anrühren und mit dieser Mischung nach und nach die Flüssigkeit in der Pfanne leicht andicken. Die Frühlingszwiebeln und den Pfeffer hineingeben, kurz umrühren, anschließend über den Fisch gießen. Die Schalotten darüber streuen und servieren.

Birma

Seid nett zu den Geistern

An meinem ersten Abend in Birma luden mich Freunde zu sich nach Hause zum Essen ein. Sie wohnten in der Golden Valley Road, in der Gartenstadt am Rande des Geschäftszentrums der Stadt, die die Engländer Rangoon, die Ureinwohner aber von jeher Yangon genannt haben. Dieser Abend lehrte mich vieles über die gegenwärtige Situation des Landes. Birma, so lange Jahre im Zeichen der Revolution und von der Außenwelt abgeschnitten – und nun saß mir hier eine alteingesessene, wohl situierte Familie in westlicher Kleidung gegenüber, die in ihrem schmucken Einfamilienhaus mit Veranda und Erkerfenstern eine Dinnerparty gab in einem Haus, das ebenso gut auch in einer ruhigen Vorstadtsiedlung mitten in England stehen hätte können. Diener in traditionellen Wickelgewändern servierten Whisky-Soda und Gin-Tonic. Irgendwie hatte es diese aus Diplomaten, Ärzten, Lehrern und ein paar Geschäftsleuten bestehende Familie geschafft, die Umwälzungen, seitdem das Land 1948 unabhängig geworden war, und die darauf folgenden Jahre des Militärregimes nicht nur zu überstehen, sondern auch ihren Lebensstil einigermaßen aufrechtzuerhalten.

In jener Nacht sprachen wir über die Zukunft. Von den Hoffnungen, Birma würde wieder zu einem vollgültigen Mitglied der Weltgemeinschaft werden, die Wirtschaft wachsen und die Demokratie erblühen. Natürlich war auch von Ängsten die Rede. Nur ein paar Minuten zu Fuß von uns lebte Aung San Suu Kyi nach wie vor unter Hausarrest, seit ihr Wahlsieg von den Behörden annulliert worden war. Das war 1995 – seither hat sie immer wieder zu einem Tourismusboykott aufgerufen, während andere Oppositionsführer gegensätzlicher Meinung sind und dafür kämpfen, dass das Land für Besucher offen bleibt. Damit hat sich in gewisser Weise wenig verändert. Seit die Briten die Macht abgegeben haben, waren Touristen weitgehend außen vor gehalten und lediglich 24-Stunden-Visa erteilt worden. Auch die Ausdehnung auf sieben Tage hatte nicht viel geholfen, denn es ist unmöglich, in so begrenzter Zeit auch nur die wichtigsten historischen Stätten des Landes zu besuchen. Aus diesem Grund haben viele Thais noch nie das Land ihrer nächsten Nachbarn besucht. Als schließlich längerfristige Visa genehmigt wurden, flog ich erstmals nach Rangun – und direkt im Anschluss an meinen Aufenthalt in Vietnam war dies wie eine Reise in eine andere Welt: aus dem französisch-chinesisch geprägten in den britisch-indischen Kulturkreis.

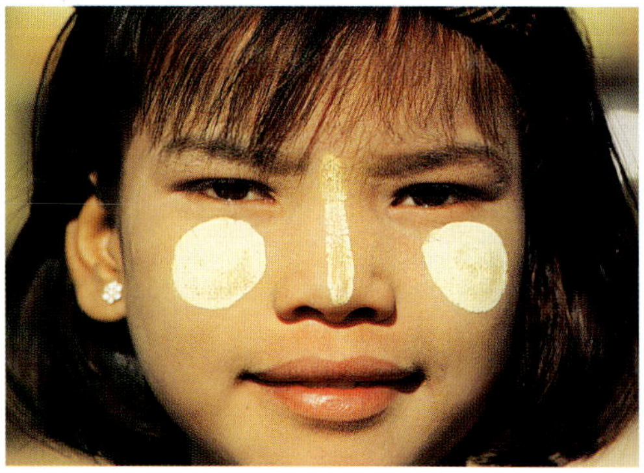

Natürlicher Sonnenschutz: Paste aus Thanakarinde

In Rangun springt einem das Britische geradezu ins Auge – der imposante Baustil der Zeit des British Empire, die erstaunlich große Zahl von Parks, Gärten und Blumenbeeten ... sogar mein Hotel lag inmitten eigener Grünanlagen. In den Bungalows der *Best Executive Suites* hatten ursprünglich Offiziere gewohnt, die diesen entlegenen Außenposten für die Kolonialmacht verwalteten. Immer noch ist jedem Bungalow ein Dienstmädchen zugeteilt, das sich um den Haushalt kümmert, etwa morgens ein englisches Frühstück mit Eiern, Speck, Toast und Marmelade zubereitet, das sie unter dem kühlen Luftzug der Deckenventilatoren serviert.

Die Briten nannten das Land Burma. Historisch gesehen war das allerdings immer nur sein informeller Name, denn richtig wäre Myanmar. Der Name Burma beziehungsweise auf Deutsch Birma leitet sich vom Stamm der Bamar ab, der größten ethnischen Gruppe, die das Landesinnere entlang der Ufer des Irrawaddy bevölkert, von Rangun über Pagan bis hinauf zur alten Hauptstadt Mandalay. Mehr werden die meisten Besucher kaum zu sehen bekommen – umso interessanter zu wissen, dass sich die außerordentlich bunt gemischte Bevölkerung von Birma aus 67 ethnischen Gruppen zusammensetzt. Dazu gehören unter anderem auch die Giraffenhalsfrauen des Padaungstammes, die ihre Hälse nach alter Tradition durch das Tragen von im Laufe der Jahre immer mehr Halsringen aus Kupfer und Messing auf eine Länge von bis zu 25 cm strecken. Daneben gibt es Stämme wie etwa die Shan oder die Karen, die bis heute für ihre Unabhängigkeit von den dominierenden Bamar kämpfen.

Unter britischer Herrschaft rückte das Land näher an seine westlichen Nachbarn – zeitweise wurde es dem britisch-indischen Reich zugerechnet. Die Kolonialmacht brachte immer wieder indische Soldaten, Beamte und Händler ins Land. Ein Rest dieser Ära scheint noch hinter der neoklassizistischen Fassade des *Strand Hotel* in Rangun lebendig zu sein. Obwohl es kürzlich renoviert und auf internationalen Standard gebracht wurde, vermittelt es immer noch den Charme der Alten Welt: In halbdunklen, angenehm kühlen Salons servieren indische Diener weiß gekleideten Gästen in Clubsesseln den Nachmittagstee.

Auch in den Hallen des Hauptmarktes – der alte Scottmarkt heißt heute Bogyoke-Aung-San-Markt – kommt man sich vor wie in Indien. Geldwechsler gehen ihren schwarzen Geschäften nach, und hinter den Stoffhändlern stapeln sich wunderschöne, bunt bedruckte *longyis,* die nach wie vor bei Frauen und Männern gleichermaßen beliebten Wickelgewänder. Es gibt jedoch auch Anzeichen dafür, dass die Verbindung zum Indischen eher eine Folge des Kolonialismus ist als etwas, das von jeher zur Landeskultur gehört. So wird die Skyline von Rangun vom vergoldeten Dach der Shwedagonpagode beherrscht, die umgeben ist von Gebetshallen mit massiven Buddhastatuen, Figuren von Riesen und Gestalten aus der Mythologie. Alles, was man dort sieht, von der prachtvollen Architektur bis hin zu den safranfarbenen Roben der Mönche, ist eindeutig Teil des selben kulturellen Erbes, das auch in Thailand, Laos und Kambodscha zu Hause ist.

Dieser Eindruck verstärkt sich noch, wenn man die Lebensmittel auf dem Markt in Augenschein nimmt. Hier ist man sofort wieder tief in der Welt Südostasiens: Zitronengras und Basilikum, die intensiven Aromen von fermentiertem Fisch und roter Garnelenpaste. Und natürlich die Nudelküchen. An einem dieser Stände musste ich einfach das einzige birmanische Gericht probieren, das man auch außerhalb der Landesgrenzen kennt – wir Thais nennen es *kow soy,* in seiner Heimat heißt es *khauk-swe* (siehe Seite 157). Eine feurige Mischung aus Koriandersamen, Kurkuma, Ingwer, Chili und Schalotten, abgemildert durch Kokosnussmilch und Eiernudeln – ein Gericht, das all diese verschiedenen, indischen und südostasiatischen Elemente in sich vereinigt.

Die ‚echte' birmanische Küche

In der Vergangenheit war ein Großteil der Restaurants von Indern oder Chinesen geführt, und kein Buch über die birmanische Küche ließ einen Zweifel daran, dass diese ausschließlich im Privaten gepflegt wird. Auch heute noch gibt es kaum ein birmanisches Restaurant außerhalb des Landes – und die wenigen, die existieren, werden meist von Indern betrieben, die Birma in den schweren Zeiten verlassen haben. Um so gespannter war ich, was es an meinem ersten Abend in Rangun zu essen geben würde.

Zumindest optisch erinnerte der mit Speisen überladene Tisch an die indische Küche, mit Currys, Gemüsen in würzigen Saucen, eingelegten Häppchen und scharfen Dips. Bei den Aromen dominierten ‚Currysamen' wie Kreuzkümmel, Koriander und Senfsaat. Als jedoch der Reis serviert wurde und wir zu essen begannen, wurde deutlich, dass der Koch nicht nur die Samen, sondern auch

Tempelhof in Pagan

Die Shinpyuzeremonie in Mandalay

die grünen Sprossen dieser Pflanzen verwendet hatte, was den Gerichten die typische Leichtigkeit und Frische der südostasiatischen Küche verlieh. Es gab beispielsweise ein Garnelencurry mit gemahlener Kurkuma, das wesentlich leichter wirkte als die indischen Currys mit ihren schweren, dicken Saucen und damit den aromatischen, flüssigeren Speisen Thailands näher stand.

Betrachtet man unsere gemeinsame Geschichte, kann es auch kaum anders sein – nicht nur unser buddhistischer Glaube, unsere Kunst, Architektur, Theater und Tänze haben dieselben Wurzeln, sondern auch unsere Küchen. Birmanische Gerichte haben die Kochkunst in Nordthailand inspiriert, wo es sogar auf Kow-Soy-Nudeln spezialisierte Restaurants gibt, während Einwanderer vom Stamm der Mon Elemente der kambodschanischen Küche nach Birma gebracht haben.

Am Nachmittag hatte ich in Rangun ein winziges Antiquariat entdeckt, in dem sich wunderbare Schätze türmten: von herrlichen Zeichnungen bedeutender Tempel über Postkarten aus der Zeit der Jahrhundertwende, die das alte Mandalay zeigten, bis hin zu einheimischen Kochbüchern. Zwar waren diese auf billigem, rauem Papier gedruckt, enthielten aber jede Menge brauchbare Rezepte und nützliche Tipps. Eines dieser Bücher war vor dem Zweiten Weltkrieg veröffentlicht worden. Selbst die lokalen Zutaten waren darin in Hindi geschrieben und neben den Rezepten fand sich Werbung für *ghee*, das indische Kochfett. Im Gegensatz dazu schien ein nach 1948 veröffentlichtes Buch weit weniger indisch inspiriert und viel authentischer. So wurden darin etwa die stark qualmenden traditionellen birmanischen Holzöfchen beschrieben. Einiges in diesem Buch erschien mir allerdings ausgesprochen fremd. So berichtet die Autorin zwar stolz, dass 30 Prozent der Ärzte im Land, 40 Prozent der Lehrer und 43 Prozent der gelernten Kaufleute Frauen seien – ihr Rat jedoch, wie diese Karrierefrauen eine Dinnerparty organisieren sollten, wirkte fast komisch:

‚Ein gelungenes Dinner sollte keineswegs scheinbar mühelos über die Bühne gehen. Je mehr Aufwand und zusätzliches Besteck und Essen, umso mehr werden sich die Gäste geehrt fühlen. Auch sollten Sie und Ihre Töchter als Zeichen der Ehrerbietung nicht mit ihren Gästen zusammen essen. Plazieren Sie sie mit Ihrem Gatten und lenken Sie sie nicht dadurch ab, dass Sie sich am Verzehr Ihrer eigenen Speisen beteiligen – Sie sind nur für das Wohl Ihrer Gäste verantwortlich. Nach dem Kochen sollten Sie baden, sich umziehen und essen. Anschließend, während des Dinners, gehen Sie ständig rund um den Tisch. Weisen Sie Ihre Dienerschaft, Töchter und andere Helfer laut hörbar an, Servierplatten verschwenderisch nachzufüllen, den Gästen Luft zuzufächeln und die Fliegen zu vertreiben ...‘

Meine erste Dinnerparty in Birma verlief völlig anders. Die Bekannte, bei der ich eingeladen war, eine Geschäftsfrau, die den Wiederaufbau von Hotels und Restaurants organisiert, verschwendet jedenfalls keine Zeit damit, ihren Gästen Luft zuzufächeln. Beim Anblick der Spezialitäten, die vor uns aufgebaut wurden, konnte ich nicht umhin zu fragen, ob es sich um ‚echtes‘ birmanisches Essen handelte, was einige Belustigung verursachte. ‚Wir Birmanen essen, was gut schmeckt‘, war eine der Antworten. Und: ‚Wenn wir essen gehen, lieben wir die Abwechslung – ein indisches Curry, ein chinesisches Gericht aus dem Wok, birmanische Nudelgerichte ...‘ – eine Palette verschiedener Vorlieben, ganz wie bei uns in Thailand.

‚Aber wie ist es zu Hause?‘, hakte ich nach. Wieder ging ein Lächeln über die Gesichter.

‚Hier in Rangun kochen wir auch daheim Verschiedenstes, jedoch immer auf birmanische Art. Früher gab es noch keine Kühlschränke oder andere Möglichkeiten, um Lebensmittel länger zu lagern. Also wurde alles frisch gekauft, gesammelt oder gejagt und am selben Tag verbraucht. Das ist heute noch – sogar in modernen, mit Kühlschrank ausgestatteten Häusern – üblich. Frühmorgens geht immer einer aus der Familie zum Markt. Das Kochen selbst geht bei uns sehr schnell. Die Küchenausstattung in Birma ist einfach – man braucht kaum mehr als eine tiefe Bratpfanne und ein oder zwei Töpfe für Currys und andere flüssige Gerichte. Die Art der Zubereitung ist eher chinesisch, auch wenn es hier so manche indische Geschmackszutat gibt.‘

‚Und worin besteht dann die eigentliche birmanische Küche?‘ ‚Nun‘, sagte ein Tischnachbar schlau, ‚sie beinhaltet alles, was echte Birmanen gerne essen. Doch hier sind wir in Rangun. Wenn Sie die wahre Küche kennen lernen möchten, müssen Sie sich im Lande umsehen.‘

Der größte Teil unseres Gesprächs drehte sich dann um meine Reiseroute, denn schon am nächsten Tag sollte es weitergehen nach Pagan. Man war sich einig darüber, dass ich dort eine der bemerkenswertesten Erfahrungen meines Lebens machen würde – wie sich bald herausstellen sollte, hatten sie nicht übertrieben. Nichts, was man über Pagan liest oder hört, kann einen auf die Realität vorbereiten. Vor meiner Ankunft konnte ich mir kaum vorstellen, welchen Eindruck diese flache Ebene mit ihren wenigen, verkrüppelten Bäumen an den Ufern des Irrawaddy auf mich machen würde, auf der heute noch 2 200 Tempel, Pagoden und andere religiöse Bauten stehen. Früher einmal waren es mit der zugehörigen Stadt sogar 13 000 Gebäude gewesen, diese Stadt wurde jedoch 1287 von den Truppen des Kublai Khan niedergebrannt.

Steinerne Tempelstadt, lebendige Religiosität

Erst als mich der Minibus vom Flughafen aus dorthin fuhr, wurden mir die wahren Ausmaße allmählich bewusst. Monumentalbauten wie etwa der Anandatempel oder die Shwesandawpagode mit ihrem glockenförmigen Dach stehen in ihrer einsamen Pracht auf freiem Feld. Inmitten der Ruinen wirken sie in ihrer Unversehrtheit, als seien sie erst gestern erbaut worden.

Von der Stadt, die diese architektonischen Juwelen einst beherbergte, ist nichts übrig geblieben – alle Gebäude waren aus Holz erbaut und sind ein Raub der Flammen geworden. Hunderte und Aberhunderte von Tempeln jedoch haben auf wundersame Weise allen Widrigkeiten getrotzt – Invasionen wie Erdbeben, das letzte erst 1975. Pagan, eines der größten und gleichzeitig am wenigsten bekannten Weltwunder.

Wenn Sie mich fragen, ob mich Angkor Wat oder Pagan stärker beeindruckt hat, würde ich mich wohl für Birmas heilige Stadt entscheiden – schon wegen ihrer Größe und Vielfalt. Jeder Tempel, jede Pagode ist anders. In einigen, wie etwa der riesigen Shwesigonpagode, gibt es ganze Reihen offener Pavillons, in denen Mönche und Gläubige beten, wie in jedem größeren Klostertempel in Asien. Andere haben im Wesentlichen nur ein Hauptgebäude mit tunnelartigen Gängen, in deren Halbdunkel sich immer wieder Nischen mit Buddhastatuen auftun. Selbst an solchen Orten stößt man auf Gläubige, wie jene einzelne Frau, die mit gekreuzten Beinen in einer Ecke saß, um vor der sengenden Nachmittagshitze Kühlung zu finden und eine Kleinigkeit zu essen. Das unterscheidet Pagan von anderen religiösen Orten wie etwa den Tempeln am Nil oder im alten Rom – in Pagan ist die Religiosität nach wie vor lebendig. Selbst in der hintersten Ruine, von der nicht viel mehr übrig geblieben ist als der Torso einer zerstörten Buddhastatue, findet man noch Blumenopfer und Räucherstäbchen, dargebracht von den Einwohnern der nahen Stadt.

Vor ein paar Jahren wurden diese von der Regierung gezwungen, ihre angestammte Siedlung bei Pagan zu verlassen, um dem erhofften Touristenstrom Platz zu machen. Ohne lange Vorankündigung wurde die gesamte Bevölkerung zu einer neuen Ansiedlung näher am Fluss verbracht. Dennoch kommen die Leute immer wieder zurück, um vor den zahllosen Schreinen zu opfern und zu beten – manche aber auch, um auf den trockenen Böden rund um die Sakralbauten Erdnüsse anzubauen.

Ich stieg im staatlichen *Thiri Pyitsaya Hotel* in der Nähe der neuen Stadt ab. Eine adäquate Bleibe – dennoch war ich froh, dass mir Freunde Restauranttipps mit auf den Weg gegeben hatten. Nachdem ich am Morgen einige Tempel besichtigt hatte, saß es sich nun schön im Schatten der Bäume vor dem *River View Restaurant*. Serviert wurde ein grandioses *khauk-swe*, das ganz

Büffel ziehen Teakholzstämme ans Ufer des Irrawaddy

anders präsentiert wurde als die schlichte Version, die ich auf dem Markt von Rangun probiert hatte. Diesmal gab es Schälchen mit Hühnersuppe und mit Fisch in Kokosnusssauce, während die Nudeln und die anderen Zutaten, gehackte Schalotten, Chili, eingelegter Kohl und Knoblauch, separat gereicht wurden und vom Gast nach Belieben hineingegeben werden konnten. Das Ergebnis war, dass ich viel zu viel aß – was als leichter Snack gedacht war, wuchs sich zum Festessen aus.

Doch selbst ein reichlich satter Besucher wird in Pagan von immer neuen, kontrastreichen Überraschungen in Bewegung gehalten. Jeder Regent wollte offensichtlich seinen Vorgänger durch noch höhere, größere und prachtvollere Bauwerke übertreffen, von denen ein Großteil im 11. und 12. vorchristlichen Jahrhundert entstanden ist. In einem der Tempel sieht man Paare identischer Buddhas, die Seite an Seite sitzen – wohl getreu der Devise ‚doppelt genäht hält besser'.

Zu den Schätzen mancher Tempel gelangt man nur schwer. Einmal mussten wir erst den breiten, schnell fließenden Irrawaddy hinauffahren, anschließend einen anstrengenden Fußmarsch am Flussufer entlang auf uns nehmen und schließlich eine Klippe hinaufklettern, um zu einem Turm zu gelangen, in dem ein riesiger Buddha stand – er war so groß, dass man sich kaum weit genug zurückbeugen konnte, um sein Gesicht zu sehen. Der Einsiedlermönch, der diesen Ort bewachte, bot mir Tee und süße Babybananen an, um wieder einmal mit jemandem reden zu können. In seiner Holzhütte musste es nachts sehr gespenstisch sein, allein inmitten all dieser verlassenen Ruinen und schweigenden Statuen. Immerhin verfügte er über irgendeine Stromquelle, wie man an der Kette blinkender bunter Lichter sah, die seinen privaten Altar im hinteren Teil des Raumes zierte. Außerdem hatte er versucht, dem Zimmer etwas Freundliches zu verleihen, indem er die Wände mit Schnappschüssen zugepflastert hatte, die vorbeikommende Touristen gemacht hatten.

Auch wenn es nur eine halbe Stunde dauerte, so hatte die Fahrt auf dem Irrawaddy doch etwas Magisches. Inzwischen verkehrt dort ein Luxusschiff, mit dem man die Strecke von Pagan nach Mandalay stilvoll zurücklegen kann – Privatkabinen, First-Class-Restaurant und Bordswimmingpool inklusive. Aber auch die langsamen alten Flussdampfer haben ihren Reiz, vorausgesetzt man bringt seine eigene Verpflegung und ein paar gute Bücher zum Lesen mit.

Kunsthandwerk für das Auge, Erdnussaromen für den Gaumen

Zurück an Land hatte ich erst einmal genug von Tempeln und beschloss, auf den Markt von Pagan zu gehen. Am Eingang stand ein Verkäufer, der seine gefalteten Betelblätter feilbot, gefüllt mit einer bitteren Paste und gehackten Betelnüssen – ein beliebtes Mittel zur Verdauungsförderung.

Gleich hinter dem Eingang saßen Reishändler neben ihren offenen Jutesäcken – rote, weiße, grüne, gelbe und schwarze Reissorten in unterschiedlichen Qualitäten, genauestens getrennt nach Beschaffenheit der Schale, nach Länge und Form. Nur wenige Reisbauern können solche feinen Unterschiede selbst feststellen – und die meisten von uns kennen lediglich den weißen Rund- oder Langkornreis und die braune Variante. Selbst ich, der ich regelmäßig Reis esse, lasse es bei diesen Unterscheidungen bewenden. Für jene allerdings, denen Reis alles bedeutet und für die andere Lebensmittel kaum mehr als Geschmacksgeber sind, ist eine solch genaue Sortierung so wichtig wie etwa für einen Fleischesser der Unterschied zwischen Rind und Schwein.

Giraffenhalsfrau vom Stamm der Padaung

Das Angebot der Reisverkäufer erinnerte mich daran, dass ich nicht mehr in der Stadt mit ihrer mehr oder weniger internationalen Küche war, sondern mich den wahren birmanischen Spezialitäten zu nähern begann. Vom Reis abgesehen war das wohl Faszinierendste auf diesem Markt die breite Palette an Kunsthandwerk und Antiquitäten: volkstümliche Puppen, Silberschmuck, Korbwaren – Arbeiten, wie man sie in von souvenirhungrigen Touristen frequentierten Ländern wie Thailand kaum noch findet. Besonders aufgefallen ist mir auch, dass Frauen und Mädchen ihre Wangen und die Stirn mit etwas eingeschmiert hatten, das wie blassgelber Puder aussah – eine Art Sonnencreme aus zermahlener Thanakarinde.

Der Abend in Pagan war bezaubernd. Man hatte mich ins Restaurant *Aye Yeiktha* geführt, von dessen Terrasse aus man auf die hell erleuchtete Shwezigonpagode blickt. Der Mond schien und die Sterne funkelten. Als ob dies allein noch nicht genug gewesen wäre, erwies sich auch noch das Essen als hervorragend. Es gab eine riesige Auswahl an kleinen Gerichten – gebratenes Schweinefleisch mit getrocknetem Chili, gebratene Aubergine mit Chili und Schalotten, würzig frittierte Spalterbsen, diverse Currys und scharf gewürzte Gemüse als Beilagen. Neben den Spalterbsen gab es noch eine Reihe von Spezialitäten mit anderen Hülsenfrüchten, die in den Ländern Südostasiens normalerweise weniger häufig verwendet werden und sicherlich eine kulinarische Anleihe aus Indien darstellen. Bei allem schwang sehr deutlich der

Geschmack von Erdnüssen mit – sie wachsen in der Umgebung und werden sowohl direkt als Zutat verwendet, wie auch in Form von Erdnussöl. Wenn Sie den Rezepten zu diesem Kapitel einen Hauch ‚Paganstil' mitgeben wollen, können Sie ersatzweise ein kalt gepresstes Nussöl verwenden, wie man es im Westen für Salatdressings benutzt.

Lackarbeiten gehören zum wichtigsten Kunsthandwerk des Landes. An dem Tag, an dem ich mit dem Wagen nach Mandalay weiterfahren wollte, besuchte ich morgens noch den Lackwarenladen *U Ba Nyein,* zu dem auch eine Ausbildungsstätte gehört. Ich konnte dort Schüsseln, Tabletts und Schachteln bewundern, zart von Hand bemalt mit den traditionellen rotorangefarbenen Mustern auf schwarz schimmerndem Grund. Die Leute von der Schule hatten freundlicherweise ein Frühstück aufgetragen. Es gab süßen Kaffee mit schwarzem Klebreis, der in mit Palmzucker gesüßter Kokosnussmilch gekocht war. Darüber hinaus lockten frittierte Bohnen und Teigstäbchen, die man in klebrig-süße Kondensmilch stippte – ein Genuss, der mich an meine Kindheit erinnerte.

Anschließend ging es auf die lange Fahrt durch hügeliges Land zur nördlichen Kapitale, in der die Könige von Myanmar Hof gehalten hatten, bis die Briten kamen. Es war eine wundervolle Reise und meine einzige Chance, etwas von der Landschaft und dem ländlichen Leben in Birma zu sehen.

Den Boden kitzeln

Bei der in einem alten Gedicht besungenen Straße nach Mandalay handelt es sich natürlich um den Fluss. Die Fahrstraße folgt dem Irrawaddy in keinster Weise, sondern biegt vielmehr ins Landesinnere ab, führt von der Tiefebene ins Hochland und schließlich, kurz vor Mandalay, wieder bergab. Die Fahrt dauert fast einen Tag und eröffnet eine Reihe faszinierender Einblicke in das birmanische Leben. Wir hatten Pagan kaum verlassen und fuhren durch ein relativ dicht bewaldetes Gebiet, als wir an eine Lichtung kamen, auf der sich wohl an die hundert Ochsenkarren um eine Wasserstelle versammelt hatten. In vielen Teilen Asiens ist schon ein einzelner Ochsenkarren heutzutage ein seltener Anblick – einen ganzen Konvoi zu sehen schien mir wie eine Fata Morgana. Die braunen Zugtiere, zwei vor jedem Karren, ließen sich geduldig, mit schlagendem Schwanz die Fliegen vertreibend in die Warteschlange vor der Wasserpumpe bugsieren. Die Karren selbst waren schön gearbeitet, mit einem elegant geschwungenen Joch, gewellten Halftern und einer hoch über den großen Holzrädern angebrachten, auf allen Seiten gesicherten Ladefläche für den Fahrer und seine Wasserbehälter. Jeder, der seine Wassertanks gefüllt hatte, lenkte sein rumpelndes Gespann unter lautem Rufen wieder zurück Richtung Heimat.

Dieser Anblick ließ mich an die deutliche Zweiteilung der birmanischen Landwirtschaft denken – an den Unterschied zwischen Nord und Süd beziehungsweise zwischen Ober- und Unterbirma, wie man diese Landesteile auch nennt.

Unterbirma, das näher am Meer und den Flussdeltas liegt, hatte es dank reichlicher Niederschläge und natürlicher Bewässerung schon immer leichter gehabt. Dort wird der Reis im Juni ausgesät, im September umgepflanzt, im Dezember oder Januar geerntet – fertig. Abgesehen von der Asche abgebrannter Stoppelfelder wird kein Dünger benötigt. Eine Ernte im Jahr ist alles, was man braucht. Ganz anders in Oberbirma: Geringe Niederschläge erfordern einen Reisanbau auf abgegrenzten Parzellen, umgeben von mühselig ausgehobenen und sorgfältig gewarteten Gräben, sowie eine ausgeklügelte Bewässerungstechnik. Wenn die Schößlinge etwa 30 Zentimeter hoch sind und vom Anzuchtbeet auf das große Reisfeld umgesetzt werden, brauchen sie ständig große Mengen an Wasser, damit sie nicht gelb werden und vertrocknen.

Am späteren Tag konnten wir noch Reisbauern bei der Arbeit beobachten – in der Ferne knieten ein paar Männer und Frauen tief im Wasser der überfluteten Felder und zogen weit vornüber gebeugt Reisschößlinge heraus, um sie an anderer Stelle wieder einzupflanzen. So etwas sieht man überall in Asien – nicht jedoch das Wasserrad, mit dem Wasser von einer Seite eines Rückhaltedamms auf die andere geschaufelt wurde. Es bestand aus einem handgearbeiteten Gerüst, auf dem ein großes Rad aus Bambusstangen und Schaufelbrettern hing. Das Rad wurde von einem Mann auf einem Hochstuhl angetrieben, der wie verrückt in die Bretter trat, um den Wasserfluss am Laufen zu halten. Diese Szene zog mich magisch an – also weg mit Schuhen und Strümpfen, hinein in den Schlamm und hinübergewatet ... Da ich mich mit den Leuten auf dem Feld nicht verständigen konnte, erfuhr ich erst später von unserem Fahrer, dass dieses ständige

Versöhnliche Gaben für die Geister

Bewässern und Verpflanzen in der Gegend von Mandalay unbedingt nötig sei. Hier bemüht man sich, auf den begrenzten Anbauflächen drei Ernten im Jahr zu erzielen. Um den Boden nicht auszulaugen, findet ein Fruchtwechsel statt – von Reis zu Hirse und Baumwolle oder zu Mais und Bohnen. Die Bauern düngen hier auch und pflügen ihre Felder gelegentlich mit Büffelgespannen um. Sie nennen das ‚den Boden kitzeln, um ihn zum Lachen zu bringen'. Der Fahrer schien weniger Gefallen an birmanischen Büffeln zu finden, er hielt sie lediglich für schmutzige und übellaunige Kreaturen.

Alle Reissorten gedeihen ausschließlich in den relativ niedrig gelegenen Landesteilen. Die Bergstämme müssen sich ihren Lebensunterhalt auf einer wesentlich unsichereren Grundlage erarbeiten – extensive Landwirtschaft auf kleinen Lichtungen, oft wenig fruchtbare, ausgelaugte Böden und stark schwankende Niederschlagsmengen. Hier muss das angepflanzt werden, was gerade einigermaßen günstige Voraussetzungen findet – wenn möglich Reis, wenn es zu trocken ist Mais, Buchweizen oder Erbsen und Bohnen. Auch wenn es zwischen den Küchen der verschiedenen Stämme beträchtliche Unterschiede gibt, ähneln sie alle denen der in Nordthailand und Laos, mit einer Betonung auf Wildfleisch und Wildgemüsen und -kräutern. Es gibt auch ähnliche Wurstspezialitäten, etwa die Shanwurst, eine der wenigen Speisen der Bergstämme, die man auch in Rangun und anderen Städten im Tiefland bekommt.

Geisterhäuser und Buddhatempel

In allen Teilen Birmas glauben die Menschen an Götter und Geister, die hier *nats* genannt werden. Als wir auf der Weiterfahrt eine Pause in einem Dorf einlegten, durften wir einen Saal besichtigen, der eigens für diese Geister errichtet worden war und deren Figuren beherbergte. *Nats* seien oft koboldhaft oder gar bösartig, heißt es, und müssten daher immer wieder besänftigt werden, sonst … wer weiß? Übrigens glauben die meisten Südostasiaten an Geister. In Thailand, Laos und Kambodscha etwa werden eigene Häuschen für den Landgeist errichtet, damit er nicht böse wird ob der Inbeschlagnahme seines Gebietes. In Birma geht man noch weiter: Ich hatte schon in Rangun und Pagan Schreine für einzelne der insgesamt 37 wichtigsten *nats* gesehen – hier nun waren sie alle auf einmal vertreten.

Manche *nats* sind historische Figuren, andere wiederum sind Gestalten aus der Mythologie. Es gibt männliche und weibliche Geister und jeder ist für einen bestimmten Aspekt des Lebens zuständig – Liebe, Geschäfte, Gesundheit und so weiter. Sie werden als farbenfroh bemalte und bunt gekleidete Figuren dargestellt, das Symbol ihres jeweilige Machtbereiches tragend, etwa ein Schwert, Blumen oder einen Seidenschal. Die meisten Geister schauen keineswegs bösartig drein. Viele lächeln, andere wirken eher komisch, wie Figuren aus einer Kindergeschichte. Doch das kann täuschen: Man muss sie in jedem Fall bei Laune

Linke Seite: Ein Buddha mit Brille wird ehrerbietig abgestaubt

Wasserrad an der Straße zwischen Pagan und Mandalay

halten, mit Geschenken wie Essen und Trinken oder Geld, sonst kann es einem übel ergehen.

Am Eingang kaufte ich ein paar Bananen und betrat den lang gestreckten Saal, in dem sie alle aufgereiht waren. Mit Bedacht wählte ich ein paar Figuren aus, die mir nicht geheuer schienen und opferte jeder eine Frucht oder einen Geldschein. Das Problem war, dass ich ihre Namen und unterschiedliche Bedeutung nicht kannte. Vor allem wollte ich den Geist der Reisenden gütig stimmen, um vor Unfällen beschützt zu sein. Außerdem hoffte ich, einer dieser Geister sei für Essen und Restaurants zuständig ... Ich konnte einfach nur raten. Später erfuhr ich, dass es tatsächlich einen *nat* gibt, der hilft, wenn man etwas Schlechtes gegessen hat. Um ihn anzurufen, spricht man das folgende Gebet: ‚O Gottheit, lass die Hitze in meinem Körper schwinden, lass mein Essen gut sein und das Fieber verfliegen.' Es konnte ja nicht schaden, diese Worte im Hinterkopf zu behalten.

Draußen war inzwischen ein großer Reisebus vorgefahren. Essensverkäufer boten Snacks an. Die Birmanen lieben kleine Leckereien, die man überall kaufen kann. Sie naschen den ganzen Tag über, ohne dass dies ihre Begeisterung für die Hauptmahlzeiten schmälert. Ich bemerkte wieder die frittierten Spalterbsen, die ich schon in Pagan gesehen hatte, daneben winzige Wildvögel, die man im Ganzen isst. Es gab jede Menge Brathühnchen und Obst wie etwa die gelben Jackfrüchte oder auch ganze Körbe voller kleiner süßer Bananen. Der Straßenhandel mit solchen Snacks ist ein einträgliches Geschäft für die Menschen, die das Glück haben, in der Nähe einer der Hauptbusstrecken zu wohnen. Als wir ein paar Stunden später in einem kleinen Weiler Halt machten, sah ich einen Mann, der auf seinem Grill eine Art Fladenbrot, ähnlich dem indischen *nan*, zubereitete. Die Straßenverkäufer damit zu beliefern war offensichtlich ein Ganztagsjob. Es machte Spaß zuzusehen, mit welcher Routine er seine Fladen hoch in die Luft warf, bevor sie wieder genau auf seiner heißen Platte landeten.

Es wurde schon Nacht, als wir uns Mandalay näherten. Trotzdem machten wir noch ein letztes Mal in einem Dorf Halt, dessen Einwohner sich auf Palmwein spezialisiert hatten. Die dunklen Holzhäuser waren umgeben von großen Palmen. Etwas weiter weg sah ich Männer, die die dünnen, kahlen Stämme hinaufkletterten, um unterhalb der Palmblätter eine Flüssigkeit abzuzapfen. Dieser Pflanzensaft vergärt rasch, kann sogar noch am selben Tag getrunken werden und muss dann alsbald verbraucht werden. Denn sonst verwandelt sich der leicht schäumende Palmwein in ein starkes Gebräu, das am nächsten Tag für schlimme Kopfschmerzen und eine Magenverstimmung sorgt. Und auch frischer Palmwein ist bereits ein recht hochprozentiges Getränk – wie man einigen Dorfbewohnern unschwer ansehen konnte.

Ich beschloss, noch etwas durch das Dorf zu spazieren, das aus schönen Teakholzhäusern bestand. Die Wege waren gesäumt von Palmen, Mango- und Jackbäumen. Um die Gemüsegärten, wo Erbsen und Bohnen angebaut wurden, standen weitere Obstbäume. Und ich sah große Tonkrüge, in denen Fisch fermentiert wurde. Dabei zuzusehen, wie die Frauen das Abendessen vorbereiten, während ihre Männer fröhlich dem Palmwein zusprachen, erinnerte mich an zu Hause. Wenn das, was ich sah, ‚echte' birmanische Küche war, gehörte sie augenscheinlich eindeutig zu der Tradition Zentral-Südostasiens, die ich bereits auf anderen Reisen kennengelernt hatte – viel Reis, Wels aus dem nahem Fluss mit Currysauce und kräftig gewürzte, pfannengebratene Wasserkresse vom Flussufer. Die wichtigsten Aromageber sind Knoblauch, fermentierter Fisch und sehr viel Kurkuma, die birmanischen Gerichten den typischen ingwerartigen Geschmack und orangegelben Farbton verleiht.

In der Dorfmitte kam ich auch hier an einen Geisterschrein – diesmal nur mit drei *nats*, alle mit einem beruhigenden Lächeln auf dem Gesicht. Trotzdem verbeugte ich mich für alle Fälle und opferte jedem einen Geldschein, bevor wir uns auf die letzte Etappe dieser beeindruckenden Fahrt machten.

Zweifelsohne gehört Mandalay mit seinen berühmten Tempeln und den Überresten des birmanischen Königspalastes zu den Traumzielen, die jeder, der gerne reist, einmal sehen möchte. Es wäre auch für mich der Höhepunkt meiner Reise gewesen – hätte ich nicht schon Pagan besucht, das durch nichts zu übertreffen war. Falls Sie einmal nach Birma reisen, sollten Sie zuerst nach Mandalay fahren und sich Pagan als krönenden Abschluss Ihrer Rundreise aufsparen. Mit meiner entgegengesetzten Route wurde ich in Mandalay durch ein spektakuläres Ereignis versöhnt, auf das ich in keinster Weise vorbereitet war. Ich besuchte die Maha-Muni-Pagode, um mir die riesige goldene Buddhastatue anzusehen, die von Minute zu Minute größer zu werden scheint – dank eines stetigen Stroms von Männern, die kleine Fetzen Blattgold kaufen, um sie auf der Oberfläche dieser Riesenstatue aufzubringen. Abgesehen vom Gesicht darf man das Blattgold überall auf dem Buddha platzieren, dafür sogar auf

Mönchsnovize in einem Kloster nahe dem Inlesee

ihm herumklettern, um bis an seinen Scheitel zu gelangen. Ein seltsamer, irgendwie geheimnisvoller Anblick. Niemand weiß genau, wieviel Edelmetall im Laufe der Jahre auf dem Buddha angebracht wurde, doch der Effekt flößt Ehrfurcht ein. Noch skurriler wirkte diese Szene durch einige der ganz wenigen Errungenschaften moderner Technik, die ich in Birma gesehen habe: Videokameras, die so um die Statue gruppiert waren, dass auch Frauen – die sich selbst nicht hinter den Buddha begeben durften – das ganze Geschehen auf Bildschirmen verfolgen konnten.

Als ich das Gebäude verließ, geriet ich in das besagte Spektakel. Plötzlich fand ich mich inmitten einer bunten Festprozession wieder. Familien und deren Freunde, alle in traditioneller Tracht, hatten einige Jungen in weißen Roben und mit farbenfrohem Kopfschmuck in ihre Mitte genommen und zogen in Richtung Kloster – die jungen Männer wurden für die Dauer der Regenzeit zu Novizen. Ich war mitten in eine Shinpyuzeremonie gestolpert, in der Buben und junge Männer anlässlich des buddhistischen Neujahrsfestes zu Mönchen auf Zeit erklärt werden – ihren Schwestern werden übrigens zur gleichen Zeit Ohrlöcher gestochen. Die Zeremonie war eine einzige Pracht. Wer es sich leisten konnte, ließ seinen Sohn auf einem reich geschmückten Elefanten reiten. Es war wie im Indien der Maharadschas – und eine Erinnerung daran, dass der Buddhismus aus Indien und Ceylon nach Südostasien gekommen war und viele ursprünglich hinduistische Traditionen mit sich gebracht hatte. Die Festgemeinde trug bunte Turbane und goldbestickte Kostüme und die kleinen Novizen liefen im Schatten von mit Fransen verzierten Seidenschirmen. Die Elefantentreiber dirigierten umsichtig ihre schwankenden Riesen, während ringsherum Musik gespielt, geklatscht, gerufen und getanzt wurde.

Eine Welt voller kulinarischer Geheimnisse

Ich wünschte, ich hätte der Prozession folgen können. Sicher gab es an irgendeinem Zielpunkt ein gigantisches Fest und sicher wäre ich dazu eingeladen worden, weil man hier immer und überall eingeladen wird. Später erzählte man mir einiges über die kulinarischen Gebräuche an diesem Festtag, dass reiche Familien – die es sich zum Beispiel auch leisten können, einen Elefanten zu mieten – grundsätzlich mindestens vier Fleischgänge und vier Gerichte mit Fisch und Meeresfrüchten auffahren lassen, dazu Gemüse, Suppen und Reis. Familien aus der Mittelschicht bestellen gerne bei einem Inder eine große Reisplatte mit Fleisch, während es weniger Betuchte bei Reis, einem Currygericht und eingelegten Gemüsen bewenden lassen. Wie gerne wäre ich den Elefanten hinterhermarschiert – doch es warteten Freunde im *Sa Khan Thar* auf mich, dem besten Restaurant von Mandalay, wo mich auch die Eigentümerin Daw Kin Ma Lay begrüßen wollte.

Wir aßen draußen, unter einem gewaltigen Tamarindenbaum, dessen pelzige Schoten wie eine Weihnachtsdekoration herabhingen. Vor dem Essen nahm mich Daw Kin Ma Lay in ihre Küche mit, in der eine ganze Reihe von Köchen bereits heftig am Kleinhacken, Feinschneiden und Braten war. Die Chefin gehört zu jener neuen Generation birmanischer Geschäftsfrauen, die ihr Land

Nonne in Sagaing beim Studium eines buddhistischen Textes

auf die Öffnung zur freien Welt vorbereiten möchten. Das *Sa Khan Thar* zählt zu den seltenen Orten, an denen man eine birmanische Küche kosten kann, die man sonst nur in Privathaushalten serviert bekommt. An jenem Abend hatten wir ein Festessen, bei dem man das gesamte indisch-südostasiatische Aromenspektrum kennenlernen konnte. Von gebratenem Zuckermais mit krossen Schalotten (siehe Seite 145) bis zu knusprig gebratener Ente oder einem thailändisch anmutenden, sauerscharfen Salat mit Fischpastete (siehe Seiten 154 und 146). Zusätzlich holte noch einer meiner Freunde etwas von einem Straßenhändler, der aus bunten Glasballons süßsauer eingelegtes Obst verkaufte – Mangos, Rosenäpfel und eine bittere Frucht, die ein Mittelding zwischen Pflaume und Olive zu sein schien.

Als wir so in Mandalay unter dem Sternenzelt schlemmten, wurde mir klar, dass diese Küche eines Tages außerhalb Birmas sehr beliebt werden könnte. Inzwischen hat sie wachsenden Erfolg in Ländern wie Großbritannien, die längst eine Vorliebe für indisches und chinesisches Essen entwickelt haben. Denn die birmanische Küche bietet von beidem etwas – und noch mehr. Momentan ist es noch praktisch unmöglich, die wahre birmanische Kochkunst außerhalb ihres Heimatlandes kennen zu lernen, abgesehen von einigen wenigen einschlägigen Restaurants in Kalifornien. Natürlich müssen die Birmanen selbst den ersten Schritt tun und lernen, ihre einheimische Küche weltläufig zu machen – Daw Kin Ma Lay und ihresgleichen haben damit begonnen. Als Nächstes sind dann wir gefragt, die Ausländer, Birma zu entdecken – was angesichts der Attraktivität von Pagan sicherlich auch geschehen wird. Bis dahin jedoch wird Birmas eigenständige Küchenlinie, wie auch das Land selbst, eines der großen Geheimnisse der Welt bleiben.

WET TAUK-TAUK GYAW

GEBRATENES SCHWEINEFLEISCH MIT CHILI

- 2 EL Öl
- 2 Knoblauchzehen, fein gehackt
- 2 große getrocknete rote Chilis, grob gehackt
- 150 g Schweinefleisch, in dünne Streifen geschnitten
- 60 g Blumenkohl, in kleine Röschen zerteilt
- 60 g Karotten, in dünne Scheiben geschnitten
- 1 EL Fischsauce
- 1 EL helle Sojasauce
- 1/2 TL Zucker
- 2 Frühlingszwiebeln, fein gehackt

Ich aß dieses Gericht auf der Terrasse des Restaurants *Aye Yeiktha* in Pagan, mit herrlichem Blick auf die festlich angestrahlte Shwezigon-pagode. Es ist ein vollwertiger Hauptgang, der von verschiedenen Gemüsebeilagen begleitet sein sollte, etwa würzig gebratenen Bambussprossen (siehe Seite 149) oder gebratenem Mais mit krossen Schalotten (siehe unten).

ZUBEREITUNG

Im Wok oder in einer tiefen Bratpfanne das Öl erhitzen und den Knoblauch darin goldbraun braten. Die Chilis rasch unterrühren. Das Schweinefleisch hinzufügen und unter Rühren eben gar braten.

Die Gemüse nacheinander unter Rühren hinzugeben. Die Fischsauce, die Sojasauce und den Zucker hinzufügen und kurz unterrühren.

Vom Herd nehmen und die Frühlingszwiebeln rasch unterrühren. Auf einer Platte anrichten und servieren.

PYAUNG-BU GYAW

GEBRATENER MAIS MIT KROSSEN SCHALOTTEN

- 3 frische Kolben Zuckermais
- 2 EL Öl
- 6 kleine Schalotten, in feine Scheiben geschnitten
- Salz und Pfeffer

Dies ist eine der delikaten Beilagen, wie sie Daw Kin Ma Lay vom Restaurant *Sa Khan Thar* in Mandalay serviert. Besonders gut passt der Mais zu Daw Kin Ma Lays knuspriger Ente (Seite 154) und der birmanischen Würzsauce (Seite 146).

ZUBEREITUNG

Die Maiskörner mit einem scharfen Messer vom Kolben lösen. Beiseite stellen.

Das Öl in einer Bratpfanne mit gut schließendem Deckel erhitzen und die Schalotten darin knusprig braten. Herausnehmen, abtropfen lassen und beiseite stellen.

Das Öl erneut erhitzen, den Mais hineingeben und umrühren. Den Deckel auflegen und den Mais weich garen. Das dauert etwa 5 Minuten.

Vom Herd nehmen, die Zwiebelringe hinzufügen, salzen und pfeffern. Auf einer Platte anrichten und servieren.

NGA-PE THOKE

SAUERSCHARFER SALAT MIT FISCHPASTETE

- 1 große getrocknete rote Chili, fein gehackt
- 1 TL fein gehackte frische Kurkuma
- 1 TL fein gehackter Knoblauch
- 1 EL fein gehackte Schalotte
- 1/4 TL Salz
- 450 g weißfleischiges Fischfilet (etwa Kabeljau, Mönchsfisch etc.), in kleine Stücke zerteilt.
- Eine Auswahl verschiedener Salatgemüse wie Streifen von Eisbergsalat, Zwiebelringe, Gurkenscheiben, Tomatenscheiben, Frühlingszwiebelringe und Koriandergrün zur Garnitur

Für das Dressing:

- 3 EL Fischsauce
- 3 EL Limettensaft
- 1 EL Zucker
- 4 kleine frische Chilis (rot oder grün), fein gehackt

ZUBEREITUNG

Im Mörser die Chili, die Kurkuma, den Knoblauch und die Schalotten zu einer Paste zerstoßen. Das Salz und die Fischstücke hinzufügen und zerdrücken. Die Paste mit den Fingern zu zwei Würsten formen.

Im Einsatz eines Dampfgargeräts 15–20 Minuten dämpfen, bis die Fischmasse fest geworden ist. Währenddessen für das Dressing alle Zutaten in einer Schüssel gut verrühren.

Sobald die Fischpastete gar ist, herausnehmen und in etwa 5 mm dicke Scheiben schneiden. Die Salatzutaten auf einer Servierplatte anrichten. Die Fischpastetenstückchen darauf verteilen. Das Dressing kann nun über den Salat gegeben oder in einer Schale getrennt serviert werden.

NGAN-BYA-YE DHYAW

BIRMANISCHE WÜRZSAUCE

- 1 EL Öl
- 1 EL fein gehackte frische Kurkuma
- 1 EL getrocknete Garnelen, pulverisiert
- 1 TL Chilipulver
- 3 EL Fischsauce

ZUBEREITUNG

Das Öl im Wok oder in einer tiefen Bratpfanne erhitzen und die Kurkuma darin kurz anbraten. Das Garnelenpulver hinzufügen und nochmals unter Rühren kurz weiter braten.

Vom Herd nehmen und das Chilipulver und die Fischsauce hinzufügen. Umrühren, in ein Dipschälchen geben und servieren.

MON-LA-DOKE-THOKE

WEISSKOHLSALAT

- 250 g Weißkohl
- 1 Zwiebel, in feine Scheiben geschnitten
- 2 kleine frische rote Chilis, fein gehackt
- 1/2 TL Salz
- 1 EL Limettensaft
- 1 EL Erdnussöl
- 1 EL getrocknete Garnelen, pulverisiert

ZUBEREITUNG

Den Weißkohl in feine Scheiben schneiden und mit den Fingern in Streifen zerteilen. In einer Schüssel anrichten. Alle übrigen Zutaten hinzufügen und gut untermischen.

AMETHA HIN

RINDFLEISCH IN TAMARINDENSAUCE

- 2 mittelgroße getrocknete rote Chilis, fein gehackt
- 1 TL fein gehackter Ingwer
- 2 Knoblauchzehen, fein gehackt
- 6 kleine Schalotten, fein gehackt
- 2 EL Öl
- 450 g Rindersteak, gewürfelt
- 1 TL Kurkumapulver
- 2 EL Fischsauce
- Etwas Tamarinde, in 2 Esslöffeln Wasser aufgelöst (siehe Seite 17)

ZUBEREITUNG

Im Mörser die Chilis, den Ingwer, den Knoblauch und die Schalotten zu einer Paste zerstoßen.

Das Öl in einem Topf mit gut schließendem Deckel erhitzen und die Paste darin anschwitzen. Das Fleisch zugeben und gut umrühren. Das Kurkumapulver und die Fischsauce einrühren. 350 ml Wasser angießen und zum Kochen bringen. Abgedeckt 1 Stunde köcheln lassen.

Am Ende der Garzeit das Tamarindenwasser zugeben, unterrühren und weitere 5 Minuten köcheln lassen.

In einer Schüssel angerichtet servieren.

KYET-THA KHAUK-SWE-BYOKE

BIRMANISCHE NUDELN MIT HÜHNERFLEISCH

- 2 EL Öl
- 225 ml Kokosnussmilch
- 250 g Hähnchenfleisch, ausgelöst, enthäutet und in dünne Streifen geschnitten
- 450 ml Hühnerbrühe (siehe Seite 14)
- 225 g frische oder eingeweichte getrocknete Eiernudeln (siehe Seite 11)
- 2 EL Fischsauce
- 1 TL Zucker
- 1 EL Zitronensaft

FÜR DIE CURRYPASTE:

- 1/2 TL Koriandersamen
- 1 TL fein gehackte frische Kurkuma
- 1 TL fein gehackter Ingwer
- 1 große getrocknete rote Chili, fein gehackt
- 3 kleine rote Schalotten, fein gehackt
- 1/4 TL Salz

Dies ist das klassische Nudelgericht Birmas – eines der wenigen Rezepte aus Birma, die überregional bekannt sind. Es ist eine perfekte Synthese der vielfältigen Stilrichtungen innerhalb der birmanischen Küchentradition. Auf meiner Reise lernte ich mannigfaltige Variationen dieses Klassikers kennen: Im Restaurant *River View* in Pagan beispielsweise wurden alle Zutaten separat serviert und der Gast stellte sich seine Kombination daraus selbst zusammen. Die hier beschriebene Version ist etwas schlichter und unkompliziert zuzubereiten. Sie stammt vom Bogyoke-Aung-San-Markt in Rangun.

Von der Currypaste wird nur ein Esslöffel benötigt, der Rest hält sich mehrere Tage im Kühlschrank und kann für zahlreiche andere Rezepte verwendet werden.

ZUBEREITUNG

Zunächst die Currypaste zubereiten: Die Koriandersamen im Mörser pulverisieren. Nacheinander die übrigen Zutaten hinzufügen und kräftig stampfen. Beiseite stellen.

Das Öl im Wok oder in einer tiefen Bratpfanne erhitzen und darin 1 Esslöffel Currypaste anschwitzen. Die Kokosnussmilch unterrühren. In dieser Sauce das Hähnchenfleisch unter Rühren garen lassen.

Die Hühnerbrühe angießen und zum Kochen bringen. Die Nudeln hinzufügen und gut unterrühren. Die Fischsauce und den Zucker einrühren.

Vom Herd nehmen und den Zitronensaft hinzufügen. Noch einmal umrühren, in eine Schüssel geben und servieren.

KYAUK-KYAW

KOKOSNUSSGELEE

- 125 g Agar-Agar-Pulver (siehe Seite 19)
- 250 g Zucker
- 500 ml Kokosnussmilch
- 1 Ei

Dies ist ein Basisrezept, das sich leicht abwandeln lässt. Agar-Agar-Gelee ist geschmacksneutral und kann daher süß oder pikant aromatisiert werden. Hier verwende ich Kokosnuss – ich habe ein solches Gelee jedoch auch schon mit Kaffee- und sogar mit Pandangeschmack serviert bekommen. Man kann statt der Kokosnussmilch alternativ Orangen- oder anderen Fruchtsaft verwenden sowie kleine Fruchtstückchen in die Förmchen geben, bevor das Gelee eingefüllt wird.

ZUBEREITUNG

Den Agar-Agar in einer schweren, tiefen Pfanne mit 1/2 Liter Wasser unter ständigem Rühren aufkochen lassen.

Den Zucker nach und nach einrühren. Die Kokosnussmilch hinzufügen und erneut aufkochen. Das Ei aufschlagen und unterrühren. Einen Moment köcheln lassen, dann in Portionsförmchen füllen. Auskühlen lassen.

Zum Servieren die Förmchen kurz in heißes Wasser tauchen und das Gelee auf Dessertteller stürzen.

MON-LET-SAUNG

SAGO MIT PALMZUCKER UND KOKOSNUSSMILCH

- 225 g Sago
- 450 g Kokosnussmilch
- 225 g Palmzucker (siehe Seite 19)

ZUBEREITUNG

Den Sago in kaltem Wasser waschen und abtropfen lassen.

In einem Topf 450 ml frisches Wasser erhitzen. Den Sago darin zum Kochen bringen. Sobald die Perlen aufschwimmen, sind sie gar. Mit einer Siebkelle herausheben und in einer Schüssel mit kaltem Wasser abschrecken, herausheben und abtropfen lassen. In eine Schale geben und bis zum Servieren beiseite stellen.

Die Kokosnussmilch in einer schweren, tiefen Pfanne erhitzen. Den Palmzucker zugeben und rühren, bis sich der Zucker aufgelöst hat, dann die Sauce in eine weitere Servierschale geben.

Getrennt servieren, so dass sich jeder Gast Sago und Sauce nach Belieben nehmen kann. Im Sommer schmeckt gekochter Sago auch kalt auf zerstoßenem Eis.

Malaysia un

d Singapur

Heute bereits morgen

Als Anfang des 20. Jahrhunderts die Eisenbahnlinie zwischen Bangkok und der damaligen britischen Kolonie Malaya fertig gestellt und Thailand mit seinem südlichen Nachbarn verbunden wurde, endeten Jahrhunderte der Trennung und der Konflikte. Ihr Bau galt damals als Wunder der Ingenieurkunst – die Strecke führt von den Flussufern des Chao Phraya über den schmalen Isthmus Südthailands zur Andamanensee, durch dichten Dschungel und spiegelnde Reisfelder, weiter über die Grenze, an den Cameron Highlands vorbei nach Kuala Lumpur und schließlich über die Straße von Jahor bis nach Singapur.

Geflügelhändler auf dem Zentralmarkt von Kota Bharu, Malaysia

Auch heute noch dauert die beschwerliche Fahrt mit dem alten Zug drei Tage und Nächte und Reisende müssen selbst einiges an Verpflegung mitbringen, da es im Zug nur wenig zu kaufen gibt. Angesichts der Tatsache, dass das Fliegen zunehmend populärer geworden ist, erscheint diese Reise noch mühseliger – diesen Zug nehmen jetzt nur noch arme Leute, Rucksacktouristen aus Europa und passionierte Eisenbahnreisende, die sich vom Charme der Bahnhöfe im viktorianischen Stil betören lassen wollen.

Einiges änderte sich jedoch 1993, als die Betreibergesellschaft des *Orient Express,* jenes Luxuszuges, der zwischen London und Venedig verkehrt, beschloss, auf der alten Bahnstrecke Thailand–Malaysia etwas Ähnliches auf die Schiene zu heben – den *Eastern and Oriental Express.* Waggons wurden mit Rosenholz und Mahagoni verkleidet, Speisewagen und Bars mit Lampen von Lalique und Kristall aus Baccarat ausgestattet, eine Bücherei mit ledernen Armsesseln eingerichtet. Küchenchefs, Servicepersonal, traditionelle Tanzensembles und sogar ein Wahrsager wurden eingestellt, um die inzwischen immerhin nur noch 36 Stunden zwischen Bangkok und Singapur möglichst kurzweilig zu gestalten.

Ich gehöre zu den wenigen, die den alten Zug mit all seinen Schwächen geliebt haben. Oft war ich mit ihm vom Hua-Lampong-Bahnhof in Bangkok die vier Stunden bis zum Seebad Hua Hin an der Ostküste gefahren. Doch selbst ich muss einräumen, dass man dem Luxus, sein Frühstück in der Privatkabine auf einem Silbertablett serviert zu bekommen oder bei Sonnenuntergang im Panoramawaggon einen Cocktail einzunehmen, nur schwer widerstehen kann.

Die Qualität des Essens an Bord wird vom obersten Küchenchef Kevin Cape überwacht, der in Bangkok bis kurz vor Abfahrt des Zuges frische Lebensmittel zuladen lässt. Seine Gerichte setzen sich aus östlichen und westlichen Ideen zusammen – eine kulinarische Mischung, die in den letzten Jahren auch in die Küchen vieler Chefs in London, New York und Kalifornien frischen Wind gebracht hat. So gibt es heute nur noch wenige führende Köche, die ohne Produkte wie Zitronengras oder Chili arbeiten. Aus der Speisekarte des Zugrestaurants habe ich für dieses Kapitel eine Tofusuppe ausgewählt, die deutlich macht, welch gelungene Kreationen ein solcher Stilmix hervorbringen kann. Nicht zuletzt ist dieser Kochstil in einer gewissen Weise auch authentisch: Schließlich ist Südthailand, das der Zug auf seinem Weg nach Malaysia durchquert, berühmt für die Verschmelzung thailändischer und malaysischer Kochtraditionen.

Malaysia, Schmelztiegel der Kulturen

In der malaysischen Küche sind ebenso wie in der Bevölkerung dieses Landes Einflüsse aus aller Herren Länder zusammengetroffen. Das liegt an der strategischen Lage des Landes am Hauptseeweg zwischen Europa, Arabien, Indien, China und dem Fernen Osten. Der Hafen von Malakka, dem heutigen Melaka, an der Westküste war lange Zeit ein Anziehungspunkt für Gewürzhändler aus Europa. Noch viel eher, in frühchristlicher Zeit, hatten bereits indische Händler die Halbinsel regelmäßig besucht. Muslime aus dem Nahen Osten schließlich führten Ende des 13. Jahrhunderts den Islam ein – die Staatsreligion im heutigen Malaysia.

Zwei Jahrhunderte später fiel Malakka an die Portugiesen, 1641 dann an die Holländer. Diese wiederum wurden Ende des 18. Jahrhunderts von den Briten ausmanövriert, die einen konkurrierenden Hafen auf der Insel Penang eingerichtet hatten, der bald Malakka als Hauptzentrum auf der südostasiatischen Handelsroute ersetzen sollte. Ursprünglich waren die Briten, die auch in Singapur eine Niederlassung gründeten, nur an den Handelshäfen interessiert. Mit der Zeit mehrten sich jedoch die mit den

Sultanaten der Region eingegangenen Vereinbarungen und politischen Unionen, so dass Anfang des 20. Jahrhunderts die gesamte Halbinsel den Status einer britischen Kolonie bekam. Dies wiederum zog Zehntausende chinesischer Einwanderer an, die zunächst als Kulis und Tagelöhner Arbeit fanden, später ins Land Kommende ließen sich meist als Händler nieder – bis es auf der malaiischen Halbinsel fast ebenso viele Chinesen wie Malaien gab.

Nur eine fremde Macht wäre in der Lage gewesen, dieses inhomogene, ständig spannungsgeladene Völkergemisch zusammenzuhalten. Doch die Niederlage, die die Japaner 1942 den Briten beibrachten, erschütterte die Illusion von der britischen Unbesiegbarkeit. Als der Krieg vorbei und die Kolonialregierung wieder eingesetzt worden war, blieb die Unabhängigkeit nur noch eine Frage der Zeit.

Heute gibt es hier zwei unabhängige Staaten: Malaysia und Singapur. Der Staat Malaysia besteht aus der malaiischen Halbinsel und zwei Ländern nördlich von Borneo, die sich mittlerweile angeschlossen haben – Sabah und Sarawak. Der zweite Staat, der weitaus reicher und erfolgreicher ist, als es seine Dimensionen vermuten lassen, ist die Inselstadt Singapur. Sie wurde 1965 unabhängiges Mitglied des britischen Commonwealth.

Trotz aller politischen Differenzen – Malaysia und Singapur haben vieles gemeinsam. Beide vereinen so zahlreiche unterschiedliche Kulturen und Religionen, dass sie in zwölf Monaten viermal Neujahr feiern. Und beide waren so vielen kulinarischen Einflüssen ausgesetzt, dass sich hier fast die gesamte Weltgeschichte des Essens niedergeschlagen hat. Vereinfacht kann man die malaysische Küche als deftig, aromatisch und scharf gewürzt beschreiben, ausbalanciert durch Kräuteraromen, die Sauerkeit von Tamarinde und die Salzigkeit von Fisch. Diese Mischung zeigt sich am deutlichsten im allgegenwärtigen *satay,* einem Gericht, das mit dem arabischen Kebab verwandt ist. Die dazu gereichte Erdnusssauce verbindet indische Gewürz- mit südostasiatischen Kräuter- und Fischaromen. In den Städten, vor allem im unabhängigen Singapur, sind die später eingewanderten Emigranten aus Indien und China ihren heimischen Küchentraditionen treu geblieben, so dass man als Besucher heute eine breite Auswahl hat – von malaiischer Küche bis zu Kanton- oder Kaschmirküche, ganz zu schweigen von britischem Essen oder Spezialitäten aus anderen westlichen Ländern.

Wer zum ersten Mal nach Malaysia kommt, sieht meist nur die Hauptorte der westlichen Halbinsel. Deren Bevölkerung besteht zu 60 Prozent aus Malaien, zu 30 Prozent aus malaysischen Chinesen, der Rest ist indischer Abstammung. Mich interessieren vorwiegend die Speisen der beiden größten Volksgruppen, besonders dann, wenn sie eine Verbindung miteinander eingehen. Viele Chinesen ließen sich Ende des 18., Anfang des 19. Jahrhunderts in dieser Region nieder und heirateten malaiische oder indonesische Frauen. Diese Chinesen lebten sozusagen in zwei Welten, was um so mehr für ihre Nachkommen galt: Sie wohnten zwar in chinesischen Häusern und kleideten sich chinesisch. Doch ihr Essen war *nonya* – das malaiische Wort für Mutter. Und ihre Mütter kochten nach malaiischer Tradition, ergänzt durch chinesische Gerichte, die ihren Männern schmeckten.

Ochsenkarren in Malaysia

Singapore
Telecom

Die Nonyaküche gehört zwar zu den großen Küchen Asiens, ist aber außerhalb der Esszimmer ethnisch gemischter Familien nur schwer zu finden. Es heißt sogar, sie sei am Aussterben, da sich die heutige Generation entweder der malaiischen oder der chinesischen Richtung zuwendet. Noch gibt es für die Nonyaküche zwei Zentren: natürlich Singapur, aber auch Penang, die kleine Insel vor der Nordwestküste der Halbinsel, wo der Luxuszug aus Bangkok seinen ersten längeren Aufenthalt hat.

Gepflegte Britishness und Räucherstäbchen

Als der Zug in Butterworth-Bahnhof, das der Insel gegenüber auf dem Festland liegt, einfuhr, wurden wir von Trommeln, Glocken und einem auf und ab tanzenden chinesischen Löwen begrüßt. Nach Penang fährt man 15 Minuten mit der Fähre. Die Hauptstadt George Town wurde, wie der Name vermuten lässt, von den Briten gegründet. Während einer der herausragenden Stilepochen der britischen Architektur wuchs aus dem Handelsposten eine kleine Stadt. Noch heute kann man hier die schöne Strandpromenade rund um Fort Cornwallis mit ihren Säulengängen aus dem Regency und der georgianischen Zeit bewundern. Heute wohnen hier vorwiegend Chinesen beziehungsweise die Nachfahren chinesischer Immigranten, deren Kultur die Insel prägt.

An diesem Ort nun standen die Zugreisenden und hatten Zeit, einen kurzen Rundgang zu machen. Da ich die Insel einige Jahre zuvor schon einmal besucht hatte, erinnerte ich mich an das Chinesenviertel mit seinen prächtigen Tempeln und Clanhäusern, durch das der schwere Duft von Räucherstäbchen zieht. Und an die etwas heruntergekommenen, aber immer noch imposanten chinesischen Handelshäuser an der Millionaire's Row, der Millionärsstraße, die zu den besten Stränden und den neuen Touristenhotels führt. Meine schönste Erinnerung galt allerdings den Tieren: Schlangen, auch giftige Arten, die sich mehr oder weniger frei rund um den Schlangentempel bewegen können, und die Horden schelmischer Makaken, die im botanischen Garten ihre Machtkämpfe austragen.

George Town hat in einer ehemaligen britischen Schule ein Museum eingerichtet, das etwas von der Vergänglichkeit der Zeit vermittelt. Als ich es einmal Ende der 80er-Jahre besucht hatte – es war menschenleer gewesen –, hatte mich die Sammlung von Fotografien und Erinnerungsstücken aus dem Penang der Jahrhundertwende fasziniert. Im hinteren Teil des Gebäudes waren Einrichtungsgegenstände und Trachten ausgestellt gewesen, die das Leben in jener Zeit lebendig werden hatten lassen – Paare im chinesischen Hochzeitsstaat und Lackmöbel, die ich damals für einzigartig gehalten hatte. Seit meiner Reise ins vietnamesische Hoi An weiß ich jedoch, dass solche Dinge Teil einer gemeinsamen Kultur sind, die die unerschrockenen chinesischen Auswanderer mitnahmen – in die Handelshäfen rund um das Südchinesische Meer, wo sie sich niederließen und ein neues Leben anfingen, ohne das alte jemals vergessen zu können.

Die Küchenlinie, die sie kreierten, lernt man am besten abends auf dem Gurney Drive kennen, wo Restaurants und Garküchen einfach alles anbieten: von authentisch indischen, chinesischen und malaiischen Gerichten bis zu deren Verschmelzung in Form der Nonyaküche. Zwei Zentren dieser Kochrichtung gibt es, die sich jedoch deutlich unterscheiden: In Singapur beweisen cremige Kokosnussmilchsaucen und der etwas betontere Einsatz von Trockengewürzen den Einfluss von Traditionen aus dem südlichen Malaysia und Indonesien. Im Gegensatz dazu setzt man in Penang eher auf die sauren Zitrusaromen des benachbarten Thailand, auch sind die Saucen hier leichter und flüssiger. Beide Traditionen verschmelzen in *laksa lemak*, einem stark mit Kokosnussmilch aromatisierten Nudelgericht, gewürzt mit einem Hauch Tamarinde und Kurkuma sowie mit Fischsauce und Garnelenpaste. In Penang und Singapur gibt es jeweils eigene Varianten dieses Gerichts – in Penang beispielsweise *penang laksa* mit Fisch.

Denkmal des Gründers der Stadt Singapur Sir Stamford Raffles vor den Symbolen wirtschaftlichen Erfolges

Leider hatte ich keine Zeit, mir diesen Genuss noch einmal zu gönnen. Immerhin konnten wir eine kurze Stadtrundfahrt mit einer Rikscha machen, bevor wir wieder den Zug bestiegen, um dort den Nachmittagstee einzunehmen. Dieser ausgesprochen englische Brauch ist in Malaysia noch allgegenwärtig.

Unsere Fahrt führte uns nun vorbei an den Teeplantagen der Cameron Highlands, wo sich einst britische Siedler niedergelassen hatten und wohin deren Freunde aus dem tropisch heißen Kuala Lumpur immer gerne zu Besuch gekommen waren. Mitten im dichten Dschungel am Fuße der Hügel hatten die Briten eine Traumwelt von Hotels im Pseudo-Tudorstil erschaffen. Vor ein paar Jahren hatte ich einmal im *Ye Olde Smokehouse* übernachtet, einem typisch englischen Haus mit offenem Kamin und jeder Menge Nippes – und war in den Genuss von Devon Cream Tea mit Scones und Erdbeermarmelade gekommen. Bis heute fahren malaysische Familien hierher zum Tee und lassen sich fotografieren – inmitten der Reminiszenz an einen Lebensstil, den man in diesen Breiten kaum noch für möglich hält.

Die Moschee zwischen den Wolkenkratzern

Ähnliches gilt für den Bahnhof von Kuala Lumpur, wo der Zug um Mitternacht kurz Halt machte, gerade lange genug, dass man sich ansehen konnte, welche Blüten die Fantasie britischer Architekten einmal getrieben hatte: ein Stilmix aus arabischen, gotischen und griechischen Elementen. Eine passende Einstimmung auf die von allen nur KL genannte Stadt selbst, die rund um ein Kricketfeld mit Clubhaus im Tudorstil gebaut worden ist. Die weiß gekleideten Spieler nehmen keinerlei Notiz von den Wolkenkratzern, die um sie herum in den Himmel geschossen sind – mächtige Symbole des wirtschaftlichen Aufschwungs. Sogar sakrale Bauten haben dieses Streben nach Wachstum mit vollzogen: Eines der schönsten modernen Gebäude der Stadt ist die Masjid-Negara-Moschee, ein gigantischer Prunkbau. Unzählige Schuhe stehen vor dem Eingang, während sich die Männer – alle in ihren traditionellen Gewändern – in Richtung Mekka verbeugen.

Wie andere Großstädte Asiens, so hat auch KL eine unglaubliche Wachstumsphase erlebt – wobei es ein Glück war, dass sich dies auf der Grundlage einer soliden Infrastruktur aus der Kolonialzeit abgespielt hat. Auch hier gibt es wie in Rangun

Gärten, Parks und Blumenbeete, ausreichend sanitäre Einrichtungen, ein Gesundheitswesen und ein funktionierendes Verkehrssystem. Eine relativ saubere und weltoffene Stadt, in der es sich entspannt und angenehm leben lässt.

Aber wo isst man in KL? In einem Drehrestaurant ganz oben in einem der Hochhäuser? Im Restaurant eines internationalen Hotels? Nein – man geht zu einem Parkplatz! Abends, wenn die Autos und Busse verschwunden sind, tritt hier eine Armee von fliegenden Straßenhändlern auf den Plan. Mit kleinen Metalltischen und -stühlen verwandeln sie den Jalan Benteng Car Park in das größte Restaurant der Stadt. Lange Reihen mit Kerosinlampen beleuchteter Stände, von denen die meisten malaysische oder muslimisch-indische Spezialitäten anbieten.

Von diesem Platz aus sieht man am anderen Flussufer das alte, historische KL. Und auch das Essen ist hier traditionell malaiisch – es gibt eine unüberschaubare Vielfalt an Snacks und Appetithappen, die für die Küche dieses Landes so charakteristisch sind. Dutzende von Satayvariationen, mit so gut wie allem, was sich auf einen Spieß stecken und grillen lässt. Satayverkäufer findet man hier überall. Auf ihren Spießen steckt zwar weniger Fleisch als anderenorts, dafür sind sie länger, und man bekommt immer gleich mehrere Spieße. Dazu bestellt man Reis und ein weiteres Gericht, etwa ein Rindfleischrendang – eine ursprünglich von Sumatra stammende Curryvariation, die längst zum malaysischen Repertoire gehört und bei der das Fleisch mit verschiedenen Samen, Ingwer und Galgant kräftig gewürzt wird. Daneben sollte man mindestens zwei *sambals* ordern, scharfe Gerichte, die man sich auch als Hauptgang schmecken lassen kann – denn dank ihrer ausdrucksstarken Aromen wird ein hungriger Esser damit große Mengen an Reis verzehren. Gerne erinnere ich mich an ein Eiersambal mit viel Chili und Schalotten und an ein Fischsambal mit Zitronengras und Tamarinde.

Dieser kurze Aufenthalt brachte mir alles wieder ins Gedächtnis zurück – den Geruch von Knoblauch und Chili in der Pfanne, den mit jedem neuen Gericht steigenden Appetit, ganz egal, wie viel man schon gegessen hatte. Nun ging es auf die letzte Etappe unserer Reise – durch die Nacht nach Singapur. Die Zugfahrt hat uns viel Spaß gemacht, wobei unsere Mitreisenden für den Großteil der Unterhaltung sorgten. Etwa die Frau, die eine eigene Kabine für ihr Gepäck gebucht hatte und sich fast stündlich umzog. Zuletzt bekam sie im Speisewagen jedesmal Applaus, wenn sie wieder in einem neuen Outfit erschien. Als ihr jemand während des Essens versehentlich etwas Wein über das Kleid schüttete und sie hinausstürmte, um sich abermals umzuziehen, meinte ihr Mann nur, der kleine Zwischenfall habe ihr sicherlich Freude bereitet.

Singapur – wohl geordneter Vielvölkerstaat

Ich erwachte bei Sonnenaufgang, rechtzeitig zum Kaffee und kurz vor dem Damm, der auf die Insel und in eine neue Welt führt. Wenn KL modern ist, dann ist Singapur ultramodern. Hier sieht man die Architektur der Zukunft inmitten von Parks und Gärten und so blitzsauber, dass sogar die Bahndämme wie geschrubbt wirken. Viele finden Singapur zu sauber, zu stark reglementiert und zu autoritär: Mit Bußgeld wird bestraft, wer Abfall wegwirft oder auf die Straße spuckt – Kritiker dieser Politik sagen, das Ergebnis sei einfach nur öde. Ich bin ganz anderer Auffassung. Aus dem Schmutz Bangkoks nach Singapur zu kommen, gleicht einer Reise aus der Hölle in den Himmel.

Die Betonung der Moderne mag hier und da zu weit getrieben worden sein. Doch die Behörden bemühen sich neuerdings, auch die Überreste vergangener Zeiten zu bewahren: China Town, das Inderviertel und die Gebäude aus den Tagen des britischen Empires, die noch zwischen Bankentürmen und großen Kaufhäusern stehen.

1819 handelte Sir Stamford Raffles, der Gründer von Singapur, mit dem Sultan von Jahor einen Vertrag aus, der zur Einrichtung eines britischen Handelsstützpunktes an dieser Stelle führte. Ein Außenposten, der zu einem der erfolgreichsten Wirtschaftszentren der Welt herangewachsen ist. Man muss nur einmal ringsum schauen und die ganze Geschichte Singapurs tut sich auf: Der in Stein gehauene Stadtgründer blickt auf elegante Kolonialbauten, in denen heute Parlament und Regierung untergebracht sind. Dahinter liegen das unvermeidliche Kricketfeld und andere Relikte der britischen Vergangenheit wie etwa die anglikanische Kathedrale, das Kriegerdenkmal und natürlich das großartige, nach Raffles benannte Hotel. Ein Haus der schattigen Verandas und Innenhöfe und wunderschöner, von Ventilatoren gekühlter Gesellschaftsräume, in denen man zumindest einmal im Leben einen Singapore Sling getrunken haben sollte.

Hinter dem Denkmal ragen die im Sonnenlicht glitzernden Wolkenkratzer wie Nadeln in den Himmel des neuen Singapur. Wenn man darauf zugeht, entdeckt man unten, entlang des South Boat Quai, eine Reihe hübscher chinesischer Ladengeschäfte mit den typischen, geschwungenen Dächern. Das ist Alt-Singapur. Es wurde mit viel Liebe erhalten und ist heute eine elegante Restaurantzeile, wo die ganze Palette des Gourmetparadieses Singapur dargeboten wird. Dorthin ging ich an meinem ersten Abend zum Essen. Ich entschied mich für *Gina's Nonya Restaurant,* wo ich herausfinden wollte, ob es stimmte, dass man gute Nonyaküche an ihren Gemüsegerichten erkennt: Alle Zutaten sollten beim Servieren noch frisch und knackig sein, ungeachtet der Garzeit, die eine kräftige Sauce nun einmal benötigt. Chinesische Gemüsegerichte werden rasch pfannengebraten und einfach mit Sojasauce abgeschmeckt, indische Köche bevorzugen Zutaten – Hülsenfrüchte und Wurzelgemüse –, die so lange gekocht werden können, bis die harten Trockengewürze ihre Aromen freigesetzt haben. Nonyaköche versuchen, die Vorzüge beider Kochstile zu vereinen. Für *nonya chap chai* (siehe Seite 183) beispielsweise werden weiche Gemüsesorten und Wolkenohrpilze rasch pfannengebraten, gemeinsam mit rotem Tofu, der fermentiert und daher von vornherein höchst aromatisch ist (siehe Seite 19). Aus dem gleichen Grund wird gerne die aus dem Norden übernommene Garnelenpaste verwendet und mit Chili und Schalotten vermischt, um *sambal kaehand panjang* (siehe Seite 176) zuzubereiten – bei diesem Rezept werden die Garnelen nicht übergart, und auch die Bohnen bleiben bissfest.

Essen in Singapur ist mehr, als nur in schicken Restaurants zu dinieren. Bei aller Moderne ist es immer noch eine sehr asiatische

Stadt – mit Märkten, Garküchen und Straßenverkäufern. Vom Rafflesdenkmal aus muss man nur ein paar Schritte in Richtung Cavanaghbrücke machen und schon steht man inmitten einer Gruppe von Ständen unter einem Schatten spendenden Dach. Dort probierte ich, was die einen *kai chok*, die anderen Hainanhuhn nennen (siehe Seite 173), ein Gericht aus gekochtem Huhn und in der Brühe gegartem Reis, dessen Einfachheit viel über die Küche von Singapur verrät. Wie sein zweiter Name andeutet, stammt das Rezept von der Insel Hainan vor der Südküste Chinas. Viele chinesische Einwanderer kamen aus dieser und ähnlich armen Provinzen, von wo sie ihre naturgemäß schlichte, aus dem Mangel gewachsene Küchentradition mitbrachten. Im Überfluss Südostasiens angelangt, lag die Zubereitung dieser einfachen Gerichte in den Händen ihrer einheimischen Ehefrauen, die daran herumexperimentierten. So gab es etwa zu meinem Hainanhuhn einen feurigen Dip aus gelber Bohnensauce, Ingwer und gehackten Vogelaugenchilis, dazu frische Gurken und Koriander – genug, um ein einfaches ländliches Gericht zu veredeln.

Es ist nicht nur der kulinarische Erfindungsreichtum des hier beheimateten Völkergemischs, der diese Garküchen so anders als jene im restlichen Südostasien erscheinen lässt. In Singapur hat man sich offensichtlich auch einmal Gedanken über Rahmenbedingungen gemacht. So war diese schützende Arkade, unter der ich mein Hainanhuhn verzehrte, von der Stadt gebaut worden, die auch für sanitäre Anlagen gesorgt hatte und für Einrichtungen zur regelmäßigen Reinigung der Essensstände, deren Betreiber strikten Hygienevorschriften unterworfen sind.

Dies wurde am folgenden Tag nochmals sehr deutlich, als ich mich auf den Weg zum berühmten Lau-Pa-Sat-Festival-Markt machte, einer gastronomischen Halle im viktorianischen Stil, gebaut nach dem Vorbild des Covent Garden in London. Zunächst war ich enttäuscht: Der Markt war wegen Renovierung geschlossen. Doch dann entdeckte ich, dass auf der anderen Straßenseite eine große provisorische Arkade aufgebaut worden war, unter der sich jetzt um die Mittagszeit Angestellte aus den Banken und Büros der nahen Hochhäuser drängten. Es gab so viele Stände und eine so große Bandbreite an Nationalküchen, dass man nach Herzenslust auswählen und kombinieren konnte.

Zum Beispiel bei den Nudeln, von denen es in Singapur einige besondere Sorten gibt. Die lokale Spezialität *laksa* (siehe Seite 11) sind runde, spaghettiartige Reisnudeln. Ein Stand verkaufte diese nur kurz gekochten weißen Nudeln mit herrlichen frittierten Zutaten – Garnelen, Fischbällchen, hart gekochten Eiern, Tofu, Tintenfisch oder Gemüsetempura.

Nach dem Essen nahm ich den Bus zur Haw Pa Villa Dragon World, einer Art chinesischem Disneyland. Erbaut wurde es von den Brüdern, die mit der berühmten Allheilsalbe *Tiger Balm* ein Vermögen gemacht hatten. Leider hat mich die Reise durch die mythologische chinesische Drachenwelt viel weniger beeindruckt als das, was ich vom wirklichen Leben etwa in Hoi An oder im Museum von Penang gesehen hatte. Da war sogar die Busfahrt

Schön restaurierte Häuser in der Chinese Street, einer Nebenstraße der Orchard Road in Singapur

eindrucksvoller – wo sonst auf der Welt findet man heutzutage einen sauberen, effizienten, pünktlichen und auch noch preisgünstigen öffentlichen Nahverkehr. Es war herrlich, oben in einem Doppeldeckerbus englischer Art zu sitzen und auf saubere Straßen und gepflegte Gärten zu schauen. Ein wenig von dieser Sauberkeit könnte auch meiner Heimat Thailand nicht schaden.

Kulinarischer Erfindungsreichtum in der Stadt der Zukunft

Singapur ist ein Paradies für jemanden wie mich, der ich immer die Mischung von verschiedenen Kulturen und Küchen bevorzuge. Als ich die Serangoon Road, die Hauptstraße des Inderviertels, hinunterfuhr, um mir den Sri-Veeramakalimiamman-Tempel anzusehen, reihte sich ein Restaurant und Lebensmittelladen an den anderen. Das Angebot war so unterschiedlich und vielfältig wie die Herkunft ihrer Besitzer. Am Tempel angelangt, trat ich ein in eine fantastische Welt der Götter, Göttinnen, Dämonen und Krieger, die miteinander kämpften, tanzten oder sich liebten. Alle Flächen waren dicht an dicht mit bunten Figuren bemalt – auf eine viel fantasievollere Art als etwa in der Haw Pa Villa oder selbst in Disneyland.

Dies ist umso faszinierender, als in diesem Tempel auch Menschen leben. Brahmanenpriester ziehen endlos ihre Runden um die Schreine, bringen den Gläubigen das heilige Feuer, in dessen Flammen jene sich ‚waschen', drapieren Blumengirlanden um die Gottheiten und nehmen Früchte als milde Gaben mit in ihre Klausur. All dies wird in einer gelassenen Routine zelebriert – Religion als selbstverständlicher Bestandteil des Lebens, so natürlich wie essen und schlafen. Der Hinduismus hat seine Wurzeln in den ältesten religiösen Praktiken der Menschheit. Eine kleine Zeremonie vor einem ganzen Pantheon von Göttern und Göttinnen – so hat Gottesdienst wohl schon an den ältesten Altären der Welt ausgesehen.

Gegenüber dem Tempel war eine Garküche, wo der Koch auf einer heißen Platte auch indische Fladenbrote zubereitete. Ich deutete auf eines der mehr als zehn vor ihm brodelnden Gerichte und ging mir die Hände waschen. Anschließend brachte man mir frisches Brot, einen Krug Wasser und ein Hammelmasala mit Linsen. Dazu der Tempel gegenüber und um ihn herum all die Sarihändler und Goldverkäufer. Ich fühlte mich wie in Indien, wären da nicht die Wolkenkratzer gewesen, die im Hintergrund über die Dächer ragten und mich daran erinnerten, dass ich immer noch in Singapur war.

Ständig hört man in Singapur, dass man unbedingt Chilikrabben an der Ostküste essen müsse. Gesagt, getan: Ein Freund und ich fuhren mit dem Taxi hin und suchten uns irgendeines der Restaurants an der Uferpromenade aus. Wir bekamen einen Tisch auf der Terrasse, mit Blick auf die Straße von Singapur und einer frischen Brise, die hier allabendlich vom Meer herüberweht. In der Abenddämmerung flackerten die Lichter Dutzender Tank- und Containerschiffe – leuchtende Symbole der wirtschaftlichen Macht von Singapur. Und das Essen war die lange Anfahrt wirklich wert: Die Chilikrabben (siehe Seite 175) waren keineswegs so scharf, wie wir sie uns vorgestellt hatten, sogar süße Aromen schmeckten wir heraus. Herrlich waren auch die frittierten Tintenfische. Andere Gäste ließen sich ebenso angetan Ingwerfisch und Beschwipste Garnelen schmecken – hierfür schwimmen die Tiere bevor sie gegrillt werden einige Zeit in Brandy und nehmen dabei einiges an Alkohol auf.

Fehlte nur noch eine kulinarische Erfahrung, auf die ich mich seit meiner Ankunft gefreut hatte – ein komplettes Nonyaessen mit allem, was dazugehört. Dafür wählte ich ein Lokal mit passendem Namen: das *Nonya and Baba Restaurant* in der River Valley Road. Hier wird noch wirklich authentisch gekocht, ganz wie zu Hause. Der Eigentümer Johnny Yeo hat einen chinesischen Vater und eine indonesische Mutter. Der große Speisesaal ist mit schön bestickten Trachten dekoriert – und mit Fotos von Elvis Presley: Johnny ist ein großer Fan von ihm, wie so viele Asiaten seiner Generation, einschließlich meiner Mutter. An jenem Abend speiste ich wie ein König: *itek tim,* ein klassisches Entengericht mit Gemüsesuppe und grünen Chilis, ein *satay ayam* (siehe Seite 179) mit frischem Huhn, das vor dem Grillen in einer Sauce aus Chili, Zitronengras, Kokosnuss und Limettenblättern geköchelt wurde. Anschließend eine Reminiszenz an die indonesische Herkunft der Familie: *ayam buah keluak,* ein im Römertopf mit Tamarinde gegartes Huhn. Natürlich war ich nicht allein, das alles wäre selbst für mich zu viel gewesen. Gemeinsam mit meinen Freunden konnte ich noch ein *otak otak* probieren, eine würzige Fischpastete, im Bananenblatt gedämpft. Und zum Abschluss *gula melaka,* Sagopudding und *kueh pisang,* Bananencreme (siehe Seite 186).

Der Spaziergang zurück zum Hotel – oder besser gesagt zu einem chinesischen Pub neben dem Hotel – gab uns Zeit, über meine Reisen und die dabei gesammelten Erfahrungen zu reflektieren. Von Laos bis nach Singapur, das ist wie eine Zeitreise aus der Vergangenheit direkt in die Zukunft. Von der abgeschlossenen Welt Birmas nach Vietnam, das sich eben erst geöffnet hat, dazwischen das in einer Übergangszeit befindliche Kambodscha ... Überall ist die Vergangenheit noch gegenwärtig. Es ist eine wunderbare Erfahrung, die ruhige Schönheit des gemächlichen Lebens auf dem Land kennen zu lernen. Doch auch die Menschen, die dort leben, haben ein Recht auf die modernen Annehmlichkeiten, die wir für selbstverständlich nehmen: Ausbildung, leichtere Arbeit und vor allem eine saubere, gesunde Umwelt – all das setzt vielschichtigen Wandel voraus. Ich hoffe, dass die notwendige Entwicklung etwas hervorbringen wird, das Singapur nicht unähnlich ist – dieser Stadt, in der das Morgen, die Zukunft Südostasiens, schon heute stattfindet.

Auf unserem Weg kamen wir durch ein paar dunkle Seitensträßchen, mit Gärten und dichten Büschen auf beiden Seiten. Irgendwo in diesen Gassen begegnete uns eine einzelne Frau, die uns lächelnd eine gute Nacht wünschte. Es dauerte eine Weile, bis mir bewusst wurde, dass sie keine Spur von Angst gehabt hatte. Sie fühlte sich vollkommen sicher als Frau, nachts, allein in einer einsamen, düsteren Gasse. In welcher anderen Großstadt der Welt wäre so etwas möglich? Ja, Singapur ist liebens- und lebenswert. Bei Tag und bei Nacht.

Fischerboote bei Penang an der Westküste

LAKSA LEMAK

WÜRZIGE NUDELSUPPE

- 3 große getrocknete rote Chilis, fein gehackt
- 1 Stengel Zitronengras, fein gehackt
- 1 TL fein gehackter Galgant
- 1/2 TL fein gehackte frische Kurkuma
- 8 kleine rote Schalotten, fein gehackt
- 1 TL Garnelenpaste (siehe Seite 14)
- 1 EL Öl
- 225 ml Kokosnussmilch
- 1 l Gemüsebrühe (siehe Seite 14)
- Etwas Tamarinde, in 1 Teelöffel Wasser aufgelöst (siehe Seite 17)
- 1 EL Zucker
- 125 g rohe Garnelen, geschält und entdarmt
- 120 g Fischbällchen (siehe Seite 19)
- 2 EL Fischsauce
- 125 g Sojabohnenkeimlinge
- 225 g frische oder getrocknete eingeweichte Reisnudeln (siehe Seite 11)

FÜR DIE GARNITUR:

- 60 g frische Ananas, in schmale Spalten geschnitten und fein gehackt
- 4 kleine rote Schalotten, in feine Scheiben geschnitten
- 10 Minzblätter
- 4 kleine frische Chilis (rot oder grün), fein gehackt

Dieses Rezept ergibt zwei große Schalen Nudelsuppe, ein Hauptgang für zwei Personen. Als Teil eines größeren Menüs ist diese Menge für vier Gäste ausreichend.

ZUBEREITUNG

Im Mörser die Chilis, das Zitronengras, den Galgant, die Kurkuma und die Schalotten zu einer Paste zerstampfen. Die Garnelenpaste unterrühren.

In einer Pfanne mit schwerem Boden das Öl erhitzen und die Paste darin anschwitzen. Die Kokosnussmilch hinzufügen, gut umrühren, die Gemüsebrühe angießen und zum Kochen bringen. Das Tamarindenwasser, den Zucker, die Garnelen, die Fischbällchen und die Fischsauce hinzufügen. Die Hitze reduzieren und die Suppe bei milder Hitze köcheln lassen.

In der Zwischenzeit in einem Topf etwa 2 l Wasser zum Kochen bringen und die Sojabohnenkeimlinge mit einer Siebkelle für einige Sekunden eintauchen und blanchieren. Herausheben, abtropfen lassen und in Suppenschalen füllen.

Den Vorgang mit den Nudeln wiederholen, auch diese nur einige Sekunden blanchieren. Herausheben, abtropfen lassen und auf die Suppenschalen verteilen.

Die Suppe über die Einlage gießen. Mit den Ananasstücken, den Schalotten, den Minzblättern und den Chilis garniert servieren.

KAI CHOK

HUHN NACH ART VON HAINAN

- 1 mittelgroßes Huhn, etwa 1,5 kg, bevorzugt aus Freilandhaltung
- 6 Knoblauchzehen, leicht zerdrückt
- ½ TL Salz
- 450 g Reis, gewaschen
- ½ Salatgurke, gewaschen und in Scheiben geschnitten
- Eine Hand voll Korianderblätter
- 2 Frühlingszwiebeln, in dünne Scheiben geschnitten
- 1 Prise gemahlener schwarzer Pfeffer

FÜR DIE WÜRZSAUCE:

- ½ EL gelbe Bohnensauce (Bohnenpaste) (siehe Seite 14)
- 2 TL fein gehackter Ingwer
- 3 Knoblauchzehen
- 5 kleine frische Chilis (rot oder grün), fein gehackt
- 1 TL dunkle Sojasauce
- 2 EL helle Sojasauce
- 2 EL Reisessig
- 1 EL Zucker

ZUBEREITUNG

In einen großen Topf gerade so viel Wassser geben, dass das Huhn bedeckt ist. Das Huhn wieder aus dem Wasser nehmen.

Vier der Knoblauchzehen und das Salz ins Wasser geben, zum Kochen bringen. Wenn das Wasser zu sieden beginnt, das Huhn hineingeben und etwa 20 Minuten kochen lassen. Die Hitze reduzieren und weitere 10 Minuten leicht köcheln lassen. Das Huhn herausheben und gut abtropfen lassen.

Den Reis in einem mittelgroßen Topf etwa 2,5 cm hoch mit Hühnerbrühe bedecken. Die restlichen Knoblauchzehen hinzufügen, den Topf schließen und den Reis zum Kochen bringen. Umrühren. Zugedeckt bei milder Hitze 20 Minuten köcheln lassen. Der Reis sollte jetzt die Flüssigkeit aufgenommen haben und locker sein. Vom Herd nehmen, den Deckel abnehmen.

Die Würzsauce zubereiten: In einer kleinen Schüssel alle Saucenzutaten verrühren und beiseite stellen. Die Gurkenscheiben und die Korianderblätter auf einer kleinen Platte anrichten und beiseite stellen. Das Huhn vorsichtig entbeinen und mit der Haut in dünne Scheiben schneiden. Beiseite stellen.

Die Hühnerbrühe nochmals erhitzen und in Suppenschalen verteilen, mit den Frühlingszwiebeln und etwas schwarzem Pfeffer bestreuen und auf dem Esstisch mit der Würzsauce, den Gurken und dem Koriander anrichten. Jedem Gast eine Portion Reis mit Hühnerfleisch belegt servieren.

DAGING LEMBU GORENG CINA

GEBRATENES RINDFLEISCH MIT INGWER UND FRÜHLINGSZWIEBELN

- 450 g Rinderfilet, in feine Streifen geschnitten
- 2 Knoblauchzehen, fein gehackt
- 1 TL Speisestärke
- 1 Ei
- 1 EL Austernsauce
- 2 EL Öl
- 1 TL fein gehackter Ingwer
- 5 Frühlingszwiebeln, grob gehackt
- 1 EL Fischsauce
- 1 Prise gemahlener schwarzer Pfeffer

ZUBEREITUNG

In einer großen, weiten Schüssel das Fleisch mit dem Knoblauch, dem Ei und der Austernsauce gut vermengen und abgedeckt etwa 30 Minuten durchziehen lassen.

Im Wok oder in einer tiefen Bratpfanne das Öl erhitzen und den Ingwer darin kurz anschwitzen. Das marinierte Fleisch hinzufügen und unter Rühren eben gar braten.

Alle weiteren Zutaten sowie 3 Esslöffel Wasser unter Rühren hinzufügen. Sobald der Pfeffer eingerührt ist, vom Herd nehmen und servieren.

CILI KETMA

CHILIKRABBEN

- 4 gekochte mittelgroße Krabben mit großem Körper
- 1 EL fein gehackter Ingwer
- 3 Knoblauchzehen, fein gehackt
- 4 frische Chilis (rot oder grün), fein gehackt
- 1 TL Garnelenpaste (siehe Seite 14)
- 4 EL Öl
- 2 EL Tomatenpüree
- 1 EL Fischsauce
- 1 EL helle Sojasauce
- 1 TL Zucker

Dieses Gericht muss man nach Meinung der Singapurer unbedingt einmal gegessen haben, am besten in einem Restaurant am Meer. Es ist nicht so scharf, wie der Name befürchten lässt: Die Chilis werden durch die Süße von Tomatenpüree und Zucker ausbalanciert.

ZUBEREITUNG

Von den Krabben die Scheren abdrehen und aufbrechen. Die Unterschale des Krabbenkörpers wegbrechen oder abschneiden. Den Magensack entfernen. Die Krabbenkörper mit einem chinesischen Beil oder einem Hackmesser vierteln. Beiseite stellen.

Im Mörser den Ingwer, den Knoblauch und die Chilis zu einer Paste zerstampfen. Die Garnelenpaste unterrühren. Im Wok oder in einer tiefen Bratpfanne das Öl erhitzen und die Paste darin anschwitzen. Das Tomatenpüree und 2 Esslöffel Wasser hinzufügen. Die Krebsstücke zugeben und gut umrühren. Die Fischsauce, die Sojasauce und den Zucker einrühren. Die Krebsstücke sollten gut mit der Sauce überzogen sein. Auf einer Platte angerichtet servieren.

KERANG TUMIS DENGAN CILI

MIESMUSCHELN MIT ZWIEBELN, KNOBLAUCH UND CHILIS

- 2 EL Öl
- 2 Knoblauchzehen, fein gehackt
- 4 kleine rote Schalotten, in feine Scheiben geschnitten
- 1 EL fein gehackter Ingwer
- 3 mittelgroße frische rote Chilis, fein gehackt
- 1 EL gelbe Bohnensauce (Bohnenpaste) (siehe Seite 14)
- 450 g Miesmuscheln

Muscheln sollten immer sorgfältig gewaschen werden. Das Wasser dabei mehrmals wechseln. Muscheln, die sich bereits geöffnet haben, wegwerfen. Die Muscheln über Nacht in einem Eimer mit Wasser aufbewahren, dem eine Hand voll Haferkleie zugegeben wurde, die den Muscheln als Nahrung und Hilfsmittel zur Darmentleerung dient. Vor dem Kochen die Muscheln entbarten und die Schalen abschrubben.

ZUBEREITUNG

Das Öl in einer Pfanne mit schwerem Boden und gut schließendem Deckel erhitzen. Den Knoblauch darin goldbraun braten. Die Schalotten, den Ingwer, die Chilis und die Bohnensauce hinzufügen und kurz rühren.

Die Muscheln in die Pfanne geben, eventuell etwas Wasser angießen. Einmal umrühren. Die Pfanne abdecken, die Hitze reduzieren und die Muscheln etwa 3 Minuten kochen lassen, dabei die Pfanne ab und zu rütteln, damit die Muscheln gleichmäßig garen. Nach wie vor geschlossene Muscheln müssen verworfen werden. Die Muscheln gut mit der Sauce benetzen, in Schälchen geben und servieren.

SAMBAL KAEHAND PANJANG

SAMBAL MIT GARNELEN UND BOHNEN

- 2 große getrocknete rote Chilis, fein gehackt
- 8 kleine rote Schalotten, fein gehackt
- ½ TL Garnelenpaste (siehe Seite 14)
- 2 EL Öl
- 2 EL gehackte Erdnüsse
- 250 g rohe Garnelen, geschält und entdarmt
- 250 g Spargelbohnen, in 2,5 cm lange Stücke geschnitten
- 125 ml Kokosnussmilch
- ½ TL Salz
- 1 TL Zucker

ZUBEREITUNG

Im Mörser die Chilis und die Schalotten zerstampfen. Die Garnelenpaste hinzufügen und gut untermischen.

Das Öl im Wok oder in einer tiefen Bratpfanne erhitzen und die Paste darin anschwitzen. Die Erdnüsse und die Garnelen hinzufügen. Gut rühren, dabei nach und nach die Bohnen, die Kokosnussmilch, das Salz und den Zucker hinzufügen.

Etwa 1 Minute unter Rühren garen lassen, die Sauce in eine Schale geben und servieren.

SAMBAL IKAN

FISCHSAMBAL

- 2 kleine festfleischige Fische (etwa Makrele)
- Öl zum Frittieren
- 4 Knoblauchzehen, fein gehackt
- 8 kleine rote Schalotten, grob gehackt
- 1 Stengel Zitronengras, fein gehackt
- 3 große getrocknete rote Chilis, fein gehackt
- ½ TL Garnelenpaste (siehe Seite 14)
- Etwas Tamarinde, in 2 Teelöffeln Wasser aufgelöst (siehe Seite 17)
- 1 EL Zucker
- 1 EL Fischsauce

ZUBEREITUNG

Die Fische schuppen, ausnehmen und säubern und in eine tiefe Bratpfanne legen. So viel Frittieröl angießen, dass die Fische zur Hälfte bedeckt sind, erhitzen und die Fische von beiden Seiten goldbraun braten. Herausnehmen, abtropfen lassen und auf einer Servierplatte warm halten.

Im Mörser den Knoblauch, die Schalotten, das Zitronengras und die Chilis zu einer Paste zerstampfen. Zum Schluss die Garnelenpaste unterrühren.

2 Esslöffel Bratöl in eine andere Bratpfanne geben, erhitzen, die Paste einrühren und anschwitzen. Das Tamarindenwasser, 2 Teelöffel Wasser, den Zucker und die Fischsauce hinzufügen. Gut umrühren.

Die Sauce über den Fisch geben und servieren.

FOO YONG HAI

OMELETT MIT KRABBENFLEISCH UND BAMBUSSPROSSEN

- 4 Eier
- 125 g gegartes Krabbenfleisch
- 125 g Bambussprossen, fein gehackt
- 2 Frühlingszwiebeln, fein gehackt
- 1 EL Fischsauce
- ½ TL Zucker
- ¼ TL schwarzer Pfeffer
- 2 EL Öl

ZUBEREITUNG

Die Eier in eine Schüssel schlagen und nacheinander alle weiteren Zutaten bis auf das Öl einrühren.

In einer Bratpfanne das Öl stark erhitzen. Die Mischung hineingeben und das Omelett braten, bis die Unterseite goldbraun ist. Das Omelett wenden und fertig braten.

Auf einen Teller gleiten lassen und servieren.

SATAY AYAM

HÜHNERSPIESSCHEN

- 450 g ausgelöste Hühnerbrust, enthäutet
- 2 TL Koriandersamen
- 1/2 TL Kreuzkümmelsamen
- 2 Knoblauchzehen, grob gehackt
- 1 TL fein gehackter Ingwer
- 1 TL fein gehackte frische Kurkuma
- 4 kleine rote Schalotten, fein gehackt
- 1 TL Salz
- 2 EL Zucker
- 2 EL Öl
- 20 Schaschlikspieße

FÜR DIE SAUCE:

- 2 große getrocknete rote Chilis, fein gehackt
- 2 Knoblauchzehen, fein gehackt
- 1 Stengel Zitronengras, fein gehackt
- 1 TL fein gehackte frische Kurkuma
- 2 EL Öl
- 450 ml Kokosnussmilch
- Etwas Tamarinde, in 1 Esslöffel Wasser aufgelöst (siehe Seite 17)
- 2 EL Zucker
- 1/2 TL Salz
- 4 EL gehackte Erdnüsse

ZUBEREITUNG

Die Hühnerbrust in etwa 1 cm breite Streifen schneiden. Beiseite stellen. Im Mörser die Koriander- und Kreuzkümmelsamen, den Knoblauch, den Ingwer, die Kurkuma und die Schalotten zu einer Paste zerstampfen. Das Salz, den Zucker und das Öl unterrühren. Die Paste in eine Schüssel füllen, das Hühnerfleisch dazugeben und gut mit der Paste überziehen. 1 Stunde marinieren lassen.

Währenddessen die Sauce zubereiten: Im Mörser die Chilis, den Knoblauch, das Zitronengras und die Kurkuma zu einer Paste zerstampfen.

Im Wok oder in einer tiefen Bratpfanne das Öl erhitzen und die Saucenpaste darin anschwitzen. Die Kokosnussmilch unter Rühren zugeben und zum Kochen bringen. Unter fortgesetztem Rühren nacheinander die weiteren Zutaten hineingeben, die Sauce dann 3 Minuten köcheln lassen und in eine Schüssel geben.

Die Hühnerfleischstreifen aufrollen und fest auf die Schaschlikspieße stecken. Unter einem heißen Elektrogrill oder auf dem Holzkohlengrill knusprig braun grillen, gelegentlich wenden. Mit der Sauce servieren.

EGG SAMBAL

EIER IN WÜRZIGEM TOMATENDIP

- 2 große getrocknete rote Chilis, grob gehackt
- 1 TL fein gehackter Ingwer
- 3 Knoblauchzehen, fein gehackt
- 8 kleine rote Schalotten, fein gehackt
- 3 EL Öl
- 5 EL Tomatenpüree
- 6 hart gekochte Eier, gepellt
- 8 EL Kokosnussmilch
- 2 TL Zitronensaft
- 2 EL Zucker
- 1 TL Salz

Unter *sambal* versteht man eine sehr scharfe Würzbeilage. In einem harmonischen malaiischen Menü sollte wenigstens ein *sambal* vertreten sein.

ZUBEREITUNG

Im Mörser die Chilis, den Ingwer, den Knoblauch und die Schalotten zu einer Paste zerstampfen. Im Wok oder in einer tiefen Bratpfanne das Öl erhitzen und die Paste darin anschwitzen. Das Tomatenpüree unterrühren, dann die Eier zufügen und gut mit der Sauce überziehen. Die Kokosnussmilch einrühren, die restlichen Zutaten hinzufügen, erneut umrühren und 5 Minuten köcheln lassen. In einer Schüssel angerichtet servieren.

SUP TAUHU

TOFUSUPPE

- 450 ml Gemüsebrühe (siehe Seite 14)
- 125 g Tofu, in 1 cm große Würfel geschnitten
- 30 g Karotten, fein gewürfelt
- 30 g Zwiebeln, fein gewürfelt
- 1 Frühlingszwiebel, in feine Scheiben geschnitten
- 2 EL helle Sojasauce
- 1 TL Zucker
- 1 Prise frisch gemahlener schwarzer Pfeffer

Dies ist meine Version der Suppe, die im *Eastern and Oriental Express* serviert wird. Sie ist mild und kann nach asiatischer Art nicht nur als eigener Menügang, sondern auch als Bestandteil eines Hauptganges, etwa als Ergänzung eines scharfen Currys, serviert werden.

ZUBEREITUNG

Die Brühe erhitzen, den Tofu hinzufügen und aufkochen lassen. Alle weiteren Zutaten bis auf den Pfeffer unterrühren. Die Suppe mit dem Pfeffer abschmecken und servieren.

MEE HOON GORENG

GEBRATENE NUDELN NACH ART VON SINGAPUR

- 2 EL Öl
- 1 Knoblauchzehe, fein gehackt
- 1 TL Currypulver (siehe Seite 15)
- 60 g kleine frische Garnelen
- 60 g gegrilltes Schweinefleisch (siehe Seite 183), klein gewürfelt
- 1 Ei, verquirlt
- 250 g frische oder getrocknete eingeweichte Reisnudeln (siehe Seite 11)
- 60 g Sojabohnenkeimlinge
- 60 g Karotten, in etwa 5 cm lange streichholzdünne Streifen geschnitten
- 1 EL Fischsauce
- 1 EL helle Sojasauce
- 1 TL Zucker
- 1 Prise schwarzer Pfeffer

ZUBEREITUNG

Das Öl im Wok oder in einer tiefen Bratpfanne erhitzen und den Knoblauch darin goldbraun braten. Nacheinander die weiteren Zutaten unter Rühren hinzufügen.

Sobald der Pfeffer untergerührt ist, auf einer Platte anrichten und servieren.

RENDANG

MALAIISCHES RINDERCURRY

- 2 große getrocknete rote Chilis, grob gehackt
- 4 Knoblauchzehen, grob gehackt
- 1 EL fein gehackter Ingwer
- 1 EL fein gehackter Galgant
- 1 Stengel Zitronengras, fein gehackt
- 1 TL zerstoßene Koriandersamen
- 1/2 TL gemahlener Kreuzkümmel
- 2 EL Öl
- 450 g Rumpsteak, gewürfelt
- 450 ml Kokosnussmilch
- 1 mittelgroße Zwiebel, grob gehackt
- Etwas Tamarinde, in 1 Esslöffel Wasser aufgelöst (siehe Seite 17)
- 1 EL Zucker
- 1 TL Salz

Rendang stammt ursprünglich von Sumatra, ist aber mittlerweile in verschiedenen Varianten in ganz Malaysia verbreitet – dies ist eine klassische flüssigere Version mit Kokosnussmilch, andere Rendang-currys sind trockener und schärfer.

ZUBEREITUNG

Im Mörser die Chilis, den Knoblauch, den Ingwer, den Galgant und das Zitronengras zu einer Paste zerstampfen. Die Koriandersamen und den Kreuzkümmel unterrühren.

Im Wok oder in einer tiefen Bratpfannne das Öl erhitzen und die Paste darin anschwitzen. Das Fleisch zugeben und unter Rühren eben gar braten. Die Kokosnussmilch einrühren. Alle weiteren Zutaten hinzufügen, umrühren, etwa 30 Minuten köcheln lassen, dann servieren.

ROTI

LUFTIGES BROT

- 350 g Mehl
- 2 EL Zucker
- 1 Ei, verquirlt
- 6 EL Öl

Roti ist eine leckere Beilage zu jeder Sorte Curry und passt beispielsweise perfekt zum oben stehenden Rendang. Bei einem leichten asiatischen Essen ersetzt *roti* oftmals den Reis. Traditionell wird es als eine Art Besteck benutzt, um damit den Fleischgang aufzulöffeln. Man kann daraus aber auch eine pfannkuchenartige Süßspeise machen. So aßen wir als Kinder *roti* gerne mit Kondensmilch oder mit Zucker bestreut. Am besten gelingt *roti* in einer Crêpepfanne, ersatzweise kann man eine kleine, flache Bratpfannne verwenden.

ZUBEREITUNG

Das Mehl in eine Schüssel geben und den Zucker unterrühren. Das Ei untermengen. Nach und nach etwa 225 ml Wasser hinzufügen und zu einem weichen Teig kneten. Den Teig in zehn Portionen teilen.

Auf einem bemehlten Brett jede Portion zu einem runden, möglichst dünnen Fladen ausrollen.

Eine Crêpepfanne oder eine kleine, flache Bratpfanne mit Öl auspinseln und erhitzen, bis das Öl zu zischen beginnt. Nacheinander die Fladen ausbacken, dabei einmal wenden. Die Fladen werfen Blasen, so dass sie am Ende mit dunklen Röststellen gesprenkelt sind.

NONYA CHAP CHAI

MISCHGEMÜSE NACH NONYA-ART

- 2 EL Öl
- 2 Knoblauchzehen, fein gehackt
- 1 TL roter Tofu (Miso, siehe Seite 19)
- 1 mittelgroße Zwiebel, in feine Scheiben geschnitten
- 60 g Chinakohl, grob gehackt
- 60 g Karotten, grob gehackt
- 60 g Wolkenohrpilze, eingeweicht, abgetropft und grob gehackt (siehe Seite 19)
- 2 EL Wasser
- 125 g eingeweichte Glasnudeln (siehe Seite 11)
- 60 g Tofublätter, in kleine Stücke gebrochen und 2–3 Minuten in Wasser eingeweicht
- 2 EL helle Sojasauce
- 1 TL Zucker
- ½ TL gemahlener schwarzer Pfeffer

ZUBEREITUNG

Im Wok oder in einer tiefen Bratpfanne das Öl erhitzen und alle Zutaten nacheinander unter Rühren hinzufügen.

Nachdem der Pfeffer eingerührt wurde, das Gemüse auf einer Platte anrichten und servieren.

CHAR SIEW

GEGRILLTES SCHWEINEFLEISCH

- 4 EL Tomatenpüree
- 2 EL dunkle Sojasauce
- 4 EL helle Sojasauce
- 4 EL Zucker
- 1 kg Schweinebauch in Scheiben

FÜR DIE GARNITUR:

- Gurkenscheiben
- Stücke von Frühlingszwiebeln
- 1 hart gekochtes Ei, geviertelt
- Nach Belieben etwas feingehackte Chili, in Reisessig oder Wein eingelegt

FÜR DIE SAUCE:

- 500 ml Schweinebrühe (siehe Seite 14)
- 2 EL helle Sojasauce
- 3 EL Zucker
- 2 EL Fischsauce
- 1 TL Reismehl

ZUBEREITUNG

In einer großen Schüssel das Tomatenpüree, die Sojasaucen und den Zucker verühren. Die Schweinebauchscheiben hinzufügen und gleichmäßig überziehen. Eine Stunde marinieren lassen.

Die Schweinebauchscheiben auf den Holzkohlengrill oder unter einen vorgeheizten Elektrogrill legen und unter gelegentlichem Wenden gar grillen. Währenddessen die Sauce zubereiten: Die Brühe in einem Topf erhitzen, alle weiteren Zutaten bis auf das Reismehl einrühren. Zum Kochen bringen und 1 Minute köcheln lassen. Das Reismehl einstreuen und rühren, bis die Sauce etwas andickt.

Die Schweinebauchscheiben in dünne Streifen schneiden.

Für jeden Gast eine Portion Reis auf einem Teller anrichten und mit Schweinefleischstreifen belegen. Mit etwas Sauce überziehen und mit Gurkenscheiben, Frühlingszwiebel und einem Eierviertel garnieren. Dazu passt etwas in Reisessig oder Wein eingelegte Chili.

GADO GADO

GEMÜSESALAT MIT ERDNUSSSAUCE

- Öl zum Frittieren
- 2 Blöcke Tofu von etwa 5 cm Kantenlänge
- 25 g Sojabohnenkeimlinge
- 125 g Stangenbohnen, in 2,5 cm lange Stücke geschnitten
- 125 g Salatgurke, in dünne Scheiben geschnitten
- 125 g Weißkohl, in feine Streifen geschnitten und in Streifen zerteilt
- 2 hart gekochte Eier

FÜR DIE SAUCE:

- 2 große getrocknete rote Chilis, fein gehackt
- 2 Knoblauchzehen, fein gehackt
- 5 kleine rote Schalotten, fein gehackt
- ½ TL Garnelenpaste (siehe Seite 14)
- 2 EL Öl
- 450 ml Kokosnussmilch
- ½ TL Salz
- 1 EL Zucker
- Etwas Tamarinde, in 1 Teelöffel Wasser aufgelöst (siehe Seite 17)
- 4 EL gehackte Erdnüsse

ZUBEREITUNG

Zunächst die Sauce zubereiten: Im Mörser die Chilis, den Knoblauch und die Schalotten zu einer Paste zerstampfen. Die Garnelenpaste gut unterrühren. Im Wok oder in einer tiefen Bratpfanne das Öl erhitzen und die Paste darin anschwitzen. Die Kokosnussmilch unterrühren. Die weiteren Zutaten unter Rühren hinzufügen. Einmal aufkochen lassen. Die Sauce sofort vom Herd nehmen.

Für den Salat das Frittieröl erhitzen und den Tofu darin goldbraun frittieren. Herausnehmen, abtropfen lassen und beiseite stellen. Die Gemüse in einer Salatschussel anrichten. Die Eier pellen und vierteln, die Tofustücke in dünne Streifen schneiden und beides auf dem Gemüse anrichten.

Entweder den Salat gut mit der Sauce vermengen oder Salat und Sauce separat servieren.

OPOR AYAM

HUHN IN KOKOSNUSSSAUCE

- 1 mittelgroßes Huhn, etwa 1,25 kg
- 1 TL Koriandersamen
- ½ TL Kreuzkümmelsamen
- 2 große getrocknete rote Chilis, grob gehackt
- 1 EL fein gehackter Galgant
- 3 Knoblauchzehen, fein gehackt
- 1 TL fein gehackter Ingwer
- 1 TL fein gehackte frische Kurkuma
- 8 kleine rote Schalotten, fein gehackt
- 3 EL Öl
- 1 Stengel Zitronengras, in 2,5 cm lange Stücke geschnitten und leicht zerdrückt
- 700 ml Kokosnussmilch
- 4 Kaffirblätter, grob gehackt (siehe Seite 16)
- 2 TL Salz
- 1 EL Zucker

ZUBEREITUNG

Das Huhn vorbereiten: Flügel und Keulen entfernen, die Karkasse längs halbieren, dann nochmals quer teilen. Jedes Viertel in vier Stücke zerteilen, so dass sich insgesamt 20 Stücke ergeben. Beiseite stellen.

Die Koriandersamen im Mörser zerstoßen, die Kreuzkümmelsamen hinzufügen und gleichfalls zerstoßen. Die Chilis, den Galgant, den Knoblauch, den Ingwer, die Kurkuma und die Schalotten hinzufügen und zu einer Paste zerstampfen.

Das Öl in einer Pfanne mit schwerem Boden erhitzen und die Paste darin anschwitzen. Das Zitronengras zugeben. 4 Esslöffel Kokosnussmilch einrühren, die Hühnerstücke hinzufügen und gut umrühren. Weitere 6 Esslöffel Kokosnussmilch unter Rühren hinzugeben. Die Kaffirblätter, das Salz und den Zucker unterrühren. Die restliche Kokosnussmilch angießen und 30 Minuten köcheln lassen.

In einer Schale servieren.

PULOT HITAM

SCHWARZER KLEBREISPUDDING

- 225 g schwarzer Klebreis (siehe Seite 11)
- 125 g weißer Klebreis
- 85 g Zucker

FÜR DIE CREME:

- 250 ml Kokosnusscreme
- 1 Prise Salz

Die Farbe dieses Gerichts kommt von den schwarzen Schalen der unpolierten Reiskörner, den gesündesten Bestandteilen des Reiskorns. Da schwarzer Reis allein zu hart wäre, muss man ihn mit dem weichen weißen Klebreis mischen.

Ich probierte diesen Pudding in einem Restaurant in Singapur, doch ist er in ganz Südostasien beliebt – vor allem bei Kindern, die der Mischung von süßem Reis und leicht salziger Creme nicht widerstehen können.

ZUBEREITUNG

Beide Reissorten mindestens 6 Stunden, am besten über Nacht einweichen.

Den Reis waschen und abtropfen lassen, dann in einem Topf mit 1,5 l Wasser aufkochen. Unter gelegentlichem Umrühren köcheln lassen, bis die Reiskörner die Flüssigkeit eben aufgesogen haben, aber noch nicht trocken sind. Den Zucker gut unterrühren.

In Schalen füllen und ein wenig gesalzene Kokosnusscreme darüber geben.

KUEH PISANG

BANANENCREME

- 1 große Banane
- 400 ml Kokosnusscreme
- 1 TL Reismehl
- 3 EL Zucker
- 1 Prise Salz

Dies ist ein weiteres Rezept aus dem Restaurant *Nonya and Baba*, wo die Bananencreme in Bananenblättern gekühlt serviert wird. Meine Version ist einfacher herzustellen.

ZUBEREITUNG

Die Banane in dünne Scheiben schneiden und auf vier kleine Wasserbadförmchen verteilen.

In einem Topf die Kokosnusscreme erhitzen und das Reismehl, den Zucker und das Salz einrühren. Köcheln lassen, bis die Creme andickt.

Die Creme über die Bananenstücke geben und im Kühlschrank etwas fest werden lassen.

MENÜZUSAMMENSTELLUNG

Die Rezepte in diesem Buch lassen sich in vier Kategorien einteilen:

- **EINZELGERICHTE**
  Hierbei handelt es sich für gewöhnlich um Nudel- oder Reisgerichte für das schnelle Mittagessen, den kleinen Imbiss zwischendurch.
- **VORSPEISEN UND APPETITHAPPEN**
  Ein traditionelles südostasiatisches Essen kennt eigentlich keine Folge separater Gänge. Bestimmte würzige Gerichte jedoch werden schon immer gerne vorab zum Aperitif serviert und heute zunehmend, wie im Westen üblich, gezielt als Hors d'œuvre eingesetzt.
- **HAUPTGERICHTE**
  Bei allen landestypischen Unterschieden besteht ein südostasiatischer Hauptgang doch immer aus einer ganzen Palette gleichzeitig servierter Gerichte, deren verschiedene Geschmacksrichtungen und Texturen ausgewogen zusammengestellt sind – Flüssiges und Trockenes, Scharfes und Süßes, Rohes und Gekochtes, Weiches und Knuspriges, Gebratenes und Gedämpftes. Auch für eine gewisse Bandbreite an Zutaten – Fleisch, Fisch, Meeresfrüchte und Gemüse – sollte gesorgt sein.
- **DESSERTS**
  In Südostasien wird das Mahl meist mit Früchten der Saison abgeschlossen. Viele eigentliche Desserts erfordern einen geübten Koch und werden daher häufiger gekauft als selbst zubereitet. Hier aufgenommen habe ich einige einfach zuzubereitende Rezepte, mit denen man jede Dinnerparty bereichern kann.

VEGETARISCHE GERICHTE

Das Symbol (▼) zeigt an, dass ein Gericht vegetarisch ist oder sich leicht entsprechend abwandeln lässt. Eier kommen in diesen Rezepten allerdings von Fall zu Fall vor. Fischsauce kann gegebenenfalls durch eine leichte Sojasauce ersetzt werden. Bei fast allen Gerichten, die pfannengerührt werden, kann man das Fleisch weglassen und durch die selbe Menge grob gehackter, fleischiger Pilze ersetzen. Auch nehmen viele südostasiatische Vegetarier beim Kochen, bevor sie am Schluss das Fleisch hinzugeben, erst einmal eine vegetarische Portion für sich ab.

GETRÄNKE

Im größten Teil Südostasiens wird nach dem Essen im Kreis der Familie ein Glas kaltes Wasser getrunken. Ich machte die Erfahrung, dass Männer, abgesehen vom islamischen Malaysia, wenn sie abends zum Essen ausgingen, gerne die eine oder andere Flasche Whisky oder Brandy mit ins Restaurant nehmen, um den Hochprozenter auf viel Eis vor, während und nach dem Essen zu trinken. Zu einem vietnamesischen Essen oder zu Gerichten aus der Nonyaküche in Singapur wäre chinesischer Tee ein angemessener Begleiter. Heute jedoch bevorzugt, wer es sich in Asien leisten kann, westliche Getränke: Bier, Coca-Cola und immer häufiger auch Wein.

Der gesunde Menschenverstand gebietet es, keinen feingliedrigen Wein zu einem feurigen Curry zu servieren. Robuste, charaktervolle Weine dagegen – etwa solche aus Australien oder aus Asien selbst – passen hervorragend zu den meisten Gerichten in diesem Buch.

Zum schnellen Imbiss oder Mittagessen an einer Garküche trinken Asiaten oft Eistee oder Kaffee mit Eiswürfeln.

REZEPTLISTEN UND MENÜPLANUNG

Im Folgenden finden Sie die Rezepte nach Gerichtearten – Einzelgerichte, Vorspeisen und Appetithappen, Hauptgerichte, Desserts – aufgelistet. Die Gerichte sind immer nach Ländern geordnet, so dass Sie leicht auch ein für eine bestimmte Landesküche authentisches Menü zusammenstellen können. Pro Land habe ich je ein Menübeispiel für jeweils vier Personen aufgeführt.

Es kann auch sehr reizvoll sein, Gerichte aus verschiedenen Ländern auszuwählen und nebeneinander zu präsentieren, wie ich es mit meinem südostasiatischen Festmahl am Ende dieses Kapitels versucht habe.

EINZELGERICHTE

THAILAND

LAOS

KAMBODSCHA

VIETNAM

BIRMA

MALAYSIA UND SINGAPUR

VORSPEISEN UND APPETITHAPPEN

Zusätzlich können auch Salate und Suppen aus den Hauptgerichten als Vorspeisen eingesetzt werden.

THAILAND

LAOS

KAMBODSCHA

VIETNAM

▼ **Cha Gio Chay** (Vegetarische Frühlingsrolle) Seite 125
Sa Suon Chien (Frittierte Spareribs mit Chili und Zitronengras) Seite 129

BIRMA

▼ **Pyaung-Bu Gyaw** (Gebratener Mais mit krossen Schalotten) Seite 145
▼ **Bayagyaw** (Frittierte Würzerbsen) Seite 153

MALAYSIA UND SINGAPUR

Satay Ayam (Hühnerspießchen) Seite 179

HAUPTGERICHTE

Um ein Essen für vier Personen zusammenzustellen, wählen Sie aus jeder Kategorie mindestens ein Gericht aus und servieren reichlich Reis dazu.

THAILAND

Dips und Saucen

Nam Prik Gung Pow (Würzdip mit gegrillten Garnelen) Seite 48

Suppen

Tom Yam Gai (Hühner-Zitronengras-Suppe) Seite 32

Salate

Yam Krabi (Meeresfrüchtesalat aus Krabi) Seite 38
Mian Pla (Fischsalat mit Ingwer und Limette) Seite 38

Currys

Gaeng Kiow Wan Nua (Rindercurry mit grüner Kokosnusssauce) Seite 40
Penang Gai (Hähnchencurry ‚Penang') Seite 40
Gaeng Luang Pla (Gelbes Fischcurry) Seite 43

Pfannen- und Wokgerichte

Pad Pet Moo (Gebratenes Schweinefleisch mit Currypaste) Seite 41
Pad Prik King Nua Pad Bung (Gebratenes Rindfleisch mit Wasserspinat) Seite 43

Gedämpfte Gerichte

Gam Poo Op (Krebsscherenfleisch mit Würzdip) Seite 32
Pla Nung Manao (Gedämpfter Fisch mit Limetten) Seite 44

LAOS

Besonders authentisch wird ein laotisches Essen, wenn Sie Klebreis dazu servieren.

Suppen

Keng Kalampi (Weißkohlsuppe) Seite 62
▼ **Keng Bouad Mak Fak Kham** (Kürbis in Kokosnusssauce) Seite 64
Ped Tom Kah (Entensuppe mit Galgant) Seite 64

Salate

Laap Ngua (Pikanter Rindfleischsalat) Seite 67
▼ **Soop Houa Phak** (Gekochter Gemüsesalat) Seite 68
Yam Kai Tom (Hühnersalat) Seite 74

Curry

Kalee Ped (Entencurry) Seite 73

Pfannen- und Wokgerichte

Kai Jeun Na Som (Süßsaure Spiegeleier) Seite 73
Ngua Pad Mak Khe Ua (Gebratenes Rindfleisch mit Auberginen) Seite 75
Sousi Pla (Würziger Fisch mit Kokosnusssauce) Seite 75
Kai Pad Mak Phet Deng (Gebratene Hähnchenstreifen mit roter Chilisauce) Seite 77
Pad Som Sin Moo (Schweinefleisch mit Kokosnuss-Zitronen-Sauce) Seite 77
▼ **Hed Pad Som Phak** (Gebratene Pilze mit eingelegtem Weißkohl) Seite 77

Gedämpfte Gerichte

Mok Pla (Fischcurry im Bananenblatt gedämpft) Seite 70

KAMBODSCHA

Dips und Saucen

▼ **Tik Marij** (Kambodschanischer Pfeffer-Limetten-Dip) Seite 91
Tik Prahok (Fischdip) Seite 94

Suppen

▼ **Samlor Jruoh** (Sauerscharfe Tomatensuppe mit Pilzen) Seite 93

Salate

Yoam Makah Trey Ang (Räucherfisch mit Mangosalat) Seite 94
Plea Saj Go (Sauerscharfer Rindersalat) Seite 99

Curry

Samlor Tik Tumpeang (Fischsuppe mit Kokosnuss und jungen Bambussprossen) Seite 100

Pfannen- und Wokgerichte

Muan Dot (Pfannengebratenes Huhn mit Zitronengras) Seite 88
▼ **Trop Bamporng Jiamuay Pong Tia** (Auberginenomelett) Seite 96
Op Jumnee Jruk Bamporng (Süßsaure Spareribs) Seite 96
Saj Go Tik Prahok (Rindfleisch-Gemüse-Rohkost mit Fischdip) Seite 99
Trey Pramar Jamhoy (Omelett mit Schweinefleisch und eingelegtem Fisch) Seite 100
Loclac (Gebratenes Schweinefleisch mit Salat und *tik marij*) Seite 101
Muan Char Kreung (Gebratenes Huhn mit Currysauce) Seite 103
Muan Char Khyey (Huhn mit Ingwer) Seite 103

Gedämpfte Gerichte

Aamoh (Gedämpftes Fischcurry) Seite 101

VIETNAM

Salate

Goi Ga (Hühnersalat mit Minze und Nüssen) Seite 122
Nom Du Du Thit Bo Nuong (Gegrilltes Rindfleisch mit Papaya) Seite 126

Pfannen- und Wokgerichte

Bo Xao Mang (Rindfleisch mit Bambussprossen) Seite 117
Than Chan Chanh (Nierchen mit Minz-Limetten-Sauce) Seite 120
Chim Couc Chien (Frittierte Wachteln) Seite 126
Bo Cau Roti (Gegrillte Tauben) Seite 128
▼ **Dau Phu Xao Rau** (Tofu mit Gemüse) Seite 128
Cha Ca Nam (Gegrillter Fisch mit Pilzsauce) Seite 130

Gedämpfte Gerichte

Ca Hap Nam (Gedämpfter Fisch mit Pilzen) Seite 126
Tom Hap Mien Dong (Eintopf mit Glasnudeln und Garnelen) Seite 128

BIRMA

Dips und Saucen

Ngan-Bya-Ye Dhyaw (Birmanische Würzsauce) Seite 146

Suppen

Thakhwa-Thi Hin-Gyo (Gurkensuppe mit Garnelen) Seite 150

Salate

▼ **Mon-La-Doke-Thoke** (Weißkohlsalat) Seite 146
Nga-Pe Thoke (Sauerscharfer Salat mit Fischpastete) Seite 146
▼ **Khayan-Gyin-Thi-Thoke** (Tomatensalat) Seite 149

Currys und gewürzte Gemüse

Pazun Hin (Garnelencurry) Seite 149
▼ **Hmyit-Kyaw** (Gebratene Bambussprossen mit Gewürzpaste) Seite 149
▼ **Khayan-Thi Pyot-Kyaw** (Gebratene Aubergine mit Chilis und Schalotten) Seite 150

Pfannen- und Wokgerichte

Wet Tauk-Tauk Gyaw (Gebratenes Schweinefleisch mit Chili) Seite 145
Ngar-Asat-Kyaw (Gebratener Fisch mit knusprigen Knoblauch-, Chili- und Schalottenstückchen) Seite 150
Seik-Tha Hin (Lammfleisch mit Minzblättern) Seite 154
▼ **Pe-Gyan-Gyaw** (Doppelt gegarte Spalterbsen) Seite 154
Be-Gin (Knusprige Ente) Seite 154
Ametha Hin (Rindfleisch in Tamarindensauce) Seite 157

MALAYSIA UND SINGAPUR

Dips, Saucen und Sambals

Sambal Kaehang Panjang (Sambal mit Garnelen und Bohnen) Seite 176
Sambal Ikan (Fischsambal) Seite 176
Egg Sambal (Eier in würzigem Tomatendip) Seite 179

Suppen

▼ **Sup Tauhu** (Tofusuppe) Seite 180

Salate

▼ **Gado Gado** (Gemüsesalat mit Erdnusssauce) Seite 185

Currys

Rendang (Malaiisches Rindercurry) Seite 182

Pfannen- und Wokgerichte

Daging Lembu Goreng Cina (Gebratenes Rindfleisch mit Ingwer und Frühlingszwiebeln) Seite 173
Cili Ketma (Chilikrabben) Seite 175
Foo Yong Hai (Omelett mit Krabbenfleisch und Bambussprossen) Seite 176
▼ **Roti** (Luftiges Brot) Seite 182
▼ **Nonya Chap Chai** (Mischgemüse nach Nonya-Art) Seite 183

Char Siew (Gegrilltes Schweinefleisch) Seite 183
Opor Ayam (Huhn in Kokosnusssauce) Seite 185

Gedämpfte Gerichte

Kerang Tumis Dengan Cili (Miesmuscheln mit Zwiebeln, Knoblauch und Chilis) Seite 175

DESSERTS

THAILAND

Kow Niew Tat (Süße Klebreisküchlein) Seite 47
Kai Wan (Süße Ingwereier) Seite 48

LAOS

Nam Van Loi Mak Teng (Melone in Kokosnusssauce) Seite 78
Khao Tom Mak Kuay (Gedämpfter Klebreis mit Bananen) Seite 78

KAMBODSCHA

Bai Damnerb Gruop Khano (Gegrillter Klebreis mit Kokosnuss und Jackfrucht) Seite 104

VIETNAM

Che Dau Xanh (Mungbohnen in dunklem Sirup) Seite 129
Banh Chuoi (Frittierte Bananen und Süßkartoffeln) Seite 130

BIRMA

Kyauk-kyaw (Kokosnussgelee) Seite 158
Mon-Let-Saung (Sago mit Palmzucker und Kokosnussmilch) Seite 158

MALAYSIA UND SINGAPUR

Pulot Hitam (Schwarzer Klebreispudding) Seite 186
Kueh Pisang (Bananencreme) Seite 186

MENÜBEISPIELE

Wenn Sie mehr als vier Gäste bewirten, wählen Sie, statt die Rezeptmengen zu verändern, lieber das eine oder andere zusätzliche Gericht aus.

THAILAND

Vorspeisen

Jin Ping (Gegrilltes mariniertes Schweinefleisch) Seite 35
Tod Man Gung (Frittierte Garnelen-Mais-Küchlein mit Pickles) Seite 44

Hauptspeisen

Yam Krabi (Meeresfrüchtesalat aus Krabi) Seite 38
Gaeng Kiow Wan Nua (Rindercurry mit grüner Kokosnusssauce) Seite 40
Pla Nung Manao (Gedämpfter Fisch mit Limetten) Seite 44

Dessert

Kow Niew Tat (Süße Klebreisküchlein) Seite 47

LAOS

Vorspeisen

Laap Ngua (Pikanter Rindfleischsalat) Seite 67
Sai Ua Moo (Schweinswurst) Seite 68

Hauptspeisen

Ped Tom Kah (Entensuppe mit Galgant) Seite 64
Mok Pla (Fischcurry im Bananenblatt gedämpft) Seite 70
Ngua Pad Mak Khe Ua (Gebratenes Rindfleisch mit Auberginen) Seite 75
Hed Pad Som Phak (Gebratene Pilze mit eingelegtem Weißkohl) Seite 77

Dessert

Nam Van Loi Mak Teng (Melone in Kokosnusssauce) Seite 78

KAMBODSCHA

Vorspeisen

Samlor Chanang Dy (Kambodschanisches Fondue Seite 93
Yoam Makah Trey Ang (Räucherfisch mit Mangosalat) Seite 94

Hauptspeisen

Muan Dot (Pfannengebratenes Huhn mit Zitronengras) Seite 88
Tik Marij (Kambodschanischer Pfeffer-Limetten-Dip) Seite 91
Tik Prahok (Fischdip) Seite 94
Trop Bamporng Jiamuay Pong Tia (Auberginenomelett) Seite 96
Op Jumnee Jruk Bamporng (Süßsaure Spareribs) Seite 96
Samlor Tik Tumpeang (Fischsuppe mit Kokosnuss und jungen Bambussprossen) Seite 100

Dessert

Bai Damnerb Gruop Khano (Gegrillter Klebreis mit Kokosnuss und Jackfrucht) Seite 104

VIETNAM

Vorspeisen

Nem Cuon Song (Frische Frühlingsrolle nach Nem-Art) Seite 122
Cang Cua Chien (Frittierte Krebsscheren in Schweinehack-Garnelen-Panade) Seite 125

Hauptspeisen

Than Chan Chanh (Nierchen mit Minz-Limetten-Sauce) Seite 120
Chim Cuoc Chien (Frittierte Wachteln) Seite 126
Tom Hap Mien Dong (Eintopf mit Glasnudeln und Garnelen) Seite 128
Cha Ca Nam (Gegrillter Fisch mit Pilzsauce) Seite 130

Dessert

Che Dau Xanh (Mungbohnen in dunklem Sirup) Seite 129

BIRMA

Vorspeisen

Nga-Pe Thoke (Sauerscharfer Salat mit Fischpastete) Seite 146
Bayagyaw (Frittierte Würzerbsen) Seite 153

Hauptspeisen

Wet Tauk-Tauk Gyaw (Gebratenes Schweinefleisch mit Chili) Seite 145
Ngan-Bya-Ye Dhyaw (Birmanischer Würzdip) Seite 146
Pazun Hin (Garnelencurry) Seite 149
Seik-Tha Hin (Lammfleisch mit Minzblättern) Seite 154
Be-Gin (Knusprige Ente) Seite 154

Dessert

Kyauk-kyaw (Kokosnussgelee) Seite 158

MALAYSIA UND SINGAPUR

Vorspeisen

Satay Ayam (Hühnerspießchen) Seite 179
Gado Gado (Gemüsesalat mit Erdnusssauce) Seite 185

Hauptspeisen

Cili Ketma (Chilikrabben) Seite 175
Sup Tauhu (Tofusuppe) Seite 180
Rendang (Malaiisches Rindercurry) Seite 182
Opor Ayam (Huhn in Kokosnusssauce) Seite 185

Beilage

Roti (Luftiges Brot) Seite 182

Dessert

Pulot Hitam (Schwarzer Klebreispudding) Seite 186

SÜDOSTASIATISCHES FESTMAHL

Fingerfood und Snacks

Thailand – **Gratong Mee Krob** (Knusprige Nudelkörbchen) Seite 36
Birma – **Bayagyaw** (Frittierte Würzerbsen) Seite 153
Malaysia und Singapur – **Satay Ayam** (Hühnerspießchen) Seite 179

Hors d'œuvres

Vietnam – **Nem Cuon Song** (Frische Frühlingsrolle nach Nem-Art) Seite 122

Dips und Saucen

Kambodscha – **Tik Marij** (Kambodschanischer Pfeffer-Limetten-Dip) Seite 91
Birma – **Ngan-Bya-Ye Dhyaw** (Birmanische Würzsauce) Seite 146

Suppe

Thailand – **Tom Yam Gai** (Hühner-Zitronengras-Suppe) Seite 32

Salat

Laos – **Laap Ngua** (Pikanter Rindfleischsalat) Seite 67

Curry

Birma – **Khayan-Thi Pyot-Kyaw** (Gebratene Aubergine mit Chilis und Schalotten) Seite 149

Pfannen- und Wokgerichte

Vietnam – **Chim Cuoc Chien** (Frittierte Wachteln) Seite 126
Birma – **Seik-Tha Hin** (Lammfleisch mit Minzblättern) Seite 154
Malaysia und Singapur – **Nonya Chap Chai** (Mischgemüse nach Nonya-Art) Seite 183

Gedämpfte Gerichte

Vietnam – **Ca Hap Nam** (Gedämpfter Fisch mit Pilzen) Seite 126

Desserts

Laos – **Nam Van Loi Mak Ten** (Melone in Kokosnusssauce) Seite 78
Malaysia und Singapur – **Kueh Pisang** (Bananencreme) Seite 186

REGISTER